한국외국어대학교 이종진, 이주만 공저

SAMJI BOOKS

이 책은 러시아어를 독자적으로 공부하려는 사람들을 주요 대상으로 편찬된 것이다. 편자는 오랜 교육 경험을 바탕으로 러시아어 첫걸음 학습에 필요한 기본적인 텍스트의 선택, 낱말과 문법을 체계적으로 배열하도록 세심한 배려를 하였다. 뿐만 아니라, 대화 중심의 본문 구성과 현재 러시아에서 일상적으로 사용되고 있는 생활어를 골고루 수록하고 있기 때문에 실용 러시아어를 배우려는 사람들에게 큰 도움이 되리라고 믿는다. 이러한 특색 외에도 편자가 본서에서 각별히 배려한 것은 자습서로서 철저를 기했다는 점이다. 교실에서 직접 지도를 받을 기회가 없는 독습자에게 구체적인 러시아어의 학습의 장을 제공하기 위해서 각과의 배열 및 서술에 있어 알기 쉽게, 정확하게, 상세히 설명하려고 하였고, 연습문제도 비교적 많이 수록하였다.

이 책은 문자와 발음, 기본문형과 문법 등 총 36과로 구성되어 있다. 이 책의 구체적인 특징을 들면 다음과 같다.

1. 문자와 발음편에서 10과까지는 러시아어의 우리말 발음, 기초적인 문법과 문장을 실었다.

2. 10과부터 36과까지는 본서의 중심을 이루고 있는 기본 문형과 문법, 어휘를 단계적으로 발전시켜 러시아어의 실력을 향상시키도록 배려하였다.

3. 각과마다 새로운 단어와 연습문제 및 해답을 주어 본문과 어휘와 문장을 완전히 자기 것으로 만들도록 하였다.

4. 학습의 편의를 위해서 권말에 문법표와 단어를 총정리하여 놓았다.

5. 외국어의 효과적인 학습을 위해 본문 전체를 러시아인이 직접 취입·녹음한 테이프를 수록하였다.

알기쉬운 러시아어 첫걸음 교재를 만드는 것이 편자의 오랜 염원이었는데, 이 책의 시도가 러시아어를 배우려는 초심자들에게 좋은 학습 효과를 기대할 수 있다면, 편자로서 더 이상의 기쁨이 없겠다.

끝으로 한정된 시장성에도 불구하고 이 책의 출판을 쾌히 수락해준 三志社의 이재명 사장님께 사의를 표한다. 아울러 교정에 참여해준 한국외국어대학 부설 <러시아 연구소>의 조교 및 대학원생들에게도 감사한 마음을 표하고 싶다.

2004년 2월

편자

활 자 체		필기체	명 칭		발 음	
А	а	*Аа*	a	아	a	ㅏ
Б	б	*Бб*	be	베	b	ㅂ
В	в	*Вв*	ve	베	v	ㅂ
Г	г	*Гг*	ge	게	g	ㄱ
Д	д	*Дд*	de	데	d	ㄷ
Е	е	*Ее*	je	예	je	ㅖ
Ё	ё	*Ёё*	jo	요	jo	ㅛ
Ж	ж	*Жж*	ʒe	줴	ʒ	ㅈ
З	з	*Зз*	ze	제	z	ㅈ
И	и	*Ии*	i	이	i	ㅣ
Й	й	*Йй*	i krátkəjə 이 끄라뜨꺼여		j	ㅣ
К	к	*Кк*	ka	까	k	ㄲ
Л	л	*Лл*	el	엘	l	ㄹ
М	м	*Мм*	em	엠	m	ㅁ
Н	н	*Нн*	en	엔	n	ㄴ
О	о	*Оо*	o	오	o	ㅗ

활 자 체	필 기 체	명 칭	발 음
П п	*Пп*	pe 뻬	p 뻬
Р р	*Рр*	er 에르	r ㄹ
С с	*Сс*	es 에쓰	s 쓰
Т т	*Тт*	te 떼	t ㄸ
У у	*Уу*	u 우	u ㅜ
Ф ф	*Фф*	ef 에프	f ㅍ
Х х	*Хх*	xa 하	x ㅎ
Ц ц	*Цц*	tse 쩨	ts 쯔
Ч ч	*Чч*	tʃ'e 쳬	tʃ 치
Ш ш	*Шш*	ʃa 샤	ʃ 쉬
Щ щ	*Щщ*	ʃ'ʃ'a 시차	ʃ'ʃ' 시치 혹은 시
ъ	*ъ*	t'v'órdij znák 뜨뵤르드이 즈나끄	소리없음
ы	*ы*	ɨ 의	ɨ ㅢ
ь	*ь*	m'áxk'ij znák 먀흐끼 즈나끄	소리없음
Э э	*Ээ*	e 에	e ㅔ
Ю ю	*Юю*	ju 유	ju ㅠ
Я я	*Яя*	ja 야	ja ㅑ

1 모음

경모음자	а[a]	э[e]	ы[i]	о[o]	у[u]
연모음자	я[ja]	е[je]	и[i]	ё[jo]	ю[ju]

경모음자 а, э, и, о, у와 연모음자 и만이 본래의 모음을 나타낸다.
연모음자 я, е, ё, ю는 각각 자음[j]와 모음[a, e, o, u]과의 결합이다.

2 자음

무성자음	п т к ф с ш [p][t][k][f][s][ʃ]	х ц ч щ [x][ts][tʃ'][ʃ'ʃ']	
유성자음	б д г в з ж [b][d][g][v][z][ʒ]		л р м н й [l] [r][m][n] [j]

무성자음 х, ц, ч, ш는 대응의 유성자음을 갖지 않고, 유성자음 л, р, м,
н, й는 대응의 무성자음을 갖지 않는다.

3 액센트

1) 모음은 장단을 구별하지 않지만, 액센트가 있는 모음은 액센트가 없는 모
   음보다 강하고, 약간 길게, 또한 분명히 발음한다.
2) ё는 항상 액센트를 갖는다.
3) 액센트가 없는 а, о는 발음이 완전히 일치한다. 즉 액센트가 있는 모음의
   바로 앞에서, 또한 어두에서는 [a], 그 밖의 위치에서는[ə].
   горá[gará]   Москвá[maskvá]
   ананáс[ananás]   облакá[ablaká]
   кóлокол[kóləkəl]   разговóр[rəzgavór]
4) 마찬가지로 액센트가 없는 е, я는 액센트가 있는 모음 앞에서는 [ji]로

발음된다.

еда́[jidá]   язы́к[jizík]

4 자음의 동화

1) 무성음화

　a. 유성자음이 어말에 있을 때 유성자음은 대응의 무성자음으로 발음된다.

　б. 무성자음의 바로 앞에 있는 유성자음은 대응의 무성자음으로 발음된다.

б	д	г	в	з	ж
п	т	к	ф	с	ш

клуб[klúp],　　лóдка[lótkə],　　нóжка[nóʃkə]

2) 유성음화

무성자음 к, т, с는 유성자음(단 в는 제외) 앞에서 대응의 유성자음 г, д, з 로 발음된다.

сдáча[zdátʃə],　óтзвук[ódzvuk] ;

이러한 현상을 동화라고 부른다. 동화는 1 단어의 내부에 국한되지 않고, 하나의 단어처럼 계속해서 발음되는 2 단어(예를 들어 전치사+명사)의 사이에서도 일어난다.

из кóмнаты[iskómnəti],　　с брáтом[zbrátəm].

≫ 1. 전치사에서는 원칙적으로 액센트가 없다.
≫ 2. л, р, м, н, й는 동화의 현상에 일체 관여하지 않는다. 즉 다른 자음에 의해 동화되지 않는다.

〈연습〉 (자음의 동화)

1) зуб, сад, луг, óстров, глаз, нож; ры́бка, лáвка, скáзка, вход, лóжка ; в кóмнату, из пáрка, под столóм.

2) сбор, сбыт, о́тдых, футбо́л ; с головы́, к бра́ту.

3) свой, твой, ствол, с восто́ка, к вам.

5 연자음

1) ть дь нь ль сь зь рь пь бь мь фь вь

   [t'] [d'] [n'] [l'] [s'] [z'] [r'] [p'] [b'] [m'] [f'] [v']

자음은 <연음기호>(мягкий знак) ь의 앞에 있을 경우는 연자음으로 발음된다. 연자음이란 혀의 중간 부분을 모음 и를 발음할 때와 같이 경구개 쪽으로 높여 발음하는 자음으로 음성기호로는 [t', d']와 같이 [']으로 표시한다. ь는 독립의 음가를 갖지 못하고, 앞의 자음이 연자음인 것을 표시하는 기호, 즉 [']의 러시아문자에 의한 표시에 지나지 않는다.

〈연습〉 (ь 앞의 연자음)

мать, путь, брать, статья́, сва́дьба, конь, ию́нь, соль, даль, у́голь, ию́ль, то́лько; гусь, царь, слова́рь, го́рько; оте́ль, пьёт, Со́фья, вью́га, скамья́.

≫ 자음의 동화는 연자음에도 적용된다. 예를 들어 вождь의 дь는 어말에 있기 때문에 [ть]로 발음되어, 그 앞의 ж는 [ть]에 동화되어 [ш]로 발음된다: [vóʃt'] Об[óp'], кровь[króf'], гвоздь[gvós't'], про́сьба[próz'bə]

2) 자음은 연모음자 я, е, и, ё, ю의 앞에 오는 경우에도 ь의 앞과 마찬가지로 연자음으로 발음된다. 이 경우에 я, е, и, ё, ю는 각각 ь+а, ь+э, ь+и, ь+о, ь+у와 동일한 기능을 갖는다. 즉, 예를 들어,

   тя, де, си, лё, зю = [ть+а, дь+э, сь+и, ль+о, зь+у]

   = [t'a, d'e, s'i, l'o, z'u]

≫ 1. и, е의 앞의 г, к, х는 발음이 위의 정의에 맞지 않지만, 역시 연자음으로서 취급된다. 더욱이 г, к, х가 ь, я, ё, ю 앞에 오는 경우에는 고유명사 이외에는 없다.

≫ 2. 연자음에 대해 ь가 붙어있지 않는 자음 또는 경모음자 앞의 자음을 경자음이라

부른다.

〈연습〉 (연모음자 앞의 경자음)

1) тя, те, ти, тё, тю; дя, де, ди, дё, дю; ня, не, ни, нё, ню; ля, ле, ли, лё, лю; ся, се, си, сё, сю; зя, зе, зи, зё, зю; ря, ре, ри, рё, рю; пя, пе, пи; бя, бе, би; мя, ме, мё; фе, фи, фё; вя, ве, ви, вё; ки, ке; ги, ге; хи, хе.

2) ти́хий, те́хника, тётка, идя́, ди́кий, идёт, Ва́ня, нет, нёс, лев, ли́па, лёд, лю́ди, сёстры, сиди́т, сюда́, зима́, газе́та, взял, царя́, опя́ть, Пётр, бе́лый, бюст, мёртвый, мя́со, фёдор, вя́лый, зовёт, ки́слый, ге́ний, хи́мик.

6 경자음 또는 연자음만의 자음

1) ш, ж, ц는 항상 경자음이다. 뒤에 연모자 и, е, ё가 오더라도 이들은 각각 [ы, э, о]로 발음된다. 또한 шь, жь는 ь가 붙어있지 않는 경우와 동일하게 <경음>으로 발음된다.

2) ч, щ는 항상 연자음이다. 뒤에 경모음 а, о, у가 오더라도 음의 성질은 변하지 않는다. 또한 語末의 ч, щ는 чь, щь와 동일하게 <연음>이 된다.

〈연습〉

1) маши́на, жизнь, шёлк, жёлтый, центр, ци́фра, наш, дашь, говори́шь, нож, рожь.

2) час, чёрный, чу́до, мочь, ткач, щи, щётка, щу́ка, вещь, това́рищ.

7 경음기호

<경음기호> (твёрдый знак) ъ는 자음과 연모음자의 사이에 사용되어

양자가 따로따로 분리되어 발음되는 것을 나타낸다.

объект[abjékt], подъём[padjóm].

또한 статья́[stat'já], пьёт[p'jót]에서는 연음기호 ь가 동시에 경음기호와 같은 역할을 한다.

8 특수한 자음결합의 발음

1) с, з+ш>[шш]; с, з+ж>[жж]: сшить[шши́ть], сжать[жжа́ть].

2) сч, зч>[щ]: счёт[щёт], извóзчик[извóщик].

3) чн>[шн]: конéчно[канéшнə].

4) что>[штó]

5) стн, здн, стл>[сн, зн, сл]: гру́стно[гру́снə], пóздно[пóзнə], счáстлив[щáслив].

9 정서법의 규칙

1) г, к, х; ж, ч, ш, щ 뒤에서는 ы, ю, я는 쓰지 않고, 대신에 и, у, а 를 쓴다.

2) ц의 뒤에서는 연모음 я, ю를 쓰지 않고, 대신에 а, у를 쓴다.

$$
\boxed{\begin{array}{ccc} г & к & х \\ \\ ж & ч & ш \ щ \end{array}} \quad + \quad \boxed{ы \quad ю \quad я} \quad \Rightarrow \quad \boxed{и \quad у \quad а}
$$

$$
\boxed{ц} \quad + \quad \boxed{я \quad ю} \quad \Rightarrow \quad \boxed{а \quad у}
$$

10 경모음자와 연모음자의 어미에 있어서의 대응

경모음자	а	ы	о	у
연모음자	я	и	е ё	ю

경모음자와 연모음자의 위와 같은 대응은 명사, 형용사의 격어미의 변화에 중요한 역할을 한다. э가 없어지고, o가 e와 ё의 양쪽에 대응하고 있는 점에 주의를 요한다.

〈연습〉

1) 나라의 수도

Росси́я(Москва́), Япо́ния(То́кио), А́нглия(Ло́ндон), США[sʃá/esʃá] (Вашингто́н), Ита́лия(Рим), Фра́нция (Пари́ж), По́льша(Варша́ва), Чехослова́кия(Пра́га), КНР (Пеки́н).

2) 대륙 · 도시 · 강 · 기타

А́зия, Аме́рика, А́фрика, Евро́па, Росси́я, Кита́й; Москва́, Петербу́рг, Ки́ев, Каза́нь, Арха́нгельск, Волгогра́д, Оде́сса, Я́лта, Севасто́поль, Владивосто́к; Во́лга, Днепр, Дон, Нева́, Обь, Енисе́й, Аму́р, Украи́на, Кавка́з, Крым, Ура́л, Сиби́рь.

3) 저명한 러시아인의 이름

Михаи́л Васи́льевич Ломоно́сов, Алекса́ндр Серге́евич Пу́шкин, Лев Никола́евич Толсто́й, Пётр Ильи́ч Чайко́вский, Ива́н Петро́вич Па́влов, Фёдор Ива́нович Шаля́пин, Влади́мир Влади́мирович Маяко́вский.

4) 외래어 약간

Фи́зика, матема́тика, э́тика, исто́рия, геогра́фия, спорт,

футбо́л, телефо́н, телеви́зор, ра́дио, демокра́тия,

капитали́зм, социали́зм, коммуни́зм, культу́ра, рома́н,

дра́ма, му́зыка, о́пера, бале́т.

5) 관용어 약간

Здра́вствуйте[zdrástvujt’i]! Спаси́бо! Благорарю́ вас!

Пожа́луйста![pазáluistə] Извини́те! Прости́те! Хорошо́!

Ничего́! Скажи́те, пожа́луйста! Бу́дьте добры́!

С удово́льствием! Я говорю́ по-англи́йски. Я не говорю́

по-ру́сски. Я не зна́ю. Я не понима́ю. Что э́то? Как вы

пожива́ете? До свида́ния! Проща́йте! Споко́йной но́чи!

「A는 B이다」 의문문

「A는 B이다」의 표현
의문사 Кто
의문사가 문두에 있는 의문문
「그렇다면…는?」
A는 B입니까?

• 공항의 세관원이 여권을 보며

■ **Кто э́то?**
끄또　에떠

이 사람은 누구입니까?

□ **Это я.**
에떠　야

그것은 나입니다.

■ **Это вы?**
에떠　　　븨

이것이 당신입니까?

□ **Да, э́то я.**
다　에떠　야

예, 그것은 나입니다.

• 여권에 들어있는 사진을 보며

■ **А э́то кто?**
아　에떠　끄또

그러면 이것은 누구입니까?

□ **Это станисла́в Бу́нин и Евге́ний Ки́шин.**
에떠　스타니슬라프　부닌　　　이　이브게니　　　끼쉰

그것은 스따니슬라프 부닌과 예브게니 끼쉰입니다.

- **Станисла́в Бу́нин? Он писа́тель?**
  스따니슬라프 　 부닌 　 온 　 빠싸쩰
  스따니슬라프 부닌? 그 사람은 작가입니까?

- **Нет, он пиани́ст.**
  니예쯔 　 온 　 삐아니스쯔
  아녜요, 그 사람은 피아니스트예요.

- **А кто вы?**
  아 　 끄또 　 븨
  그러면 당신은 누구시죠?

- **Я? Я то́же пиани́стка.**
  야 　 야 　 또저 　 삐아니스쯔까
  나요? 나도 피아니스트입니다.

- **А-а! Тепе́рь всё я́сно.**
  아 － 　 찌뻬리 　 프쑈 　 야스너
  아 － 아, 이제야 알겠습니다.

кто 누구	э́то 이것, 이 사람
я 나	вы 당신
да 예, 그렇다	а 그렇다면
Станисла́в Бу́нин 스따니슬라프 부닌	и 와, 그리고
Евге́ний Ки́шин 예브게니 끼쉰	он 그는
писа́тель 작가	пиани́ст 피아니스트
то́же 역시	пиани́стка (여성)피아니스트
тепе́рь 이제, 지금;이제부터	всё 모든 것
всё я́сно 모든 것을 알겠다	

1 「A는 B이다」의 표현

Это Антóн.   이 사람은 안똔이다.   This is Anton.

Он студéнт.   그 사람은 대학생이다.   He is a student.

러시아어의 「A는 B이다」의 표현에 있어서 영어의 be동사현재형(am, is, are)에 해당되는 것은 보통 사용되지 않는다. 또한 러시아에는 관사(영어의 a, the에 상응하는 것)가 없다.

2 의문사 кто?

의문사 кто는 사람 또는 동물의 이름만이 아니고, 그 신분이나 직업을 묻는 데도 사용된다.

- Кто э́то?   이 사람은 누구입니까?
- Это Антóн.   그 사람은 안똔입니다.
- А кто он?   그러면 그는 직업이 무엇입니까?
- Он писа́тель.   그는 작가입니다.

3 의문사가 문두에 있는 의문문

의문사가 문두에 있는 의문문은 의문사의 액센트가 있는 음절이 높고, 강하게 발음되어 문장의 끝이 하강조가 되는 것이 보통이다.

Кто э́то?   Кто он?

이 사람은 누구입니까?   그 사람은 누구입니까?

4 「그렇다면…는?」

다시 질문을 덧붙여 「그렇다면…는?」라고 물어보는 경우 인토네이션은 밑에서 위로 올라가는 상승조가 된다.

Я пиани́ст.   나는 피아니스트입니다.

А вы?   А э́то кто?

그러면, 당신은?   그러면 이 사람은 누구입니까?

5   A는 B입니까?

「A는 B입니까?」라고 묻는 경우, 어순은 「A는 B이다」의 경우와 동일하다. 의문문과 평서문의 차이는 인토네이션에 의해 구별된다. 의문문에 있어서 인토네이션은 의문의 중심이 되는 단어의 액센트가 있는 음절을 높이 발음한다.

- Вы писа́тель?   당신은 작가입니까?
- Да, я писа́тель.   예, 나는 작가입니다.

연습
문제

1. 보기와 같이 긍정으로 대답하시오.

보기 : Это вы?   – Да, э́то я.

1) Это он?
2) Он писа́тель?
3) Вы пиани́ст?

2. 러시아어로 고치시오.

- 이 사람은 누구입니까?
- 그 사람은 나예요.
- 당신은 누구십니까?
- 나는 작가입니다.

부정문
의문사 что**?**
인칭대명사
명사의 성

● 세관검사가 계속된다(1)

■ **Что э́то?**
쉬또　　에떠

이것은 무엇입니까?

□ **Это ра́дио.**
에떠　　라지오

그것은 라디오입니다.

■ **А э́то что?**
아　에떠　쉬또

그러면 이것은 무엇입니까?

□ **Это ко́фе.**
에떠　　꼬페

그것은 커피입니다.

■ **А что э́то тако́е? Это ру́чка?**
아　쉬또　에떠　따꼬예　　에떠　루치까

그러면 이것은 대체 무엇이죠? 펜입니까?

□ **Нет, э́то не ручка, э́то "Чокарак".**
니에뜨　에떠　니 루치까　　에떠　저까라끄

아녜요, 그것은 펜이 아닙니다. 그것은 「젓가락」입니다.

■ **"Чокарак"- э́то каранда́ш?**
저까라끄　　　에떠　꺼란다쉬

「젓가락」이라, 연필입니까?

20

□ Нет, "Чокарак"- э́то···не зна́ю. Минхо, как
니에뜨　　저까라끄　　　에떠　　니　즈나유　민호　　　　까끄

по-ру́сски "Чокарак"?
빠-루스끼　　　　　저까라끄

아녜요, 「젓가락」이란··· 모르겠는데요. 민호, 러시아어로 「젓가락」을 무엇이라고 하지?

■ По-ру́сски па́лочки.
빠루스끼　　　　　빨로치끼

러시아어로 палочки라고 해.

■ Всё я́сно. А вы кто? Вы студе́нт?
프쑈　야스너　아　브　끄또　　브　수뚜젠뜨

알겠습니다. 그런데 당신은 누구십니까? 당신은 대학생입니까?

■ Да, я студе́нт.
다　야　스뚜젠뜨

예, 나는 대학생입니다.

● 새로운 단어와 표현

что 무엇? *발음은 [ш]то	ра́дио 라디오
ко́фе 커피	тако́е (что를 강조) 도대체
ру́чка 펜	нет 아니다
не (부정) ···이 아니다	каранда́ш 연필
по-ру́сски 〈부〉 러시아어로	па́лочки 젓가락
студе́нт 대학생	

не зна́ю 나는 모르겠습니다.
как по-ру́сски 러시아어로 무엇이라고 하는지.

1 부정문

- Это ру́чка? 이것은 펜입니까?

- Нет, э́то не ру́чка 아녜요, 그것은 펜이 아닙니다.

- Вы студе́нт? 당신은 대학생입니까?

- Нет, я не студе́нт 아녜요, 나는 대학생이 아닙니다.

의문사가 없는 의문문에 대한 부정의 답은 нет를 사용하고, 부정조사 не를
부정할 단어의 바로 앞에 놓아 단어와 이어서 발음한다.

2 의문사 что?

의문사 что는 사람과 동물 이외의 사물에 대해 사용한다.

- Что э́то? 이것은 무엇입니까?

- Это слова́рь. 그것은 사전입니다.

3 인칭대명사

인칭	단 수		복 수	
1	я	나	мы	우리들
2	ты	너	вы	너희들, 당신(들)
3	он	그 남자, 그것	они	그들
	она́	그 여자, 그것		그 여자들
	оно́	그것		그것들

≫ 인칭대명사 2인칭단수 ты는 가족, 친구들 사이에서, 또 윗사람이 아랫사람에 대해
서 사용한다. 이에 반해 вы는 2인칭복수에 대해 사용할 수 있으나, 상대방과 격식
을 차릴 필요가 있는 경우나 거리감을 두고 싶을 때는 한 사람에 대해서도 사용한다.

4 명사의 성

명사는 남성·여성·중성의 3개 중 어느 하나의 성을 갖는다. 명사의 성은
단어의 마지막 문자에 의해 구별할 수가 있다. 남성명사는 он, 여성명사는

онá, 중성명사는 онó, 복수는 성의 구별없이 모두 они́로 받는다.

남　　　성	여　　　성	중　　　성
-경자음　студéнт	-а　пиани́стка	-о　перó
-й　музéй	-я　пéсня	-е　мóре
-ь　писáтель	-ь　тетрáдь	-мя　врéмя

≫ 1. -ь로 끝나는 명사는 남성명사에도, 여성명사에도 있기 때문에 단어를 하나하나 씩 기억해야 한다.

≫ 2. -а,-я로 끝나는 명사라 할지라도 남자를 가리키는 것은 남성명사이다. 예를 들어 пáпа(아버지), дя́дя(삼촌)는 남성명사이다.

≫ 3. -мя로 끝나는 명사는 여성명사가 아니고, -мя를 어미로 하는 중성명사이다.

연습문제

1. 보기와 같이 부정으로 대답하시오.

보기 : Это вы ?　– Нет, э́то не я.

1) Это перó?

2) Это каранда́ш?

3) Он писáтель?

4) Она пиани́стка?

2. 다음 명사의 성을 말하시오.

пиани́ст　студéнт　письмó　словáрь　рáдио

каранда́ш　писáтель　пáпа　пиани́стка　тетрадь

3. 러시아어로 고치시오.

- 이것은 무엇입니까?

- 그것은 커피입니다.

- 당신은 대학생입니까?

- 아닙니다. 나는 대학생이 아닙니다.

Урок 3

소유대명사/ 명사의 복수형/ 지시대명사 ЭТОТ

● 세관검사가 계속된다(2)

■ **Где ваш па́спорт?**　당신의 여권은 어디에 있습니까?
그제　바쉬　빠스뽀르뜨

□ **Вот он.**　이것입니다.
보뜨　온

■ **А где ви́за?**　그러면, 비자는?
아　그제　비자

□ **Вот она́.**　예, 이것입니다.
보뜨　아나

■ **Э́ти сигаре́ты ва́ши?**　이 담배는 당신 것입니까?
에찌　시가레띄　바쉬

□ **Да, э́ти мои́.**　예, 그것은 나의 것입니다.
다　에찌　마이

■ **А э́ти журна́лы то́же ва́ши?**
아　에찌　주르날릐　또저　바쉬
그러면 이 잡지도 당신 것입니까?

24

□ **Да, э́то то́же мой.**
다   에떠   또저   마이
예, 그것도 내 것입니다.

■ **Это ва́ше вино́?**
에떠   바쉐   비노
이것은 당신의 와인입니까?

□ **Нет, э́то её, не моё**
니에뜨   에떠   이요   니   마요
아녜요, 그것은 그 여자의 것이지, 내 것이 아닙니다.

■ **Эта фотогра́фия ва́ша?**
에떠   퍼따그라피여   바셔
이 사진은 당신 것입니까?

□ **Да, э́то моя́**
다   에떠   마야
예, 그것은 내 것입니다.

■ **А э́то кто?**
아   에떠   끄또
그러면, 이것은 누구죠?

□ **Это моя́ семья́. Вот мой па́па, моя́ ма́ма, а э́то**
에떠   마야   시미야   보드   모이   빠뻐   마야   마머   아   에떠
мой бра́тья и моя́ сестра́.
마이   브라찌야   이   마야   시스뜨라
그것은 나의 가족입니다. 이것이 나의 아버지, 어머니, 그리고 이것이 나의 형제들입니다. 그리고 여기에 있는 사람이 나의 누나입니다.

■ **Всё хорошо́.**
프쇼　　허라쇼
됐습니다. 끝났습니다.

□ **Спаси́бо.**
스빠씨버
감사합니다.

■ **Мо́жете идти́. До свида́ния.**
모줴쩨　　　이찌　　다　　스비다니여
가도 좋습니다. 안녕히 가십시오.

□ **До свида́ния.**
다　　스비다니여
안녕히 계십시오.

● 새로운 단어와 표현

где 어디에
па́спорт 여권
вот 바로 여기
сигаре́та 담배
журна́л 잡지
её 그 여자의
семья́ 가족
ма́ма 어머니
здесь 여기에
сестра́ 누나, 여동생

ваш, ва́ша, ва́ше, ва́ши 당신의,
　당신의 것
ви́за 비자
мой, моя́, моё, мои́ 나의, 나의것
вино́ 포도주
фотогра́фия 사진
па́па 아버지
брат 형, 남동생
стои́т (서)있다

Хорошо́ всё 좋습니다. 다 끝났습니다.
мо́жете идти́ (당신은)가도 좋습니다.

спаси́бо 감사합니다.
До свида́ния! 안녕히 가(계)십시오.

1 소유대명사

- Чей э́то журна́л? 이것은 누구의 잡지입니까?

- Э́то мой журна́л. 그것은 나의 잡지입니다.

누구의?	남성 чей?	여성 чья?	중성 чьё?	복수(3성 공통) чьи?

나의
 	
너의
	мой
	    брат
	твой
		моя́
		    кни́га
		твоя́
			моё
			    письмо́
			твоё
				мои́
				    журна́лы
				твои́

우리의
 	
너희들의
당신(들)의
	наш
	    брат
	ваш
		на́ша
		    кни́га
		ва́ша
			на́ше
			    письмо́
			ва́ше
				на́ши кни́ги
				
				ва́ши пи́сьма

1, 2인칭 소유대명사는 그것이 관계하는 명사의 성과 수에 따라 4가지의 형태가 있다.

그 사람의	его́*	
그 여자의	её	сын, жена́, письмо́
그들의	их	бра́тья, роди́тели (복)

*его́의 발음은 е[в]о 이다.

3인칭 소유대명사는 1,2인칭 소유대명사와는 달리 그것이 관계하는 명사의 성과 수와는 관계없이 하나의 형태 밖에는 없다.

2 명사의 복수형

	단 수		어미	복 수	어미
남	студе́нт	대학생	없음	студе́нты	-ы
	музе́й	박물관	-й	музе́и	-и
	слова́рь	사전	-ь	словари́	-и

여	газе́та	신문	-а	газе́ты	-ы
	пе́сня	노래	-я	пе́сни	-и
	тетра́дь	공책	-ь	тетра́ди	-и
중	письмо́	편지	-о	пи́сьма	-а
	мо́ре	바다	-е	моря́	-я

≫ 1. 정자법 규칙에 따라 г, к, х 및 ж, ш, ч, щ의 뒤에서 ы는 и가 된다.
кни́га–кни́ги, пиани́стка–пиани́стки
врач(의사)–врачи́, това́рищ(동료)–това́рищи

불규칙 복수형을 갖는 명사					
단수		복수	단수		복수
брат	형	бра́тья	ребёнок	어린아이	де́ти
друг	친구	друзья́	челове́к	사람	лю́ди
дом	집	дома́			
го́род	도시	города́			
учи́тель	선생	учителя́			

3 지시대명사 э́тот, э́та, э́то, э́ти

「이」,「그」의 의미를 갖는 지시대명사는 명사를 수식하므로 명사의 성과 수
에 따라 4가지 형태를 갖는다. 「이것은…이다」의 э́то와는 구별해야 한다.

	단 수		복 수
남성	э́тот журна́л		журна́лы
여성	э́та кни́га	3성 공통	э́ти кни́ги
중성	э́то письмо́		пи́сьма

Этот конья́к мой, а э́то вино́ её.

이 꼬냑은 나의 것이고, 그 와인은 그 여자의 것이다.

Этот ма́льчик -мой сын, а э́та де́вочка -моя́ дочь.

이 사내아이는 나의 아들이고, 이 여자아이는 나의 딸이다.

4 **강세조사** вот

вот는「눈앞에 있는 것」에 상대의 주의를 끌기 위해 사용하는 강세의 조사
로 반드시 문장 앞에 놓인다.

연 습 문 제

1. 보기와 같이 알맞은 1,2인칭 소유대명사를 넣으시오.

보기 : Это_____письмо́?(ты)

Это твоё письмо́?

1) Это_____кни́ги.(они́)

2) Это_____сестра́?(ты)   — Да,_____.(я)

3) Это_____па́па.(мы)

4) Это твои́ сигаре́ты?   — Да,это_____.(я)

5) Чьё э́то письмо́?   — Это_____.(она́)

6) Это_____друг?(вы)   — Нет,это_____друг.(он)

2. 다음 명사들의 복수형을 쓰시오.

студе́нт   слова́рь   газе́та   семья́   письмо́   музе́й
тетра́дь   кни́га   врач   дом   друг   брат   ребёнок

3. 지시대명사(э́тот, э́та, э́то, э́ти)를 골라 넣으시오.

1) Это фотогра́фия. —_____фотогра́фия моя́.

2) Это студе́нт. —_____студе́нт - мой брат.

3) Это кни́ги. —_____кни́ги то́же мои́.

인칭대명사 대격/ 장소의 부사/ 소유의 표현/정대명사 весь

…을 …라고 부르다
인칭대명사의 대격(목적격)
장소의 부사
소유의 표현
정대명사 весь〈전체, 전부; 모든〉

Меня́ зову́т Оле́г. Я студе́нт. У меня́ есть друг
미냐 자부뜨 알레끄 야 스뚜졘뜨 우 미냐 예스찌 드루크

Минхо, он то́же студе́нт. А э́то моя́ сестра́. Её
민호 온 또저 스뚜졘뜨 아 에떠 마야 시스뜨라 이요

зову́т Та́ня, она́ шко́льница. Это моя́ ма́ма, она́
자부뜨 따냐 아나 쉬꼴니쩌 에떠 마야 마머 아나

врач, а э́то па́па, он инжене́р.
브라치 아 에떠 빠뻐 온 인줴네르

나의 이름은 올레그입니다. 나는 대학생입니다. 나에게는 민호라는 친구가 있습니다. 그도 역시 대학생입니다. 그리고 이 사람은 나의 여동생입니다. 그녀의 이름은 따냐입니다. 그녀는 학생입니다. 이 사람은 나의 어머니입니다. 그녀는 의사입니다. 그리고 이 사람은 나의 아버지입니다. 그는 기사입니다.

Дома
도머

Вы уже́ знако́мы. Э́то ру́сская семья́. Спра́ва Ива́н
비   우줴   즈나꼬믜   에떠   루스꺼여   시미야   스쁘라버   이반

Серге́евич, сле́ва его́ жена́ Ни́на Петро́вна,
세르게예비치   슬레바   이보   줴나   니너   뻬뜨로브너

посреди́не их роди́тели. А э́то их де́ти - сын Оле́г
빠스리지네   이흐 라지쩰리   아 에떠 이흐 제찌   쓰인 알레끄

и дочь Та́ня.
이 도치   따녀

● 새로운 단어와 표현

меня́ (я의 대격) 나를	зову́т (사람들이) 부르다
Оле́г 올레그(남성의 이름)	у 〈전〉(소유, 소속) …에게
есть (존재) …이 있다	друг 친구
то́же 역시	Та́ня 따냐(여성의 이름)
шко́льница (초·중·고등)여학생	врач 의사
инжене́р 기사	до́ма 〈부〉 집에(서)
уже́ 이미, 벌써	ру́сская 〈형〉 러시아어의(여성형)
спра́ва 오른편에	Ива́н Серге́евич 이반 이바노비치
сле́ва 왼편에	(남성의)이름과 부칭
жена́ 부인	Ни́на Петро́вна 니나 뻬뜨로브나
посреди́не 가운데	(여성의)이름과 부칭
роди́тели 〈복〉 부모	де́ти 〈복〉 어린아이들

Оле́г уже́ студе́нт. Он био́лог. У него́ есть друг
알레끄 우줴 스뚜젠뜨 온 비올러끄 우 녜보 예스찌 드루끄

Минхо, то́же био́лог.
민호 또저 비올러그

Сего́дня ве́чером вся семья́ до́ма. Сейча́с у них
씨보드녀 배체럼 프샤 시미야 도머 시챠스 우 니흐

гость, Минхо.
고스찌 민호

집에서

여러분들은 이미 알고 있습니다. 이것은 러시아 가족입니다. 오른편에 있는 것이 이반 세르게 예비치, 왼편이 그의 부인인 니나 뻬뜨로브나, 한 가운데 있는 것이 그들의 부모입니다. 그리고 이것은 그들의 아들인 올레그와 딸인 따냐입니다.

올레그는 이미 대학생입니다. 그는 생물학연구자입니다. 그에게는 민호라는 친구가 있습니다. 그도 역시 생물학연구자입니다. 오늘 저녁에 온 가족이 집에 있습니다. 이제 곧 그들 집에 손님으로 민호가 올 것입니다.

био́лог 생물학자, 생물학연구자
ве́чером 〈부〉 저녁에, 밤에
гость 🚹 손님
Вы уже знако́мы. 여러분들은 이미 알고 있다.

сего́дня 〈부〉오늘 (발음 се[в]одня)
весь, вся,всё,все 전체의, 모두의
сейчас 지금; 이제부터
Сейча́с у них гость. 이제 곧 그들 집에 손님이 온다.

1

- Как вас зову́т? 당신의 이름은 무엇입니까?

- Меня́ зову́т Минхо. 내 이름은 민호입니다.

зовут는 「…을 …라고 부르다」(동사 звать의 복수 3인칭형)의 뜻으로 이 직역은 「(사람들은) 당신을 뭐라고 부릅니까?」, 「(사람들은) 나를 …라고 부른다」이다. 영어의 「(They)call me…」에 상당하는 표현이다.

2 인칭대명사의 대격(목적격)

인칭	단 수			복 수	
1	я	меня́ 나를	мы	нас 우리들을	
2	ты	тебя́ 너를	вы	вас 너희들을	
	он	его́ 그를, 그것을		그들을	
3	она́	её 그녀를, 그것을	они́	их 그녀들을	
	оно́	его́ 그것을		그것들을	

3 장소의 부사

- Где ваш дом? 어디에 당신 집이 있습니까?

- Наш дом спра́ва. 우리 집은 오른편에 있습니다.

장소 · 위치를 나타내기 위한 표현들로는 다음과 같은 부사들이 있다.

здесь	여기에	там	거기에
сле́ва	왼편에	спра́ва	오른편에
ря́дом	옆에	посреди́не	가운데에

4 소유의 표현

- У вас есть слова́рь? 당신은 사전을 가지고 있습니까?

- Да, у меня́ есть слова́рь. 예, 나는 사전을 가지고 있습니다.

я	У меня́			나에게는	
ты	У тебя́			너에게는	
он	У него́		брат.	그에게는	형이
она́	У неё		маши́на.	그녀에게는	차가 있다.
мы	У нас	есть	кни́га	우리에게는	책이
			слова́рь	너희들에게는	사전이
вы	У вас			당신들에게는	
				당신에게는	
они́	У них			그들에게는	

≫ 1. у него, у неё, у них에서 его,её,их 앞에 н이 붙어 있는 것은 모음의 충돌을 피하기 위한 발음 상의 이유 때문이다.

≫ 2. 「…이 있다」의 의미의 есть는 생략 가능하다.

5 정대명사 весь〈전체, 전부 ; 모든〉

	단　수		복　수	
남성	весь	го́род		города́
여성	вся	семья́	3성 공통 все	семьи́
중성	всё	ле́то		пи́сьма

1. 밑줄친 부분에 왼쪽 문장중의 인칭대명사를 변화시켜 넣으시오.

1) Это её слова́рь.　　У ＿＿＿ есть слова́рь.

2) Это твоя́ сестра́.　　У ＿＿＿ есть сестра́.

3) Это мой брат.　　У ＿＿＿ есть брат.

4) Это их письмо́.　　У ＿＿＿ есть письмо́.

5) Это его́ друг.　　У ＿＿＿ есть друг.

2. 대화를 완성시키시오.

1) - ……?

- Да, у меня́ есть брат.

- ……?

- Его́ зову́т Оле́г.

- ……?

- Нет, он не врач, он био́лог.

2) - ……?

- Да, у меня́ есть друг.

- ……?

- Его́ зову́т Минхо.

- ……?

- Он студе́нт.

동사의 현재인칭변화
대격
по-русски**와** русский
язык

● 전화통화

■ Слу́шаю.
슬루샤유
여보세요.

□ Оле́г, здра́вствуй. Это Минхо говори́т.
알레끄　　　즈드라스쯔부이　　　에떠　민호　　　거바리드
올레그, 잘 있었니? 민호야.

■ Здра́вствуй, Минхо.
즈드라스쯔부이　　　　　민호
안녕, 민호

□ Оле́г, что ты сейча́с де́лаешь?
알레끄　쉬또　띄　시챠스　　젤라이쉬
올레그, 너는 지금 무엇을 하고 있니?

■ Чита́ю журна́л.
치따유　　　주르날
잡지를 읽고 있어.

□ А я смотрю́ телеви́зор.
아　야　스마뜨류　　　찔리비조르
나는 텔레비전을 보고 있어.

■ **А что ты смо́тришь?**
아 쉬또 띄 스모뜨리쉬
무슨 프로를 보고 있니?

□ **Я смотрю́ програ́мму ⟨Ито́ги⟩**
야 스마뜨류 쁘라그라무 이또기
「이또기」프로를 보고 있어.

■ **И всё поинма́ешь?**
이 프쇼 뻐니마이쉬
전부 알아듣겠니?

□ **Коне́чно, не всё. Я ещё пло́хо понима́ю и говорю́**
까네쉬너 니 프쇼 야 이시요 쁠러허 뻐니마유 이 거바류

по-ру́сски.
빠-루스끼
물론 전부는 아니야. 나는 아직 러시아를 잘 알아듣지 못하고, 말도 서툴러.

слу́шать 1 ⟨대⟩ 듣다	говори́ть 2 말하다
де́лать 1 ⟨대⟩ 하다	чита́ть 1 ⟨대⟩ 읽다
смотре́ть 2 ⟨대⟩ 보다 -ю, -ишь, -ят.	телеви́зор 텔레비전
програ́мма 프로그램	всё 중 전부, 모든 것
ито́ги 복 결산, 결론. 일주일 동안의 사건	понима́ть 1 알다, 이해하다
을 종합·분석하는 일요일의 프로그램이다.	ещё 아직
непло́хо 잘, 괜찮게	пло́хо 서툴게

* * *

■ **Вы неплóхо говори́те по-ру́сски. Вы давнó**
비　　니쁠로허　　　거바리쩨　　　　빠-루스끼　　　비　　다브노

изуча́ете ру́сский язы́к?
이주챠이쩨　　루스끼　　이직끄

당신은 러시아어로 꽤 말을 잘 하시는군요. 당신은 러시아어를 배우신 지 오래되셨습니까?

□ **Нет, нет. Что вы! Я ещё плóхо говорю́, но я мнóго**
니예트 니예트 쉬또 비　야 이시요 쁠로허　거바류　　노 야 므노거

говорю́ и чита́ю по-ру́сски, слу́шаю пласти́нки и
거바류　　　이 치따유　　빠-루스끼　　　슬루샤유　　쁠라스찐끼　　이

кассе́ты.
까세띄

아닙니다, 아녜요. 당치도 않은 말씀입니다. 나는 아직 말이 서툽니다. 그렇지만 말을 많이 하고, 러시아어로 많이 읽고, 레코드와 카세트를 많이 듣고 있습니다.

■ **И всё понима́ете?**
이　프쇼　뻐니마이쩨

그래, 모두 알아듣습니까?

□ **Коне́чно, нет.**
까네쉬너　　　니예뜨

물론, 아니지요.

давнó 오랫동안	изуча́ть 1 〈대〉 배우다, 연구하다
ру́сский 〈형〉 러시아의(남성형)	язы́к 언어, 말
мнóго 〈부〉 많이	пласти́нка 음반, 레코드
кассе́та 카세트	

что вы! 당치도 않습니다.

1 동사의 현재인칭변화

동사의 현재형은 인칭과 수에 따라 변화한다. 대부분의 동사의 부정형(不定形)은 -ть로 끝난다. 동사의 변화형은 제 1식변화와 제2식변화의 2가지 형태가 있다.

<table>
<tr><td colspan="6" align="center">부 정 형</td></tr>
<tr><td colspan="3">чита́ть
제1식변화</td><td colspan="3">говори́ть
제2식변화</td></tr>
<tr><td>я</td><td>чита́ю</td><td>-ю</td><td>я</td><td>говорю́</td><td>-ю</td></tr>
<tr><td>ты</td><td>чита́ешь</td><td>-ешь</td><td>ты</td><td>говори́шь</td><td>-ишь</td></tr>
<tr><td>он
она́</td><td>чита́ет</td><td>-ет</td><td>он
она́</td><td>говори́т</td><td>-ит</td></tr>
<tr><td>мы</td><td>чита́ем</td><td>-ем</td><td>мы</td><td>говори́м</td><td>-им</td></tr>
<tr><td>вы</td><td>чита́ете</td><td>-ете</td><td>вы</td><td>говори́те</td><td>-ите</td></tr>
<tr><td>они́</td><td>чита́ют</td><td>-ют</td><td>они́</td><td>говоря́т</td><td>-ят</td></tr>
</table>

2 대격

러시아어에 있어서 명사와 동일의 문장중에 있는 다른 단어와의 관계는 (한국어처럼 조사「은, 을, 에게, 에」등에 의한 관계가 아니고) 명사 그 자체의 어형 변화에 따라 표시된다. 이것을 격이라 한다. 타동사의 직접목적어가 되는 명사의 형태를 대격이라 한다. 명사의 대격어미는 다음과 같다.

	주 격	대 격	어 미
남성	журна́л музе́й слова́рь	журна́л музе́й слова́рь	동 일
중성	письмо́ мо́ре вре́мя	письмо́ мо́ре вре́мя	동 일
여성	му́зыка пе́сня тетра́дь	му́зыку пе́сню тетра́дь	-у -ю 동 일

≫ 1. 남성 불활동체명사 (물건을 가리키는 것) 및 중성명사는 주격과 대격이 동일하다. 그러나 여성명사는 대격에서 어미가 −а는 −у로, −я는 −ю로 바뀐다.

≫ 2. −ь로 끝나는 여성명사는 주격과 대격이 동일하다.

≫ 3. −мя로 끝나는 명사는 여성이 아니고 중성이다.

Па́па чита́ет журна́л.　　아버지는 잡지를 읽고 있다.

Анто́н чита́ет письмо́.　　안톤은 편지를 읽고 있다.

Та́ня слу́шает му́зыку.　　따냐는 음악을 듣고 있다.

3　по-русски**와** русский язык

「러시아어로 말하다, 읽다, 러시아를 이해하다」의 경우는 по-русски 「러시아어로」의 부사를 사용하고, 「러시아어를 공부하다, 알다」의 경우는 ру́сский язы́к 「러시아어를」의 대격을 사용한다.

я	чита́ю говорю́ понима́ю	по-ру́сски, по-англи́йски. (영어로)
я	изуча́ю зна́ю	ру́сский язы́к. а́нгли́йский язы́к. (영어를)

1. 필요한 인칭대명사를 점선 부분에 넣으시오.

1) - ···говори́те по-ру́сски? - ···немно́го говорю́
по-ру́сски.

2) - Что···чита́ете? - ···чита́ем ру́сский журна́л.

3) - Что···де́лает? - ···чита́ет.

4) - ···зна́ешь англи́йский язы́к?

5) - ···всё понима́ешь? - Нет, не всё.

6) - ···ещё пло́хо понима́ю по-ру́сски.

2. 괄호 안의 동사와 명사를 변화시키시오.

1) Я (чита́ть) (газе́та), а он (чита́ть) (письмо́).

2) Вы (чита́ть) (журна́л), а она́ (слу́шать) (ра́дио).

3) Ты (говори́ть) по-ру́сски, а я (говори́ть)
по-англи́йски.

4) Что они́ (де́лать)? - Они́ (гуля́ть).

5) Вы (говори́ть) по-англи́йски? - Да, мы (говори́ть).

3. 텍스트를 읽고 1인칭 단수형이나 복수형으로 바꿔 말하시오.

보기 : Он студе́нт. Он изуча́ет ру́сский язы́к.

Мы студе́нты. Мы изуча́ем ру́сский язы́к.

Минхо — студе́нт. Он изуча́ет ру́сский язы́к. Он уже́
непло́хо говори́т по-ру́сски. Сейча́с он чита́ет текст.
Он чита́ет по-ру́сски. Минхо ещё не всё понима́ет. У
него́ есть ру́сско-коре́йский слова́рь.*   *노한사전

- 동사의 과거형
- быть의 용법
- 명사의 전치격

Олег и его семья
알레끄 이 이보 시미야

Олег москвич. Он родился в Москве. Сейчас он
알레끄 마스끄비치 온 라질셔 브 마스끄베 시챠스 온

учится в университете. Он студент. Его родители
우치쩌 부 니베르씨쩨쩨 온 스뚜젠뜨 이보 라지쩰리

живут в Москве. Отец Иван Сергеевич работает на
즤부뜨 브마스끄베 아쩨쯔 이반 세르게예비치 라보따이뜨 나

заводе, он инженер. Мать, Нина Петровна, врач.
자보제 온 인제네르 마찌 니너 뻬뜨로브너 브라치

Она окончила Московский медицинский институт.
아나 아꼰칠러 마스꼬프스끼 미지찐스끼 인스찌뚜뜨

Она работает в больнице. Сестра Таня ещё учится
아나 라보따이뜨 브 발니쩨 씨쓰뜨라 따녀 이시오 우치쩌

в школе.
프 쉬꼴레

Нина Петровна раньше жила в Петербурге, её
니너 뻬뜨로브너 란쉐 즬라 프뻬찌르부르게 이요

родители и сейчас живут там. Олег и Таня часто
라지쩰리 이 시챠스 즤부뜨 땀 알레끄 이 따녀 챠스떠

бывают в Петербурге, а их дедушка и бабушка
븨바유뜨 프뻬찌르부르게 아 이흐 제두시꺼 이 바부쉬꺼

часто пишут и иногда бывают в Москве.
챠스떠 뻬슈뜨 이 이나그다 븨바유뜨 브 마스끄베

И в Москве́ и в Петербу́рге они́ все вме́сте ча́сто
이　브마스끄베　　　이　프뻬찌르부르게　　　아니　프세　브메스쩨　챠스떠

быва́ют в теа́тре, в ци́рке, в кино́.
븨바유뜨　프찌아뜨레　　프찔르께　　프끼노

올레그는 모스크바사람이다. 그는 모스크바에서 태어났다. 지금 그는 대학에서 공부하고 있다. 그는 대학생이다. 그의 부모는 모스크바에서 살고 있다. 아버지 이반 세르게예비치는 공장에서 일하고 있다. 그는 기사이다. 어머니인 니나 뻬뜨로브나는 의사이다. 그녀는 모스크바 의과대학을 졸업했다. 그녀는 병원에서 일하고 있다. 누이동생인 따냐는 아직 학교에 다니고 있다. 니나 뻬뜨로브나는 전에 뻬쩨르부르그에 살았던 적이 있다. 그녀의 부모는 지금도 뻬쩨르부르그에 살고 있다. 올레그와 따냐는 뻬쩨르부르그에 자주 간다. 그리고 그들의 할아버지와 할머니는 자주 편지를 쓰고, 가끔 모스크바에 간다.

모스크바에서도, 뻬쩨르부르그에서도 그들은 모두 함께 자주 극장이나 서커스, 영화관에 간다.

● 새로운 단어와 표현

москви́ч 모스크바남자

в 〈전〉 (존재 동작의 장소) ···에

Москва́ 모스크바

университе́т (종합)대학

живу́т (жить의 현재 3인칭 복수형:살다, 생활하다)

заво́д 공장

моско́вский 〈형〉 모스크바의

институ́т (단과)대학

шко́ла (초 · 중등)학교

Петербу́рг 뻬쩨르부르그(구 레닌그라드: 지금은 Санкт-Петербург로 개명됨)

быва́ть 1 자주 가다, 오다

ба́бушка 할머니

иногда́ 때때로, 이따금

все ⟦복⟧ 전원, 모두

теа́тр 극장

кино́ (불변) 영화관

роди́лся (роди́ться의 과거남성형) 태어나다

у́чится (учи́ться의 현재 3인칭 단수형: 배우다, 공부하다: 재학하고 있다)

оте́ц 아버지

рабо́тать 1 일하다

око́нчить 〈대〉 끝내다, 졸업하다

медици́нский 〈형〉 의학의

больни́ца 병원

ра́ньше 이전에

и (강세조사) ···도

ча́сто 자주, 종종

де́душка 할아버지

писа́ть 편지를 쓰다

пи́шут(писа́ть의 현재 3인칭 복수)

вме́сте 함께

цирк 서커스

там 그곳에

동사의 과거형, 장소를 나타내는 명사의 전치격

1 동사의 과거형

동사의 과거형은 주어의 인칭과는 관계없이 주어의 성과 수에 일치하여 남성, 여성, 중성, 복수의 4가지의 형태를 갖는다. 대부분의 동사는 부정형에서 -ть를 제외한 형태에 어미 -л (남), -ла (여), -ло (중), -ли (복)를 붙이면 된다.

주 어	читáть	говори́ть	быть
남성명사 및 я,ты,он	читáл	говори́л	был
여성명사 및 я,ты,онá	читáла	говори́ла	былá
중성명사 및 онó	читáло	говори́ло	бы́ло
복수명사 및 мы,вы,они́	читáли	говори́ли	бы́ли

2 быть의 용법

быть (영어의 be 동사에 해당)의 현재형(есть)은 보통 사용되지 않지만 과거에서는 시제를 표시하는 것으로서 반드시 사용된다.

- Где ты был вчерá вéчером? 어제 너는 어디에 있었니?
- Я был дóма. 나는 집에 있었어.

3 명사의 전치격

Письмó на столé. 편지는 책상 위에 있다.
Письмó в столé. 편지는 책상 속에 있다.

- Где они́ жи́ли? 그들은 어디에 살았습니까?
- Они́ жи́ли в Москвé. 그들은 모스크바에 살았습니다.

전치사 в(영어의 in 에 해당) 또는 на (영어의 on 에 해당)와 함께 사용되

는 명사의 전치격은 사물의 위치를 나타낸다. <в+전치격>은 「…의 속에」,
<на+전치격>은 「…의 위, 표면에」의 뜻을 갖는다. 또한 <в / на+전치격>
은 동작이 일어나는 장소를 나타낸다. 명사의 전치격은 대부분이 어미가 -е
로 된다.

주격 что?	전치격 где?		어미
стол	на столе́	책상에	
слова́рь	в словаре́	사전에	
музе́й	в музе́е	박물관에	
шко́ла	в шко́ле	학교에	-е
семья́	в семье́	가족에	
мо́ре	в мо́ре	바다에	
окно́	на окне́	창문에	
Сиби́рь	в Сиби́ри	시베리아에	
санато́рий	в санато́рии	요양소에	-и
Росси́я	в Росси́и	러시아에	
общежи́тие	в общежи́тии	기숙사에	

≫ 1. –ь으로 끝나는 여성명사는 전치격이 –и로 된다.
≫ 2. 어미가 –ий (남), –ия (여), –ие (중)인 것은 전치격이 –ии 로 된다.
≫ 3. 약간의 남성명사는 в / на와 함께 장소를 나타내는 경우에 전치격에서 –е가 아
니고, –у́로 된다.

전치격이 у́로 되는 명사		
주격	전치격	
лес	в лесу́	숲속에서
сад	в саду́	정원에서
бе́рег	на берегу́	강가에서
пол	на полу́	바닥에

동작이 일어나는 장소를 나타내는 경우에 전치사를 в를 사용할 것인가, на 를 사용할 것인가는 명사에 따라 다르다.

в		на	
в го́роде	도시에서	на ве́чере	파티에서
в дере́вне	시골에서	на ро́дине	고향에서
в магази́не	상점에서	на вы́ставке	박람회에서
в гости́нице	호텔에서	на конце́рте	음악회에서
в больни́це	병원에서	на ле́кции	강의에서

жить			
я	живу́	мы	живём
ты	живёшь	вы	живём
он/она́	живёт	они́	живу́т

писа́ть			
я	пишу́	мы	пи́шем
ты	пи́шешь	вы	пи́шете
он/она́	пи́шет	они́	пи́шут

1. 다음의 문장을 과거형으로 고치시오.

1) Здесь кни́га, а там журна́л.

2) Ве́чером я смотрю́ телеви́зор и чита́ю кни́ги.

3) Они́ говоря́т по-ру́сски хорошо́.

4) Она́ пи́шет письмо́.

5) Сего́дня па́па до́ма.

2. 밑줄친 곳에 전치사와 함께 괄호안 단어의 알맞은 형태를 넣으시오.

1) Ве́чером я была́ _____. (ве́чер)

2) Я живу́ _____. (гости́ница)

3) Он рабо́тает _____. (институ́т)

4) Мой брат живёт _____, а сестра́ _____. (го́род, дере́вня)

5) Я не был _____. (Росси́я)

3. 사선 안의 단어를 알맞은 형태로 고치시오.

Вчера́ я был в /теа́тр/ на /конце́рт/. Та́ня была́ в /музе́й/ на /вы́ставка/. Ма́ма была́ сего́дня в /больни́ца/. Па́па был на /заво́д/. Минхо у́тром был на /ле́кция/, а ве́чером /дом/.

Вчера́ 어제 у́тром 아침에

Вчера́ ве́чером Минхо и Оле́г бы́ли в общежи́тии
프체라　　베체럼　　민호　이　알레끄　빌리　　바쁘시즤찌이

МГУ, где живёт Минхо. Они́ вме́сте гото́вили
엠게우　그제　즤뵤프　민호　　아니　브메스쩨　　가또빌리

зада́ние, пото́м до́лго сиде́ли, разгова́ривали.
자다니예　　빠똠　　돌거　　시젤리　　라즈가바리발리

Минхо расска́зывал о семье́: об отце́, о ма́тери, о
민호　　라스스까즤발　　아씨미예　　아바쩨　　아 마찌리　　아

сестре́, о бра́те. Его́ семья́ живёт в Коре́е, в го́роде
씨쓰뜨레　아브라쩨　이보　시미야　즤뵤프　프까레예　　브고러제

Сеу́ле. Оте́ц рабо́тает в ба́нке, сестра́ рабо́тает в
씨울레　아쩨쯔　라보따이드　브반꼐　　씨쓰뜨라　라보따이드

институ́те, она́ преподава́тель, она́ преподаёт
빈스찌뚜쩨　　아나　쁘리뻐다바쩰　　아나　쁘리빠다요드

ру́сский язы́к, брат ещё у́чится.
루스끼　　이즤끄　브라프　이시오　우치쩌

Сестра́ учи́лась в Москве́ год. Она́ хорошо́ зна́ет
씨쓰뜨라   우칠러시   브마스끄베   고뜨 아나 허리쇼 즈나이뜨

ру́сский язы́к. До́ма сестра́ ча́сто расска́зывала о
루스끼   이즤끄   도머   씨쓰뜨라   챠스떠   라스까즤벌러   아

Москве́, где она́ учи́лась, о Петербу́рге, где была́
마스끄베   그제 아나 우칠러시   아뻬찌르부르게   그제 빌라

на экску́рсии. Минхо люби́л слу́шать её расска́зы.
나에끄스꾸르씨이   민호   류빌   슬루샤찌   이요 라스까즤

вчера́ 어제	общежи́тие 기숙사
где (관계부사) …하는 곳에	зада́ние 과제, 숙제
гото́вить –влю,–вишь,…вят	пото́м 그 다음에, 그 후에
〈대〉준비하다.	до́лго 오랫동안
сиде́ть 앉아 있다	разгова́ривать 1 서로 이야기를
расска́зывать 1 이야기하다	나누다
о 〈전〉 (전) …에 관하여	Коре́я 한국 Сеу́л 서울
го́род 도시	банк 은행
преподава́тель 남(대학)강사	преподава́ть 〈대〉가르치다
год 1년 동안	хорошо́ 잘, 훌륭하게
экску́рсия 소풍, 여행, 견학	люби́ть 좋아하다
расска́з 이야기	

Ру́сские друзья́ не забыва́ют её, ча́сто пи́шут,
루스끼예　　드루지야　　니　자븨바유뜨　이요　챠스떠　삐슈뜨

присыла́ют кни́ги и фотогра́фии. Сестра́ то́же
쁘리씰라유뜨　　끄니기　이　퍼따그라피이　　씨쓰뜨라　또저

по́мнит их, а недавно́ она́ опя́ть была́ в Москве́.
뽐니뜨　이흐 아 니다브노　아나 아빠찌 빌라　브마스끄베

민호와 그의 가족

어제 저녁 민호와 올레그는 민호가 살고 있는 모스크바국립대학 기숙사에 갔다왔다. 그들은 함께 숙제를 하고 나서 오랫동안 앉아서 이야기를 나눴다. 민호는 가족에 관해서 이야기를 했다. 아버지와 어머니, 누나, 남동생에 관해서. 그의 가족은 한국, 서울에 살고 있다. 아버지는 은행에서 일하고 있고, 누나는 대학에서 일하고 있다. 그녀는 강사이다. 그녀는 러시아어를 가르치고 있다. 남동생은 아직 학교에 다니고 있다.

누나는 모스크바에서 1년간 공부한 적이 있다. 그녀는 러시아어를 잘 알고 있다. 집에서 누나는 그녀가 공부했던 모스크바에 관해서, 여행을 했던 뻬쩨르부르그에 관해서 자주 이야기를 하곤 했다. 민호는 그녀의 이야기를 듣는 것을 좋아했다. 러시아의 친구들은 그녀를 잊지 않고 있어, 자주 편지를 쓰고, 책과 사전을 보내온다. 누나도 역시 그들을 기억하고 있다. 그리고 얼마 전에 모스크바를 또 다시 다녀왔다.

забыва́ть 1 (대) 잊다	присыла́ть 1 (대) 보내오다
по́мнить 2 (대) / (O+전)기억하고 있다	недавно́ 얼마 전에, 최근에
опя́ть 〈부〉 다시	ру́сские 〈형〉 러시아의 (복수형)

1 -ся동사

учи́ться와 같이 어미에 -ся를 갖는 동사를 -ся동사라 한다. -ся동사의 변화는 -ся가 없는 동사와 동일하여 그 뒤에 -ся가 붙어 있는 것에 지나지 않는다. 단 -ся의 부분은 모음 뒤에서 -сь로 된다.

현 재 형				과 거 형
я	учу́сь	мы	у́чимся	я, ты, он учи́лся
ты	у́чишься	вы	у́читесь	я, ты, она́ учи́лась
он/она́	у́чится*	они́	у́чатся*	мы, вы, они́ учи́лись

* 부정형의 어미 —ться 및 현재 3인칭 단 · 복수의 어미 —тся는 모두 [щц]로 발음된다.

2 사고 · 화제의 내용을 나타내는 전치격

사고나 이야기의 뜻을 갖는 동사들은 전치사 о와 함께 명사의 전치격이 사용된다.

ду́мать		…에 대해 생각하다
говори́ть	о + 전치격	…에 관해 말하다
расска́зывать		…에 관해 이야기하다
спра́шивать		…에 관해 물어보다

Она́ ду́мает о до́ме. 그 여자는 집생각을 하고 있다.

Мы говори́ли о кни́ге. 우리들은 책에 관해 이야기를 했다.

Он спра́шивает о доро́ге. 그는 길을 물어보고 있다.

≫ 1. 전치사 о는 а,и,у,э,о 앞에서는 об로, в,м앞에서는 обо로 된다.
≫ 2. мать의 전치격은 о ма́тери로 된다.
≫ 3. 남성명사의 어미가 —ец나 —ок(оте́ц, ры́нок)인 명사는 전치격에서 (주격 이외의 모든 격에서) —е—나 —о—가 탈락된다.

об отце́ ⟨ оте́ц   아버지에 관하여
на ры́нке ⟨ ры́нок   시장에서

3   인칭대명사의 전치격

주 격 кто?	전치격 о ком?	
я	обо	мне
ты	о	тебе
он, оно́	о	нём*
она́	о	ней*
мы	о	нас
вы	о	вас
они́	о	них*

* 발음상의 이유로 앞에 н이 붙는다.

-авать형 동사의 현재변화			
я	преподаю́	мы	преподаём
ты	преподаёшь	вы	преподаёте
он/она́	преподаёт	они́	преподаю́т

어간의 마지막 자음이 순음 б,в나 치음 д인 동사의 변화

인칭	люби́ть	сиде́ть	гото́вить
я	люблю́	сижу́	гото́влю
ты	лю́бишь	сиди́шь	гото́вишь
он/она́	лю́бит	сиди́т	гото́вит
мы	лю́бим	сиди́м	гото́вим
вы	лю́бите	сиди́те	гото́вите
они́	лю́бят	сидя́т	гото́вят

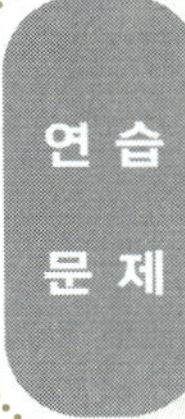

1. учи́ться 동사의 현재 및 과거변화형을 넣으시오.

1) - Где ты···? - Я ···в институ́те.

2) - А где···ваш брат? - Мой брат тоже···в институ́те.

3) - Где вы ра́ньше···? - Ра́ньше я ···в шко́ле.

4) - Вы ···йли рабо́таете? - Мы ···в институ́те.

2. 필요한 전치사와 함께 밑줄친 곳을 고쳐 문장을 완성시키시오.

1) Я зна́ю <u>его́ сестру́</u>. Вчера́ мы говори́ли···.

2) Это <u>его́ брат</u>. Я расска́зывал···.

3) <u>Его́ оте́ц</u> пиани́ст. Неда́вно́ в газе́те писа́ли···.

4) <u>Ма́ма</u> живёт в дере́вне. Я ча́сто ду́маю···.

3. 인칭대명사를 고쳐 보기와 같이 문장을 완성시키시오.

보기 : Где ты был? Та́ня спра́шивала о тебе́.

1) - Где вы бы́ли вчера́? Минхо спра́шивал···.

2) - Я давно́ зна́ю его́ и ча́сто ду́маю···.

3) - Она́ была́ у нас в гостя́х неда́вно, вчера́ мы говори́ли···.

4) - Они́ хорошо́ рабо́тают, я чита́л···.

Урок 8

운동 및 동작의 목표를 나타내는 명사의 대격/ идти 와 éхать

운동·동작의 목표를 나타내는

в/на +대격

идти와 ехать의 변화와 용법

на+교통수단 (전치격)

Кто куда идёт утром?
끄또　구다　이죠뜨　우뜨롬

Утром все идут на работу. Вот Иван Сергеевич.
우뜨럼　프쎄　이두뜨　나라보뚜　　보뜨　이반　세르계예비치

Он идёт в гараж. Он éдет на работу на машине.
온　이죠뜨　브가라쉬　온　예지뜨　나라보뚜　나마쉬네

Он работает далеко. А его жена, Нина Петровна,
온　라보따이뜨　덜리꼬　아　이보　줴나　니너　뻬뜨로브너

идёт в больницу, она врач. Их дочь Таня тоже
이죠뜨　브발니쭈　아나　부라치　이흐　도치　따녀　또저

идёт в школу. Они идут вместе. Сын Олег éдет в
이죠뜨　프쉬꼴루　아니　이두뜨　브메스쩨　쓰인　알레끄　예지뜨

университет. Его университет находится далеко,
부니베르씨쩨뜨　이보　우니베르씨쩨뜨　나호지쩌　덜리꼬

поэ́тому он е́дет в университе́т снача́ла на
빠에떠무 온 예지뜨 부니베르씨쩨뜨   스나찰러 나

авто́бусе, а пото́м на метро́. А вот Вади́м- его́
아프또부세 아 빠똠 나미뜨로 아 보뜨 바짐   이보

сосе́д. Он сего́дня опа́здывает и е́дет на рабо́ту на
싸쎄드 온 씨보드녀 아빠즈드바이뜨 이 예지뜨 나라보뚜   나

такси́.
딱시

● 새로운 단어와 표현

куда́ 어디로
у́тром 아침에
гара́ж 차고
маши́на 자동차
находи́ться, –жу́сь, –дится 있다,
  위치하다
поэ́тому 그러므로, 따라서
метро́ (불변) 지하철
сосе́д 〈복 –ди〉 이웃(사람)
такси́ 〈중〉 (불변) 택시

идёт 〈 идти́의 현재 3인칭 단수형
  : (걸어서) 가다 오다
рабо́та 일, 직장
е́дет (ехать의 현재 3인칭 단수형)
е́хать (차를 타고) 가다 오다
недалеко́ 멀지 않은 곳에
далеко́ 멀리, 먼 곳에
снача́ла 먼저
Вади́м 바딤(남성의 이름)
опа́здывать 1 늦다, 지각하다

А куда́ же идёт Мари́я? Она́ ведь сего́дня не
아 꾸다 줴 이죠프 마리여 아나 베찌 씨보드녀 니

рабо́тает, она́ отдыха́ет. Наве́рно, она́ идёт в
라보따이뜨 아나 앗듸하이뜨 나베르너 아나 이죠프 브

магази́н.
마가진

아침에 누가 어디로 가는가?

아침에 모두들 직장에 간다. 바로 저기 이반 세르게예비치가 있다. 그는 차고로 가고 있다. 그는 직장에 차를 타고 간다. 그는 가까운 곳에서 일하고 있다. 그리고 그의 부인 니나 뻬뜨로브나는 병원으로 간다. 그녀는 의사이다. 그들의 딸 따냐도 역시 학교에 간다. 그들은 함께 간다. 아들 올레그는 대학에 간다. 그의 대학은 멀다. 그래서 그는 대학에 먼저 버스를 타고, 그리고 그 다음에는 지하철을 타고 간다. 저기 바짐이 있다. 그의 이웃이다. 그는 오늘 늦어서 직장에 택시를 타고 간다.

그런데 도대체 마리아는 어디로 가는 것일까? 그녀는 오늘 일을 안하지 않는가, 그녀는 쉬고 있다. 아마도 그녀는 상점에 가는 것 같다.

● 새로운 단어와 표현

Мари́я 마리아(여성의 이름)	же 〈조〉 (의문사와 함께) 도대체
отдыха́ть 1 쉬다, 휴식하다	ведь 〈조〉 (정말로)…이지 않은가
магази́н 상점	наве́рно 아마도

1 운동·동작의 목표를 나타내는 в/на+대격

- Куда́ он идёт?　그 사람은 어디에 갑니까?

- Он идёт на рабо́ту.　그는 직장으로 가고 있습니다.

<в/на+전치격>이 존재·동작의 장소를 나타내는 데 반해, <в/на+대격>은 운동·동작의 방향을 나타낸다.

전　치　격	대　　격
Где он рабо́тает?	Куда́ он идёт?
그는 어디에서 일합니까?	그는 어디에 갑니까?
- на заво́де 공장에서	- на заво́д 공장으로
- в шко́ле 학교에서	- в шко́лу 학교로
- на по́чте 우체국에서	- на по́чту 우체국으로

2 идти와 éхать의 변화와 용법

- Она́ идёт в па́рк пешко́м.　그 여자는 걸어서 공원에 간다.

- Он е́дет на рабо́ту на метро́.　그는 직장에 지하철로 간다.

어떤 장소로 「가다·오다」를 표현할 때, 걸어서 가는 경우는 идти́를 사용하고, 교통수단을 이용하여 갈 경우에는 е́хать를 사용한다.

	идти́		е́хать	куда́?
	я	иду́	е́ду	
	ты	идёшь	е́дешь	в институ́т
현재형	он/она́	идёт	е́дет	в кино́
	мы	идём	е́дем	в гости́ницу
	вы	идёте	е́дете	на конце́рт

	они́	иду́т	е́дут	
과거형	я, ты он она́ они́	шёл шла шли		

≫ идти́는 「사람이 걸어서 가다 · 오다」의 이외에도 교통수단 자체의 진행을 나타내는 경우에도 사용할 수 있다.
Идёт авто́бус. 버스가 온다.

3 на+교통수단 [전치격]

「버스 · 기차에 타고」와 같이 교통수단을 이용하는 경우의 표현은 <на+교통수단(전치격)>으로 나타낸다.

е́хать на	авто́бусе	버스로
	маши́не	자동차로
	по́езде	기차로
	метро́(불변)	지하철로
	такси́(불변)	택시로
	велосипе́де	자전거로

Я е́ду в университе́т на авто́бусе.　나는 대학교에 버스를 타고 간다.

Она́ е́дет на ры́нок на велосипе́де.　그녀는 자전거를 타고 시장에 간다.

장소와 방향을 나타내는 부사	
где? 어디에?	куда́? 어디로?
здесь 여기에　там 거기에 наверху́ 위에　внизу́ 아래에 до́ма 집에	сюда́ 이리로　туда́ 거기로 наве́рх 위로　вниз 아래로 домо́й 집으로

1. 보기에서 골라 물음에 답하시오.

보기 : больни́ца, шко́ла, университе́т, заво́д

1) Где рабо́тает Ни́на Петро́вна?

   Куда́ она́ идёт?

2) Где рабо́тает Ива́н Серге́евич?

   Куда́ он идёт?

3) Где у́чатся Минхо и Оле́г?

   Куда́ они́ иду́т?

4) Где у́чится Та́ня?

   Куда́ она́ идёт?

2. 밑줄친 부분에 идти́ 또는 е́хать를 넣어 문장을 완성시키시오.
   필요하면 전치사를 사용하여.

Утром, как обы́чно, я＿＿＿(университе́т), а сестра́＿＿＿
(шко́ла). Институ́т далеко́. Я＿＿＿на метро́. А шко́ла
ря́дом. Сестра́＿＿＿пешко́м. Ве́чером я＿＿＿(библиоте́ка).
Снача́ла я＿＿＿(авто́бус), а пото́м на метро́.
Домо́й я＿＿＿на метро́, пото́м＿＿＿пешко́м.

как обы́чно 보통때와 마찬가지로

3. 러시아어로 고치시오.

1) 당신은 어디에 가십니까? - 나는 학교에 갑니다.(길에서 만났을 때)

2) 너 어디가니? - 영화관에 가는 중이야.(지하철 안에서 만났을 때)

3) 민호는 공원에 가는 중이다.

형용사의 성과 수
идти́—е́хать와
ходи́ть—е́здить의 비교

Та́ня : Оле́г, нас приглаша́ют на новосе́лье?
　　　　알레끄　　나스　　쁘리그라샤유뜨　　　　나너바쎌리예

따 냐 : 올레그, 우리를 집들이에 초대했어.

Оле́г : Кто?
　　　　끄또

올레그 : 누가?

Та́ня : Ната́ша. Ната́ша и её ма́ма получи́ли кварти́ру.
　　　　나따셔　　　　나따셔　　　이 이요 마머　　빨루칠리　　　　끄바르찌루

따 냐 : 나따샤, 나따샤와 그녀 엄마는 최근에 아파트를 받았어.

Оле́г : Ты уже́ ви́дела кварти́ру?
　　　　띄　　우줴　　비젤라　　　끄바르찌루

올레그 : 너 벌써 그 아파트를 보았니?

Та́ня : Да, вчера́ е́здила туда́.
　　　　다　　프체라　　예즈질리　　뚜다

따 냐 : 응, 어제 그곳에 갔다왔어.

Оле́г : Ну и как?
　　　　누　　이　까끄

올레그 : 그래 어땠니?

Та́ня : Кварти́ра хоро́шая: све́тлая, тёплая, удо́бная,
끄바르찌러　　　하로셔여　　　스베뜰러여　　쬬뿔러여　　우도브너여

Две ко́мнаты, больша́я ку́хня, балко́н.
드베　꼼나띄　　발샤여　꾸흐녀　　발꼰

따 냐 : 아파트는 좋았어. 밝고, 따뜻하고, 편리해. 방이 둘이고, 큰 부엌이 있고, 발코니가 있어

Оле́г : Како́й эта́ж?
까꼬이　　예따쉬

올레그 : 몇 층인데?

Та́ня : Пя́тый. И, гла́вное, институ́т бли́зко. Тепе́рь
빠띄　　이　글라브노예　인스찌뚜뜨　블리스꺼　찌뻬리

Ната́ша хо́дит в институ́т пешко́м.
나따셔　　호지뜨　빈스찌뚜뜨　뻬쉬꼼

따 냐 : 5층. 그런데, 무엇보다도, 대학이 가까워. 이제 나타샤는 대학에 걸어 다녀.

● 새로운 단어와 표현

приглаша́ют ＜ приглаша́ть 1 의
　현재 3인칭복수형 ; 초대하다
ви́деть, ви́жу, –дишь (대) 1.보다,
　보이다 2.만나다
туда́ 저기로
све́тлый,–ая, –ое, –ые 밝은
удо́бный –ая,–ое,–ые 편리한
большо́й,–а́я, –о́е, –и́е 커다란
балко́н 발코니
эта́ж 층
пя́тый, –ая, –ое, –ые 5번째의
гла́вное (삽입어) 무엇보다도
ходи́ть (걸어서) 다니다 ; 갔다오다

новосе́лье 집들이
получи́ть, –чу́, –чишь (대) 받다
вчера́ 어제
е́здить (타고)다니다 ; 갔다오다
хоро́ший,–ая, –ее, –ие 좋은
тёплый, –ая, –ое, –ые 따뜻한
две 2 둘(2의 여성형)
ку́хня 부엌
како́й,–ая, –о́е, –и́е 어떤
пешко́м 걸어서
гла́внее 더 주요한
бли́зко (부) 가깝다

Олéг : Мéбель онú ужé купúли?
메벨　　　아니　우줴　꾸삘리

올레그 : 가구는 벌써 샀니?

Тáня : Купúли, но не всё. Купúли нóвый дивáн,
꾸삘리　　노　니　프쑈　꾸삘리　노븨　지반

óчень хорóший кнúжный шкáф, пúсьменный
오친　　하로쉬　　끄니쥐늬　쉬까프　삐씨몐늬

стол.
쓰똘

따 냐 : 샀어. 하지만 다 산 것은 아니야. 산 것은 새로운 소파, 매우 훌륭한 책장하고, 책상이
야

Олéг : А какóй подáрок ты хóчешь купúть на
아　까꼬이　빠다로끄　띄　호치쉬　꾸삐찌

новосéлье?
나너바셸리예

올레그: 그런데, 너는 집들이에 어떤 선물을 사고 싶니?

Тáня : Вчерá ходúла в наш магазúн, там есть
프체라　　하질러　　브나쉬　마가진　땀　예스찌

хорóшие настóльные лáмпы.
하로쉬예　　나스똘늬예　　람쁴

Мóжно купúть лáмпу.
모쥐너　　꾸삐찌　　람뿌

따 냐 : 어제 상점에 갔다왔는데, 그곳에 좋은 스탠드가 있어. 스탠드를 사도 좋고.

Оле́г : Хорошо́. А когда́ они́ ждут нас?
허라쇼　　　　아　까그다　아니　쥐두뜨　나스

올레그 : 좋아. 그런데 그들은 언제 우리를 기다리기로 했지?

Та́ня : За́втра ве́чером.
자프프라　　　베체럼

따 냐 : 내일 오후에.

ме́бель 〈여〉 가구	купи́ть,-плю́, -пишь… -пят
но 그러나	(대) 사다
но́вый -ая,-ое,-ые 새로운	дива́н 소파, 긴의자
о́чень 매우, 대단한	кни́жный шкаф 책장
пи́сьменный стол 책상	насто́льная ла́мпа 탁상용 스탠드
когда́ 언제	пода́рок 선물
ждать, жду, -дёшь, -ду́т (대)	за́втра 내일
기다리다	ну и как? 그래 어땠니?
хоте́ть, хочу́, -ешь, -ет, хоти́м, -и́те, -я́т 원하다:(+부정형)…하고 싶다	
мо́жно +부정형 …해도 좋다, …해도 상관없다	

1   형용사의 성과 수

- Какóй э́то журнáл?   이것은 어떤 잡지입니까?

- Э́то интере́сный журнáл.   이것은 흥미로운 잡지입니다.

형용사는 경어미 -ый(어미에 엑센트가 있으면 -óй)를 갖는 것과 연어미 -и й를 갖는 것이 있어, 전자를 경변화형용사, 후자를 연변화형용사로 부른다. 이들은 각각 관계하는 명사의 성과 수에 따라 다음과 같은 어미를 갖는다.

	남	여	중	복
경어미	-ый(-óй)	-ая	-ое	-ые
연어미	-ий	-яя	-ее	-ие

	단 수			복 수
	남 성 какóй?	여 성 какáя?	중 성 какóе?	3성공통 какúе?
경어미	интере́сный 재미있는 журнáл молодóй 젊은	интере́сная кнúга молодáя	интере́сное письмó молодóе	интере́сные журнáлы кнúги пúсьма молодúе лю́ди
연어미	сúний 푸른(색의) костю́м	сúняя машúна	сúнее мóре	сúние костю́мы машúны

≫ 어간이 г, к, х로 끝나는 형용사는 경변화형용사이지만 정자법 규칙에 따라 다음과 같이 변화한다.
    рýсский   рýсская   рýсское   рýсские

어간이 ж,ш,щ,ч 로 끝나는 형용사	
엑센트가 어미에 있는 경우	엑센트가 어간에 있는 경우
большо́й дом	хоро́ший журна́л
больша́я ко́мната	хоро́шая кни́га
большо́е окно́	хоро́шее письмо́
больши́е дома́	хоро́шие журна́лы
ко́мнаты	кни́ги
о́кна	пи́сьма

2 идти́-е́хать와 ходи́ть-е́здить의 비교

「걸어서 가다·오다」, 「타고 가다·오다」와 같이 운동을 나타내는 동사들 중에는 일정한 방향을 갖는 것과 그렇지 않는 것과의 구별이 있다.

идти́ 및 е́хать 「가다, 오다」	ходи́ть 및 е́здить 「다니다, 갔다오다」
일정한 시간에 일정한 방향으로 향하는 운동	1. 일정한 방향을 갖지 않는 동작 2. 일정한 방향으로의 반복적 동작 3. (1회의) 왕복 동작
Утром он идёт в шко́лу. 아침에 그는 학교에 간다. Сего́дня ма́ма е́дет в центр. 오늘 어머니는 시내에 간다	1. Он хо́дит в саду́. 그는 뜰안을 걷고 있다. 2. В шко́лу я всегда́ хожу́ пешко́м. 나는 항상 걸어서 학교에 간다. Обы́чно я е́зжу на рабо́т у на метро́. 평소에 나는 지하철로 출근한다. 3. Вчера́ я ходи́л в магази́н. 어제 나는 상점에 갔다왔다.

65

인칭	ходи́ть	е́здить
я	хожу́	е́зжу
ты	хо́дишь	е́здишь
он/она́	хо́дит	е́здит
мы	хо́дим	е́здим
вы	хо́дите	е́здите
они́	хо́дят	е́здят

인칭	동사 хоте́ть +부정형		
я	хочу́		
ты	хо́чешь	слу́шать	му́зыку.
он/она́	хо́чет	купи́ть	ла́мпу.
мы	хоти́м	чита́ть	э́тот журна́л.
вы	хоти́те		
они́	хотя́т		

мо́жно +동사부정형	
「…해도 좋다, …해도 상관없다」	
Мо́жно купи́ть ла́мпу.	스탠드를 사도 상관없습니다.
Здесь мо́жно кури́ть?	이곳에서 담배를 피워도 됩니까?
Мо́жно спроси́ть?	물어보아도 되겠습니까?

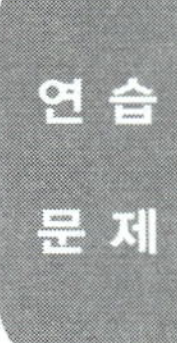

1. 사선 안의 형용사를 알맞은 형태로 고쳐 넣으시오.

1) У него́ есть_____/но́вый/ /хоро́ший/ маши́на.

2) Это_____/большо́й/ магази́н.

3) Вот_____/си́ний/ мо́ре.

4) Там стои́т_____/молодо́й/ челове́к.

5) Вчера́ была́_____/плохо́й/ пого́да*.　　　　*날씨

6) У нас_____/большо́й/ семья́.

7) Это_____/тёплый/ /све́тлая/ ко́мната.

8) Вот здесь_____/интере́сный/ /ру́сский/ журна́лы.

2. идти́ 또는 ходи́ть의 현재형을 넣으시오.

- Здра́вствуй, Оле́г!

- Здра́вствуй, Минхо!

- Куда́ ты⋯?

- Я⋯в библиоте́ку.

- Ты всегда́⋯в библиоте́ку в это вре́мя*?　　*이 시간에

- Нет, иногда́ я⋯туда́ ве́чером. А куда́ ты сейча́с⋯?

- Я⋯в общежи́тие.

3. е́хать 또는 е́здить의 적당한 형태를 넣으시오.

- Куда́ вы⋯сейча́с?

- Мы⋯на вы́ставку. А вы бы́ли на вы́ставке?

- Да, мы⋯на вы́ставку вчера́.

시간의 표현
요일
—ся동사의 의미

Сего́дня воскресе́нье. Пого́да хоро́шая. Оле́г и Та́ня
시보드녀　　바스끄레셰니예　　빠고더　　하로셔여　　알레끄 이 따녀

встаю́т ра́но. Утром они́ е́дут ката́ться на лы́жах.
프스따유뜨　라너　　우뜨럼　아니　예두뜨　까따짜　　나 리좌흐

Оле́г и Та́ня конча́ют за́втракать, беру́т лы́жи, и в
알레끄 이 따녀　깐챠유뜨　자프뜨라까찌　비루뜨　리쥐　이 브

де́сять часо́в они́ уже́ на остано́вке. Снача́ла они́
제샤찌　치소프　아니　우줴　나　아스따노프께　스나챨라　아니

е́дут на авто́бусе, пото́м на метро́. Минхо то́же
예두뜨　나아프또부세　빠똠　나미뜨로　민호　또저

е́дет ката́ться на лы́жах. Они́ встреча́ются в метро́.
예지뜨　까따짜　나리좌흐　아니　프스뜨리챠유짜　브 미뜨로

<Арба́тская>. Там их жду́т друзья́.
아르바쯔꺼여　땀 이흐　쥐두뜨　드루지야

오늘은 일요일이다. 날씨가 좋다. 올레그와 따냐는 일찍 일어난다. 아침에 그들은 스키를 타러 간다. 올레그와 따냐는 아침 식사를 끝내고, 스키를 집어 들고, 그들은 10시에 이미 정류장에 와 있다. 그들은 처음에 버스를 타고, 그 다음에 지하철로 간다. 민호도 역시 스키를 타러 간다. 그들은 「아르바쯔까야」 지하철 역에서 만난다. 그곳에서 친구들이 기다리고 있다.

■ Оле́г, что вы де́лаете в воскресе́нье?
알레끄 쉬또 븨 젤라이쩨 브바스끄리세니예
올레그, 너희들은 일요일에 무엇을 할거니?

□ Утром мы е́дем ката́ться на лы́жах.
우뜨럼 믜 예짐 까따짜 나르좌흐
아침에 우리들은 스키를 타러 갈거야.

■ Вы ра́но встаёте?
븨 라너 프스따요쩨
너희들은 일찍 일어날거니?

□ Как обы́чно, в во́семь часо́в. А ты ката́ешься на
까끄 아븨치너 브보심 치쏘프 아 띄 까따이쉬쌰 나

лы́жах?
리좌흐
보통 때와 마찬가지로 8시에. 그런데 너는 스키 탈 줄 아니?

■ Немно́го.
니므노거
조금은.

□ Тогда́ е́дем вме́сте. Мы ката́емся в па́рке, там
따그다 예짐 브메스쩨 믜 까따임샤 프빠르쩨 땀

о́чень краси́во.
오친 끄라씨버
그렇다면 같이 가자. 우리들은 공원에서 탈거야. 그곳은 매우 아름다운 곳이야.

■ А когда́ и где́ вы встреча́етесь?
아 까그다 이 그제 븨 프스뜨리챠이쩨씨
그런데 너희들은 몇시에, 어디에서 만나니?

□ В де́вять часо́в в метро́ <Арба́тская>.
브제비찌 치쏘프 브미뜨로 아르바쯔꺼여
9시에 〈아르바쯔까야〉 지하철 역에서.

69

- **А когда́ вы возвраща́етесь?**
  아 까그다 브 버즈브라샤이쩨씨
  그럼 너희들은 언제 돌아오니?

- **Обы́чно не по́здно, в три и́ли в четы́ре часа́.**
  아븨치노 니뽀즈너 프뜨리 일리 프 체띄례 치싸
  보통 늦지 않아, 3시나 4시에.

- **Э́то хорошо́, в шесть часо́в у меня́ свида́ние.**
  에떠 허라쇼 프쉐스찌 치쏘프 우미냐 스비다니여
  그럼 잘 됐다. 6시에 데이트가 있거든.

- **Не беспоко́йся, ты успе́ешь. Ну, до за́втра!**
  니비스빠꼬이샤 띄 우스뻬이쉬 누 다자프뜨러
  걱정하지마. 시간에 대어 올 수 있어. 그럼 내일 만나자!

- **До за́втра!**
  다자프뜨러
  그럼 내일 봐!

воскресе́нье 일요일	пого́да 날씨
встава́ть 일어나다	ра́но 일찍
ката́ться 1 타고 다니다, 타다	лы́жи 복 스키
конча́ть 1 (대/+부정형)…을 끝내다	за́втракать 1 아침을 먹다
беру́т (брать 동사의 현재3인칭복수)	час 시(시간)
〈대〉 (손에)잡다, 쥐다	остано́вка 정류장
встреча́ться 1 (с +조)…와 만나다	немно́го 조금, 약간
тогда́ 그러면, 그렇다면	парк 공원
краси́во 아름답다	возвраща́ться 1 돌아오다
по́здно 늦게, 발음은 по[з]но (д는 묵음)	свида́ние 데이트, 만남
успе́ть, –пе́ю, –пе́ешь …할	как обы́чно 보통 때와 마찬가지로
시간이 있다, 시간에 대다	Не беспоко́йся 걱정마라
ката́ться на конька́х 스케이트를 타다	До за́втра! (헤어질 때의 인사) 내일 또 만나!

1　시간의 표현

- когда́ вы встреча́етесь?　당신들은 몇시에 만납니까?

- В шесть часо́в.　6시에 (만납니다).

когда́?	
в час	1시에
в два	2시에
в три　　　　　　　часа́	3시에
в четы́ре	4시에
в пять	5시에
в шесть	6시에
в семь	7시에
в во́семь　　　　　　часо́в	8시에
в де́вять	9시에
в де́сять	10시에
в оди́ннадцать	11시에
в двена́дцать	12시에

≫ 1시는 час, 2시, 3시, 4시는 часа́, 5시~12시는 часо́в가 된다.

2　요일

	요 일	когда́? …요일에
	주 격	в + 대격
월	понеде́льник	в понеде́льник
화	вто́рник	во вто́рник
수	среда́	в сре́ду
목	че́тверг	в че́тверг

금	пя́тница	в пя́тницу
토	суббо́та	в суббо́ту
일	воскресе́нье	в воскресе́нье

〈주〉 в가 아니고 во로 된 것은 발음상의 이유이다.

3   -ся동사의 의미

러시아어 동사에는 동사 어미 뒤에 -ся(-сь)가 붙어있는 것들이 많이 있다.
(учи́ться, занима́ться, встреча́ться, возвраща́ться 등). 이들 동
사들을 -ся동사라고 부르는데 -ся동사의 대부분은 타동사에 -ся가 붙어 있
는 것으로, -ся가 붙어있지 않는 타동사와 비교하여 -ся동사는 재귀적인(동
작의 영향이 주어 자체의 범위에 머문다) 의미를 나타내기도 하고, 자동사화
한 의미를 나타내는 경우가 많다. 즉 -ся동사의 뒤에는 직접목적어(전치사
가 없는 명사나 대명사의 대격)가 오질 않는다.

начина́ть-начина́ться 및 конча́ть-конча́ться	
Я начина́ю рабо́тать (рабо́ту) в де́вять часо́в.	Рабо́та начина́ется в де́вять часо́в.
나는 일을 9시에 시작한다.	일은 9시에 시작된다.
Я конча́ю рабо́тать (рабо́ту) в де́вять.	Рабо́та конча́ется в де́вять часо́в.
나는 일을 9시에 마친다.	일은 9시에 끝난다.

≫ 1. начина́ть와 конча́ть의 다음에는 부정형 또는 목적보어가 온다.

≫ 2. начина́ться와 конча́ться는 사람이 주어로 사용되는 경우는 없다. 따라서
주로 3인칭 단·복수형이 사용된다.

встава́ть			
я	встаю́	мы	встаём
ты	встаёшь	вы	встаёте
он/она́	встаёт	они́	встаю́т

1. начина́ть–начина́ться, конча́ть–конча́ться 의 알맞은 형태를 넣으시오.

1) Когда́⋯ле́кция?

2) Когда́ его́ оте́ц⋯и когда́ он⋯рабо́тать?

3) Конце́рт в клу́бе⋯в семь часо́в и⋯в де́вять часо́в.

4) Ве́чер⋯в семь часо́в?

5) Этот фильм⋯по́здно.

2. 보기의 단어와 표현을 사용하여 텍스트를 해석하시오.

Я встаю́ ра́но у́тром, де́лаю заря́дку и умыва́юсь. Пото́м я за́втракаю и иду́ на рабо́ту. Моя́ рабо́та бли́зко, и я иду́ на рабо́ту пешко́м. Я рабо́таю на заво́де. Мой друг то́же рабо́тает на заво́де. Мы инжене́ры.

Пото́м мы обе́даем в рестора́не. В пять часо́в я иду́ домо́й. До́ма я у́жинаю. Я чита́ю газе́ты и́ли смотрю́ телеви́зор. Пото́м я гуля́ю в па́рке и ложу́сь спать.

보기 : заря́дка 체조 умыва́ться 1 세수하다

за́втракать 1 아침먹다 у́жинать 1 저녁먹다

ложи́ться, (-жу́сь, -жи́тся, -жа́тся) спать 잠자리에 들다

동사의 상(相)
상의 용법
상의 형성
완료상동사의 미래

В библиоте́ке

Это на́ша библиоте́ка. Здесь мы обы́чно берём кни́ги, уче́бники, словари́. Ря́дом чита́тельный зал, в кото́ром я люблю́ занима́ться. В за́ле всегда́ ти́хо. Студе́нты серьёзно рабо́тают: чита́ют, перево́дят, пи́шут. Здесь всегда́ мо́жно взять но́вые журна́лы и газе́ты.

Сего́дня я встре́тил в библиоте́ке Минхо. Минхо взял стихи́ А. С. Пу́шкина и расска́зы А. П. Че́хова. На ро́дине он чита́л их по-коре́йски. Сейча́с он хо́чет прочита́ть по-ру́сски.

도서관에서

이것은 우리들의 도서관이다. 이곳에서 우리들은 평소에 책,교과서, 사전을 빌린다. 옆에 내가
즐겨 공부하는 열람실이 있다. 열람실은 언제나 조용하다. 대학생들은 진지하게 공부하고 있다.
책을 읽고, 해석하고, 글을 쓴다. 이곳에서는 언제나 신간 잡지와 신문을 빌릴 수 있다.
오늘 나는 도서관에서 민호를 만났다. 민호는 뿌쉬낀의 시와 체홉의 단편소설을 빌렸다. 고국
에서 그는 그것을 한국어로 읽었다. 그는 지금 그것을 러시아어로 읽고 싶어한다.

- **Минхо, приве́т! Что э́то у тебя́?**

  민호, 안녕! 네가 가지고 있는 것이 무엇이니?

- **Пу́шкин и Че́хов, взял сейча́с в библиоте́ке.**

  뿌쉬낀과 체홉. 지금 도서관에서 빌렸어.

- **Хо́чешь прочита́ть их по-ру́сски?**

  그것을 러시아어로 읽고 싶니?

- **Да, на ро́дине я чита́л их по-коре́йски. Сейча́с
  хочу́ прочита́ть по-ру́сски.**

  응, 고국에서 이것을 한국어로 읽었는데, 지금은 러시아어로 읽고 싶어.

● 새로운 단어와 표현

бра́ть 〈불완〉 (완взять) 〈대〉 빌리다	уче́бник 교과서
чита́льный зал 열람실	занима́ться 1 (무보어) 공부하다
всегда́ 항상, 언제나	ти́хо 조용하다
серьёзно 진지하게	переводи́ть, –жу́, –дишь
прочита́ть 1 〈완〉 (불완 чита́ть) 읽다	〈불완〉 (완 перевести́)
встре́тить, –чу, –тишь 〈완〉	(대) 번역하다, 통역하다
（불완 встреча́ть)〈대〉 만나다	стихи́ 複 시
расска́з 단편소설	ро́дина 1 모국 2 태어난 고향

■ **А не тру́дно?**

그런데, 어렵지 않니?

□ Тру́дно, коне́чно, но интере́сно. Моя́ сестра́ мно́го чита́ла по-ру́сски. Одна́жды она́ сде́лала в университе́те о́чень интере́сный докла́д о Пу́шкине. Я слу́шал её докла́д и реши́л обяза́тельно вы́учить ру́сский язы́к и прочита́ть стихи́ Пу́шкина на его́ родно́м языке́.

물론 어렵지만, 재미있어. 나의 누나는 러시아어로 책을 많이 읽었어. 전에 그녀는 대학에서 뿌쉬낀에 관한 매우 흥미로운 강연을 했었는데, 나는 그녀의 강연을 듣고, 꼭 러시아어를 배워서, 뿌쉬낀의 시를 그의 모국어로 읽기로 결심했어.

тру́дно 어렵다   интере́сно 재미있다, 흥미롭다
мно́го 많이   докла́д 보고, 발표
сде́лать 1 〈완〉 (불완 де́лать) 〈대〉 (일을)하다
интере́сный, –ая, –ое, –ые 흥미있는
реши́ть, –шу́, –ши́шь 〈완〉 (불완 реша́ть) (대/+부정형) 결정, 결심하다
вы́учить, –чу–чишь 〈완〉 (불완 учи́ть) (대) (구체적인 사항을) 배우다

Приве́т! (스스럼없는 사이에서 만났을 때와 헤어질 때의 인사)안녕!
Что э́то у тебя́? 네가 가지고 있는 것이 무엇이니?
на его́ языке́ 그 사람의 말로

1 동사의 상(相)

「읽다」의 의미는 영어로 read, 불어로 lire로 각각 하나의 형태 만을 가지고 있지만, 러시아어에는 чита́ть와 прочита́ть의 2가지의 형태가 있다. 러시아어의 동사는 그 대부분이 불완료상－완료상의 쌍을 이루고 있다.

	불완료상	완료상
(문제를)풀다	реша́ть	реши́ть
(물건을)사다	покупа́ть	купи́ть

2 상의 용법

불 완 료 상	완 료 상
동작의 습관, 반복, 계속, 진행, 동작의 확인(사실의 유무의 확인) всегда́ (항상), до́лго (오랫동안), ча́сто (자주) 등의 부사, начина́ть (시작하다). конча́ть (끝내다), продолжа́ть (계속하다) 등의 동사와 같이 사용한다.	동작의 결과·완료, 1회에 한한 동작

а. На́ши де́ти реша́ли кроссво́рт? (동작 그 자체의 확인)

　어린아이들은 크로스워어드를 풀어 보았습니까?

б. Я до́лго реша́л э́тот кроссво́рт. (계속)

　나는 오랫동안 크로스워어드를 풀고 있었다.

в. Я реши́л кроссво́рт. (완료)

　나는 크로스워어드를 풀었다.

г. - Вы ча́сто покупа́ете вино́? (반복)

　「자주 포도주를 마십니까?」

- Нет, я то́лько сего́дня купи́ла. (1회뿐의 동작)

「아니예요, 오늘 뿐이예요」

3 상의 형성

1) 완료상과 불완료상의 접미사가 다른 것

реши́ть – реша́ть 풀다	зада́ть – зада́вать 과하다
встре́тить – встреча́ть 만나다	изучи́ть – изуча́ть 배우다
нача́ть – начина́ть 시작하다	ко́нчить – конча́ть 끝내다

2) 불완료상에 특정의 접두사를 붙이면 대응의 완료상이 되는 것.

чита́ть – прочита́ть 읽다	писа́ть – написа́ть 쓰다
де́лать – сде́лать 하다	звони́ть-позвони́ть 전화를 걸다
смотре́ть – посмотре́ть 보다	учи́ть – вы́учить 외우다

3) 완료상과 불완료상의 어근이 전혀 다른 것

불완료상	완료상	
брать	взять	잡다
говори́ть	сказа́ть	말하다
покупа́ть	купи́ть	사다
понима́ть	поня́ть	이해하다
возвраща́ться	верну́ться	돌아오다

4 완료상동사의 미래

완료상동사는 동작의 결과 완료를 나타내기 때문에 현재 완료상 동사의 경우는 그 동사의 인칭 변화형이 미래형이다. 미래에 있어서도 동사의 상의 의미는 변함이 없다.

За́втра я прочита́ю кни́гу. 내일 나는 책을 다 읽겠다.

Ско́ро позвони́т мой друг. 곧 내 친구가 전화를 할 것이다.

мо́жно+부정형「…을 할 수 있다」		
В магази́не В буфе́те В библиоте́ке	мо́жно	купи́ть ла́мпу. вы́пить ко́фе. взять кни́ги.

брать			
я	беру́	мы	берём
ты	берёшь	вы	берёте
он/она́	берёт	они́	беру́т

взять				
현 재 형				명 령 형
я	возьму́	мы	возьмём	возьми́,(-те)
ты	возьмёшь	вы	возьмёте	
он/она́	возьмёт	они́	возьму́т	

1. 텍스트를 읽고 동사과거형의 상의 용법을 설명하시오.

Минхо был в библиоте́ке. Он обы́чно берёт там кни́ги. Вчера́ он взял но́вый уче́бник. Ве́чером Минхо до́лго занима́лся : писа́л упражне́ния, чита́л текст, учи́л но́вые слова́. Когда́ он сде́лал упражне́ния и прочита́л текст, он пошёл в кино́.

2. 밑줄친 부분에 오른쪽 동사의 알맞은 상과 시제를 넣으시오.

1) Я всегда́＿＿＿рабо́тать в де́вять часо́в.　начина́ть
   Вчера́ мы＿＿＿рабо́тать в де́сять.　начáть

2) Вчера́ весь ве́чер мой брат＿＿＿зада́чу.*　реша́ть
   Он пло́хо зна́ет матема́тику,* поэ́тому　реши́ть
   он не＿＿＿её.　брать

3) Вчера́ я＿＿＿в библиоте́ке кни́гу Че́хова,　взять
   и я на́чал＿＿＿её.　чита́ть
   　прочита́ть

4) Утром она́＿＿＿пи́сьма, но не＿＿＿всё.　писа́ть
   　написа́ть

*зада́ча (수학)문제 *матема́тика 수학

3. 알맞는 동사의 상을 고르시오.

Обы́чно Ната́ша (конча́ет-ко́нчит) рабо́тать в шесть
часо́в, но вчера́ она́ (конча́ла-ко́нчила) ра́ньше. Она́
(возвраща́лась-верну́лась) домо́й в шесть часо́в.
Ве́чером она́ (у́жинала-поу́жинала), (смотре́ла-
посмотре́ла) телеви́зор, (чита́ла-прочита́ла) но́вый
расска́з.

- **Минхо, что ты бу́дешь де́лать ве́чером?**

  민호야, 저녁에 무엇을 할거야?

- **Ещё не зна́ю, мо́жет быть, пойду́ в кино́.**

  아직 몰라. 어쩌면 영화관에 갈지 몰라.

- **Хо́чешь пойти́ в теа́тр?**

  극장에 가고 싶지 않니?

- **На како́й спекта́кль?**

  어떤 연극을 보러?

- **<Три сестры́>.**

  「세자매」

□ Пойду́ с удово́льствием. Я чита́л <Три сестры́> по-коре́йски. Ду́маю, что всё пойму́.

기꺼이 가겠어. 나는 「세자매」를 한국어로 읽었어. 모두 알아들을 수 있으리라고 생각해.

■ Е́сли не поймёшь, помо́жем.

만약에 못 알아 들으면 우리가 도와줄께.

□ А когда́ начина́ется спекта́кль?

그런데, 연극은 몇시에 시작하지?

■ В 7(семь) часо́в. когда́ у вас конча́ются заня́тия?

7시에. 너희들은 언제 수업이 끝나니?

● 새로운 단어와 표현

ве́чером 저녁에, 밤에	знать 1 〈불완〉 (대) 알다
пойти́. пойду́, –дёшь 〈완〉	кино́ 영화관
(걸어서) 가다	спекта́кль 🈁 연극
по-коре́йски 한국어로	ду́мать 1 〈불완〉 (о+전) 생각하다
поня́ть 〈완〉 이해하다, 알다	е́сли 만약에 …이라면
помо́чь 〈완〉 도와주다	начина́ться, –ется,– ются
конча́ться, –ется, –ются	〈불완〉 시작되다
〈불완〉 끝나다	

☐ В 3(три) часа́. Я пообе́даю и в 5(пять) обяза́тельно бу́ду до́ма. Где мы встре́тимся?

3시에. 점심을 먹고나서, 5시에는 틀림없이 집에 있을거야. 우리 어디서 만나지?

■ На ста́нции метро́ <Арба́тская> на платфо́рме. Бу́дем ждать тебя́ в 6:30(шесть три́дцать).

「아르바쯔까야」 지하철역의 플랫포옴에서. 우리들은 6시반에 너를 기다리고 있겠다.

☐ Хорошо́. Да ве́чера!

좋아, 그럼 저녁에 만나!

■ До ве́чера.

그래 저녁에 만나.

● 새로운 단어와 표현

пообе́дать 1 〈완〉점심을 먹다	обяза́тельно 반드시, 틀림없이
ста́нция 역	внутри́ 안에, 내부에
палтфо́рма 플랫포옴	три́дцать 예 30
встре́титься, –ре́чусь, –ре́тишься .. –ре́тятся 〈완〉 서로 만나다	

мо́жет быть 아마도 …일지 모른다
с удово́льствием 기꺼이
у вас 너희들에게
До ве́чера! (헤어질 때의 인사말) 저녁에 다시 만날 때까지

1　быть의 미래형

быть의 현재 인칭변화형은 거의 상실했지만, 미래시제에서는 미래 인칭변화형이 사용된다.

я	бýду	мы	бýдем
ты	бýдешь	вы	бýдете
он/онá	бýдет	они́	бýдут

Зáвтра я бýду дóма. 　내일 나는 집에 있을 것이다.

Тáня бýдет в пáрке. 　따냐는 공원에 갈 것이다.

2　미래시제

- Что ты бýдешь дéлать вéчером? 　저녁에 무엇을 할거니?

- Я бýду смотрéть нóвый фильм. 　새로 개봉된 영화를 볼거야.

미래시제는, 앞과(11과)에서 설명했듯이, 완료상동사 인칭변화형으로 나타낼 수도 있고, 「быть의 미래형+불완료상동사 부정형」의 형태로도 나타낼 수가 있다. 전자를 단순미래, 후자를 복합미래라고 부른다.

быть 의 미래형+불완료상동사 부정형					
я	бýду	рабóтать	мы	бýдем	рабóтать
ты	бýдешь	рабóтать	вы	бýдете	рабóтать
он/онá	бýдет	рабóтать	они́	бýдут	рабóтать

상과 시제 상관관계		
	불완료상	완료상
부정형	читáть	прочитáть
현 재	я читáю	
미래 · 단순		я прочитáю
미래 · 복합	я бýду читáть	
과거	(он) читáл	(он) прочитáл

поня́ть			
я	пойму́	мы	поймём
ты	поймёшь	вы	поймёте
он/она́	поймёт	они́	поймýт

помо́чь		
현 재 형		과 거 형	명령형
я помогу́ мы помо́жем	он помо́г	
ты помо́жешь вы помо́жете	она помогла́	помоги́,
он/она́ помо́жет они́ помо́гут	они помогли́	(-те)

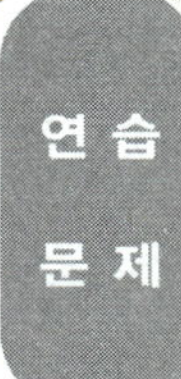

1. 밑줄친 부분에 быть의 알맞은 형태를 넣으시오.

1) За́втра я_____до́ма. Вчера́ ты_____до́ма? Да,_____.

2) Вчера́ мой оте́ц_____до́ма, а за́втра не_____.

3) Ско́ро они́_____? Ду́маю, да.

4) Вчера́_____че́тверг. За́втра_____суббо́та.

5) Ве́чером я_____писа́ть письмо́ домо́й.

6) Сего́дня в клу́бе они́_____слу́шать конце́рт.

7) За́втра воскресе́нье, и мы_____отдыха́ть.

2. 보기와 같이 물음에 답하시오.

보기 : Что вы бу́дете де́лать ве́чером?

(смотре́ть телеви́зор)

Мы бу́дем смотре́ть телеви́зор.

1) Что вы бу́дете де́лать в воскресе́нье?

(смотре́ть кино́)

2) Что они́ бу́дут де́лать за́втра ве́чером?

(отдыха́ть до́ма)

3) Что Минхо бу́дет де́лать ве́чером?

(пойти́ на спекта́кль)

명사의 생격
소유의 표현
소유의 부정
장소의 표현 〈у+кого〉

День рожде́ния

Сего́дня день рожде́ния Та́ня. Пришли́ её друзья́ и

друзья́ Оле́га. Де́душка и ба́бушка Та́ни не смогли́

прие́хать, но ве́чером они́ позвони́ли из

Петербу́рга, поздра́вили вну́чку, сказа́ли, что ско́ро

прие́дут в Москву́.

Сейча́с го́сти сидя́т в ко́мнате Оле́га, слу́шают

му́зыку. Нина Петровна, Та́ня и её подру́га

накрыва́ют на стол.

생일

오늘은 따냐의 생일이다. 그녀의 친구들과 올레그의 친구들이 왔다. 따냐의 할아버지와 할머니는 올 수가 없었다. 그렇지만 밤에 그들은 빼쩨르부르그로부터 전화를 걸어 손녀에게 축하의 말을 해주고 곧 모스크바에 올 것이라고 말했다.

지금 손님들은 올레그의 방에 앉아 음악을 듣고 있다. 니나 뻬뜨로브나, 따냐 그리고 그녀의 친구는 식탁을 준비하고 있다.

■ Минхо, до́брый ве́чер! Что́-то я давно́ не ви́дел тебя́. Хоте́л вчера́ пригласи́ть тебя́ в кино́, но тебя́ не́ было до́ма.

민호, 안녕! 웬일인지 나는 오랫동안 너를 보지 못했어. 어제 너를 영화관으로 초대하고 싶었는데, 네가 집에 없었어.

□ Я был в гостя́х у дру́га.

나는 친구 집에 초대받아 갔다왔어.

● 새로운 단어와 표현

трина́дцать 13   день 〈남〉 1 날 2 낮; 오후

рожде́ние 출생   день рожде́ния 생일

прийти́, –иду́, –идёшь 〈완〉(〈불완〉приходи́ть) (걸어서) 오다, 도착하다

смочь, –могу́, –мо́жешь 〈완〉(〈불완〉мочь) …할 수 있다

прие́хать 〈완〉–е́ду, –е́дешь (〈불완〉приезжа́ть)(차를 타고)오다, 도착하다

позвони́ть 2 〈완〉(불완 звони́ть) 〈여〉 전화를 걸다

из 〈전〉(+속) …로부터

поздра́вить, –влю, –вишь 〈완〉(〈불완〉поздравля́ть) (대) (с+조)
축하의 말을 하다, 축하하다

сказа́ть, –жу́, –жешь 〈완〉(〈불완〉говори́ть) 말하다

ско́ро 곧   гость 〈남〉 손님

что́-то 웬일인지

■ Я его́ зна́ю.

내가 아는 사람이야?

□ Да, коне́чно, э́то Оле́г. вчера́ был день рожде́ния...

물론이지. 올레그야. 어제가 생일이어서…

■ Оле́га?

올레그의?

□ Нет, Та́ня, его́ сестры́.

아니야, 그의 누이동생 따냐의.

■ А кто ещё там был.

그 밖에 누가 거기에 있었어?

□ Роди́тели Та́ни и Оле́га, подру́ги Та́ни, друзья́ Оле́га.

따냐와 올레그의 부모님하고, 따냐의 여자친구들, 올레그의 친구들,

■ А де́душка и ба́бушка Та́ни?

그럼, 따냐의 할아버지와 할머니는?

□ Их не́ было. Они́ живу́т в Петербу́рге и не смогли́ прие́хать. Вообще́ бы́ло ве́село. Мно́го

танцева́ли, пе́ли. Зна́ешь, у Та́ни о́чень
краси́вый го́лос!

그들은 없었어. 그들은 뻬쩨르부르그에 살고 있어 올 수가 없었어. 대체로 재미있었어.
춤도 많이 추고, 노래도 하고, 그런데 말야, 따냐의 목소리는 참 아름답더구나!

■ Она́ поёт?

그녀가 노래를 할 줄 알아?

□ Да, и о́чень хорошо́. Она́ ча́сто выступа́ла в
институ́те.

그래 그것도 아주 잘해. 그녀는 대학에서 자주 공연을 했거든.

■ Пе́рвый раз слы́шу.

처음 듣는데.

вообще́ 대체적으로, 일반적으로   раз 번, 회
ве́село 즐겁다   петь 〈불완〉 노래하다
го́лос 목소리   выступа́ть 1 〈불완〉
пе́рвый 첫 번째의   (〈완〉вы́ступить) 출연하다
слы́шать, –шу, –шишь, –шат 〈불완〉 듣다(들리다)

накрыва́ть на стол 식탁을 차리다
до́брый ве́чер! (저녁, 밤인사) 안녕하세요!
быть в гостя́х (у+кого́) ···집에 손님으로 가다, 초대받아 가다.
зна́ешь (зна́ете) (상대의 주의를 끌기 위해 사용하는 삽입어) 그런데 말야
пе́рвый раз 처음으로

명사의 생격, 인칭대명사의 생격, 소유의 표현

1 명사의 생격

- Чьи э́то кни́ги? 그것은 누구의 책입니까?

- Э́то кни́ги бра́та. 그것은 형의 책입니다.

- Чьё э́то пальто́? 이것은 누구의 코트입니까?

- Э́то пальто́ сестры́. 그것은 누나의 코트입니다.

「A의 B」와 같이 2개의 명사간의 소유나 소속의 관계를 나타내기 위해서는
A를 생격형으로 어미변화시켜 「BA」의 어순으로 표시한다.

	주 격 кто? что?	어미	생 격 кого? чего?	어미
남 · 중	студе́нт оте́ц врач	-자음	студе́нта отца́ врача́	-а
	окно́	-о	окна́	
	гость	-ь	го́стя	
	музе́й	-й	музе́я	-я
	зда́ние	-е	зда́ния	
여	сестра́	-а	сестры́	-ы
	студе́нтка	-а	студе́нтки	
	тетра́дь	-ь	тетра́ди	-и
	аудито́рия	-я	аудито́рии	

인칭대명사의 생격	
주격	생격
я	меня́
ты	тебя́

он/оно́	его́
она́	её
мы	нас
вы	вас
они́	их

2 소유의 표현

러시아어에 있어서 소유의 표현은 보통 「y+명사류의 생격」으로 표시된다.

주격	생 격		소유의 대상(주격)
я	у меня́	есть*	
ты	у тебя́	есть	
он	у него́*	есть	билéт
она́	у неё*	есть	билéты
мы	у нас	есть	
вы	у вас	есть	
они́	у них*	есть	

У меня́ есть билéт. 나는 표를 한 장 가지고 있다.

У него́ есть маши́на. 그 사람에게는 자갸용이 있다.

*его́, её, их 앞에 н이 첨가된 것은 발음상의 이유이다.

≫ есть (있다)는 존재를 확인할 때 사용하고 그 밖의 경우는 생략한다.

3 소유의 부정

есть 와는 반대로 「가지고 있지 않다, 없다」의 표현은 술어로 нет를 사용한다. 과거는 не́ было, 미래는 не бу́дет가 된다. нет를 술어로 하는 문장에서 「존재하지 않는 대상」은 반드시 생격이 된다.

긍정(있다)	부정(없다)
есть	нет
у меня был фотоаппара́т	У меня́ не́ было фотоаппара́та.
бу́дет	не бу́дет
Сего́дня ма́ма до́ма.	нет
Сего́дня ма́ма была́ до́ма.	Сего́дня ма́мы не́ было до́ма.
бу́дет	не бу́дет

4 장소의 표현 ⟨y+кого⟩

- Где ты была́? 너는 어디에 있었니?

- Я была́ у подру́ги. 나는(여자)친구 집에 있었어.

존재·동작이 일어나는 장소를 묻는 где? 에 대한 대답은 ⟨в/на+전치격⟩
으로 나타내지만, 마찬가지로 где? 에 대한 대답으로 「…가 있는 곳에서」,
「…의 집에서」의 표현은 「y+кого́」로 나타낸다.

мочь		
현 재 형		과 거 형
я могу́ мы мо́жем		он мог
ты мо́жешь вы мо́жете		она́ могла́
он/она́ мо́жет они́ мо́гут		они́ могли́

петь		
현 재 형		명 령 형
я пою́ мы поём		
ты поёшь вы поёте		пой(-те)
он/она́ поёт они́ пою́т		

1. 밑줄친 부분에 오른쪽 괄호 안 단어의 알맞은 형태를 넣으시오.

보기 : Вот письмо́ бра́та. (брат)

1) Я взял стихи́____и расска́зы____. (Пу́шкин, Че́хов)

2) Он слу́шал докла́д____. (преподава́тель)

3) Я пригласи́л её на день рожде́ния____. (сестра́)

4) Это общежи́тие____. (институ́т)

2. 보기와 같이 부정문으로 고쳐 쓰시오.

보기 : У дру́га есть биле́т в кино́.

    - У дру́га нет биле́та в кино́.

1) У меня́ в ко́мнате есть телеви́зор.

2) Его́ расска́з был в журна́ле.

3) У него́ есть слова́рь.

4) Ра́ньше у нас была́ маши́на.

3. мочь의 현재변화형을 넣으시오.

1) - Ты____пойти́ сего́дня в теа́тр?

    - Ду́маю, что____.

2) - Вы____пригласи́ть их?

    - Нет, не____.

3) - Он____сде́лать докла́д?

    - Коне́чно,____.

4) - Они́____пое́хать на экску́рсию*?

    - Да,____.

                                                  *견학을 가다

개수사
개수사와 명사의 결합
형용상의 형태를 한 명사
권유를 나타내는 방법

На́ша столо́вая

Это на́ша столо́вая. Она́ открыва́ется ра́но у́тром, в во́семь часо́в, и закрыва́ется ве́чером, то́же в во́семь часо́в. За́втракаю я обы́чно до́ма, а обе́даю всегда́ в столо́вой. Здесь непло́хо гото́вят. Обы́чно я беру́ сала́т, суп и́ли борщ, мя́со и компо́т. В буфе́те пью ко́фе и́ли сок, беру́ я́блоки и́ли апельси́ны. В буфе́те всегда́ есть фру́кты. Иногда́ я у́жинаю то́же в столо́вой. На у́жин беру́ ры́бу и́ли мя́со. Пью чай, кефи́р и́ли молоко́.

В столо́вой я ча́сто ви́жу Минхо. Он обы́чно обе́дает и у́жинает там. Сейча́с мы идём вме́сте в буфе́т.

우리들의 식당

이것은 우리들의 식당이다. 식당은 아침 일찍 8시에 문을 열고, 저녁에 역시 8시에 문을 닫는다.

아침은 보통 집에서 먹지만, 점심은 항상 식당에서 먹는다. 이곳은 음식 맛이 괜찮다. 보통 나는 사라다, 수프 또는 보르시치, 고기와 꼼뽀트를 먹는다. 간이 식당에서 커피나 주우스를 마시고, 사과나 오렌지를 먹는다. 간이식당에는 언제나 과일이 있다. 가끔 나는 저녁도 간이식당에서 먹는다. 저녁으로 생선이나 고기를 먹고, 차, 요구르트 또는 우유를 마신다.

식당에서 나는 자주 민호를 만난다. 그는 평소에 그곳에서 점심과 저녁을 먹는다. 지금 우리들은 함께 간이식당에 가고 있다.

● 새로운 단어와 표현

столо́вая (형용사 변화) 식당 :
　в столо́вой 식당에서
закрыва́ться 1 닫히다, (문을)닫다
обе́дать 1 점심을 먹다
брать, беру́, –рёшь 취하다;
　(음식물을)먹다
и́ли ···이나,···거나
компо́т 꼼뽀트(과일 조림)
сок 주우스
апельси́н 오렌지
у́жинать 저녁을 먹다　у́жин 저녁
чай (홍)차
молоко́ 우유
ви́деть, –жу, –дишь, –дят (대) 1 보다 2 만나다

открыва́ться 1 열리다, (문을)열다
час 시
за́втракать 1 아침을 먹다
гото́вить, –влю, –вишь, –вят
　(식사를)준비하다, 요리하다
сала́т 사라다　суп 수프, 국
мя́со (단수만)고기
буфе́т 간이 식당　пить 마시다
я́блоко (복) –ки 사과
фру́кты 복 과일
ры́ба 생선
кефи́р 요구르트
борщ 보르시치(고기와 야채 수프)

■ **Минхо, ты не хо́чешь есть?**

민호, 배고프지 않니?

□ **Ты идёшь в буфе́т?**

너 간이식당에 가는 중이야?

■ **Да.**

그래.

□ **Идём вме́сте. Есть не хочу́, я уже́ обе́дал, но я хочу́ пить.**

같이 가자. 배는 고프지 않아. 벌써 점심은 먹었어, 하지만 목이 말라.

В буфе́те

간이식당에서

■ **Да́йте, пожа́луйста, бутербро́д с сы́ром и ча́шку ко́фе.**

치이즈 샌드위치와 커피 한잔을 주십시오.

□ **Пожа́луйста, 22(два́дцать два) рубля́.**

여기 있습니다. 22루블입니다.

■ **Ско́лько сто́ит я́блочный сок?**

사과 주우스는 얼마입니까?

□ **5(Пять) рубле́й 10 копе́ек стака́н.**

1잔에 5루블 10까뻬이카입니다.

■ **Пожа́луйста, оди́н стака́н.**

여기 있습니다. 1잔 주십시오.

□ **Пожа́луйста.**

여기 있습니다.

● 새로운 단어와 표현

есть 먹다
я́блочный 사과의, 사과로 만든
стака́н 컵

рубль 🔲 루블
копе́йка (복·생 копе́ек) 까뻬이까
(러시아의 화폐단위)

на у́жин 저녁으로
да́йте, пожа́луйста 주십시오
бутербуро́д с сы́ром 치즈 샌드위치
ча́шка ко́фе 커피 한잔
ско́лько сто́ит…? …는 얼마입니까?

1 개수사

1	оди́н(남), одна́(여), одно́(중)	6	шесть
2	два(남, 중), две(여)	7	семь
3	три	8	во́семь
4	четы́ре	9	де́вять
5	пять	10	де́сять

11	оди́ннадцать	16	шестна́дцать
12	двена́дцать	17	семна́дцать
13	трина́дцать	18	восемна́дцать
14	четы́рнадцать	19	девятна́дцать
15	пятна́дцать	20	два́дцать

2 개수사와 명사의 결합

1) 1은 관계하는 명사의 성에 따라 3가지의 형태가 있다.

оди́н (남) рубль   1루블

одна́ (여) копе́йка   1까뻬이까

одно́ (중) я́блоко   사과 1개

2) 2는 관계하는 명사의 성에 따라 2가지의 형태가 있다.

два (남 · 중) рубля́   2루블   я́блока   사과 2개

две (여) копе́йки   2까뻬이까

3) 2, 3, 4와 관계하는 명사는 단수생격이 된다.

два рубля́ 2루블   две копе́йки   2까뻬이카

три я́блока 3루블   четы́ре кни́ги   책4권

4) 5이상의 수사 및 мно́го(많은), не́сколько(약간의), немно́го(적은) 등과 같은 수량을 나타내는 단어와 함께 쓰이는 명사는 복수 생격이 된다. (복수생격에 대해서는 26과 참조)

во́семь рубле́й 8루블　　　　　мно́го студе́нтов　많은 학생

не́скоько книг　약간의 책　　　немно́го де́нег　　적은 돈

단, 복합수사인 경우는 명사의 격은 마지막 수사에 따른다.

два́дцать оди́н рубль　(단수주격) 21루블

два́дцать два рубля́　(단수생격) 22루블

два́дцать пять рубле́й (복수생격) 25루블

3 형용사의 형태를 한 명사

столо́вая(식당), бу́лочная(빵집), ру́сский(러시아인) 등은 형용사의 남성형 또는 여성형의 형태를 가진 명사이다. 따라서 격변화는 형용사와 같은 어미를 갖는다. (형용사의 전치격은 23과 참조)

주　격	전　치　격	어　미
столо́вая	в столо́вой	-ой
бу́лочная	в бу́лочной	

есть.	배가 고프다.
я хочу́ пить.	나는 목이 마르다.
спать.	졸립다.

권유를 나타내는 방법

권유 「…하자 ; …합시다」의 표현은 동사복수 1인칭형을 사용한다.

Пойдём в кино́.   영화관에 가자.

2사람 이상에 대해서나, 또는 1사람에 대해서 공손히 말하는 때는 다시 -те 를 붙인다.

Пойдёмте в кино́.   영화관에 갑시다.

есть				
현 재 형			과 거 형	명 령 형
я	ем	мы еди́м	я, ты, он ел	
ты	ешь	вы еди́те	я, ты, она ела́	ешь(-те)
он/она́	ест	они́ едя́т	мы, вы, они́ е́ли	

пить				
현 재 형				명 령 형
я	пью	мы	пьём	
ты	пьёшь	вы	пьёте	пей(-те)
он/она́	пьёт	они́	пьют	

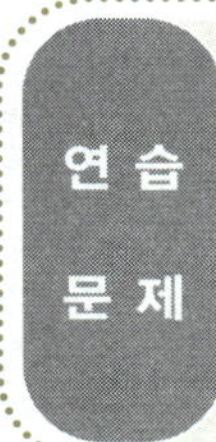

1. один을 오른쪽의 숫자로 바꿔 문장을 고치시오.

   1) В го́роде одна́ библиоте́ка.   2

   2) У меня́ оди́н слова́рь.   3

   3) На столе́ одно́ я́блоко.   21

   4) У меня́ оди́н рубль.   25

   5) Сейча́с оди́н час.   7

2. 보기와 같이 물음에 답하시오.

   보기 : Ско́лько сто́ит я́блочный сок?   5

            Он сто́ит пять рубле́й.

   1) Ско́лько сто́ит чай?   10

   2) Ско́лько сто́ит ча́шка ко́фе?   15

   3) Ско́лько сто́ит бутербро́д с сы́ром? 22

3. пить와 есть 의 알맞은 형태를 넣으시오.

   1) Утром я обы́чно···ко́фе, Минхо···чай, а что вы···?

   2) Оле́г и Минхо в буфе́те, оин́···сок.

   3) Ты···кефи́р? - Нет, молоко́.

   4) Я···борщ, Минхо···сала́т, Та́ня и Ната́ша
      ···бутербро́ды.

   5) Что вы обы́чно···ве́чером? - Мя́со или ры́бу.

남성 활동체명사의 대격/ 재귀대명사 *себя*/ —овать형 동사

남성 활동체명사의 대격
*свой*의 단수전치격형
재귀대명사 *себя*
почему́ 와 потому́ что

Кого́ он ви́дел?

그는 누구를 만났습니까?

В библиоте́ке Минхо встре́тил Андре́я, дру́га Оле́га.

도서관에서 민호는 올레그의 친구인 안드레이를 만났다.

- **Ты зна́ешь, Оле́г лежи́т в больни́це?**

  올레그가 병원에 입원해 있는 것을 아니?

- **Не мо́жет быть! Я его́ то́лько вчера́ ви́дел! Что с ним?**

  그럴 리가 있나! 내가 그를 본 것이 불과 어제인걸! 무슨 일이야?

- **Вчера́ ве́чером он е́хал на свое́й маши́не, е́хал о́чень бы́стро и нае́хал на забо́р.**

  어제 밤에 자기 차를 타고 가다가 너무 빨리 달려서 담에 부딪쳤어.

- **Ужа́сно! Как он себя́ чу́вствует?**

  아휴, 끔찍해라! 그는 상태가 어때?

■ Пло́хо.

안 좋아

(Че́рез не́сколько дней Минхо говори́т о здоро́вье Оле́га.)

(며칠 후에 민호는 올레그의 건강상태에 대해 이야기를 한다.)

■ Я ду́маю, что Оле́г до́лго бу́дет лежа́ть в больни́це.

내 생각에 올레그는 병원에 오랫동안 입원해 있을 것 같애.

□ Ты ви́дел его́ врача́?

너 그의 의사를 만나 보았니?

■ Нет, но я ви́дел его́ медсестру́.

아니, 하지만 그의 간호원을 만났었어.

● 새로운 단어와 표현

кого́ 누구를(кто의 대격)

лежа́ть, –у́, –и́шь…, –а́т 〈불완〉
  누워있다; 입원해 있다

бы́стро 빨리

нае́хать, –е́ду, –е́дешь 〈완〉
  (〈불완〉 наезжа́ть) (на+대) (달리던
  차가) 부딪치다

че́рез 〈전〉(대)후에

медсестра́ 간호원

чу́вствовать (себя́), –вую, –вуешь 〈불완〉 (〈완〉 почу́вствовать) 느
끼다, 기분이…하다

Андре́й 안드레이(남성의 이름)

то́лько 다만,오직 ; 불과

свой 〔남〕, своя́ 〔여〕, своё 〔중〕,
  свои 〔복〕 자신의, 자신의

забо́р 담장

ужа́сно 끔찍하다

как 어떻게

здоро́вье 건강(상태)

***

Вчера́ ве́чером я был в университе́те, в клу́бе. В клу́бе я встре́тил Джона, студе́нта из Аме́рики, Хироси, студе́нта из Япо́нии, Андре́я и его подру́гу. Её зову́т Ли́да. Мы до́лго разгова́ривали. Ли́да спра́шивала меня́, отку́да я прие́хал, где учи́лся ра́ньше. Я то́же спра́шивал её, где она́ живёт, где и что она́ изуча́ет в институ́те. Мы разгова́ривали по-ру́сски. Я всё понима́л, потому́ что Ли́да говори́ла ме́дленно.

В клу́бе мы слу́шали конце́рт и танцева́ли. Я пригласи́л танцева́ть Ли́ду. Она́ танцу́ет о́чень хорошо́.

어제 저녁에 나는 대학의 클럽에 갔다왔다. 클럽에서 나는 미국에서 온 대학생인 존과 일본에서 온 대학생 히로시, 그리고 안드레이와 그의 여자친구를 만났다. 그녀의 이름은 리다야. 우리는 오랫동안 이야기를 했다. 리다는 내가 어디에서 왔고, 전에 어디에서 공부를 했는지를 나에게 물었다. 나도 그녀가 어디에 살고 있고, 어디에서 공부를 했고, 대학에서 무엇을 공부하고 있는가를 그녀에게 물었다. 우리는 러시아어로 이야기를 했다. 리다가 이야기를 천천히 해 주었기 때문에 나는 모든 것을 알아들었다.

클럽에서 우리들은 연주회를 듣고, 춤을 추었다. 나는 리다에게 춤을 청했다. 그녀는 춤을 매우 잘 춘다.

● 새로운 단어와 표현

клуб 클럽	Аме́рика 미국
Япо́ния 일본	Ли́да 리다(여성의 이름)
отку́да 어디로부터	

прие́хать, –е́ду, –е́дешь 〈완〉 (〈불완〉 приезжа́ть) 오다, 도착하다
ме́дленно 천천히
пригласи́ть, –шу́, –си́шь 〈완〉 (〈불완〉 приглаша́ть) (대) 권(유)하다
танцева́ть 〈불완〉 춤을 추다

не мо́жет быть!　그럴 수가 없다!
что с ним?　그 사람에게 무슨 일이냐?
че́рез не́сколько дней　몇일 후에
потому́ что　왜냐하면 …이기 때문이다

1 남성 활동체명사의 대격

남성명사는 사람이나 동물(이것을 활동체라 한다)과 식물·무생물(이것을 불활동체라 한다)을 문법적으로 구별한다. 대격에서 남성활동체명사는 남성 불활동체명사와 달리 생격과 동일하다. 즉, -자음으로 끝나는 명사는 생격어미 -a가 대격으로도 사용된다.

Это кни́га студе́нта.   이것은 그 대학생의 책이다.(생격)

Я зна́ю студе́нта.   나는 그 대학생을 알고 있다.(대격)

주 격 кто?	어 미	대 격 кого?
друг	-а	дру́га
врач		врача́
оте́ц		отца́
гость	-я	го́стя

≫ 1. 사람, 동물 이외의 사물을 가리키는 남성불활동체명사 및 중성명사 그리고 —ь으로 끝나는 여성명사는 대격과 주격이 동일하다.

	музе́й.			музе́й.
Это	мо́ре.	Я ви́жу		мо́ре.
	тетра́дь.			тетра́дь.
	мать.			мать.

≫ 2. 사람, 동물을 나타내는 남성명사라 할지라도 주격어미가 —a나 —я인 것은 대격이 각각 —y, —ю로 된다.

Вчера́ я встре́тил Са́шу. 어제 나는 사샤를 만났다.

Давно́ я не ви́дел дя́дю. 나는 오랫동안 삼촌을 보지 못했다.

2 свой의 단수전치격형

	남 중	여
주격	свой дом своё письмо́	своя́ маши́на
전치격	в своём письме́	на свое́й маши́не

≫ 소유대명사 свой 남, своё 중, своя́ 여, свои 복 (자신의, 자기의)의 격변화는 형용사 연변화 (23과, 24과 참조)와 동일하다.

3 재귀대명사 себя

「자신」을 의미하는 대명사 себя는 재귀대명사로 불리우는데, 주격은 없고, 생격 이하의 형태만을 사용한다. 다른 명사나 대명사를 주어로 하는 문장속에서 사용되어 항상 주어와 동일한 대상을 가리킨다.

주격	생격	여격	대격	조격	전치격
-	себя́	себе́	себя́	собо́й	себе́

Как вы себя́ чу́вствуете? 당신은 기분이 어떠십니까?

Она́ говори́т то́лько о себе́. 그녀는 자신의 일만을 이야기한다.

почему́ 와 потому́ что

- Почему́ ты не слу́шаешь ра́дио?

너는 왜 라디오를 듣지 않니?

- Потому́ что я ещё пло́хо понима́ю по-ру́сски.

왜냐하면 아직 러시아어를 잘 알아 듣지 못하기 때문이야.

-овать(-евать)형 동사의 변화			
	чу́вствовать	танцева́ть	어미
я	чу́вствую	танцу́ю	-ую
ты	чу́вствуешь	танцу́ешь	-уешь
он/она́	чу́вствует	танцу́ет	-ует
мы	чу́вствуем	танцу́ем	-уем
вы	чу́вствуете	танцу́ете	-уете
они́	чу́вствуют	танцу́ют	-уют

연습
문제

1. 밑줄 친 부분에 괄호 안 단어의 알맞은 형태를 써 넣으시오.

1) Вчера́ я ви́дел его____. (врач)

2) Преподава́тель спра́шивает____. (студе́нт)

3) Я встре́тил____на у́лице. (преподава́тель)

4) Я зна́ю его____. (жена́)

5) На у́лице я ви́дел____. (оте́ц)

6) Я зна́ю его́____. (мать)

2. 밑줄 친 부분에 괄호 안의 인칭대명사를 적당한 형태로 고쳐 넣으시오.

   1) Олéг и Андрéй мнóго рабóтают.

     Я чáсто ви́жу_____в библиотéке. (они́)

   2) Ты говори́шь óчень бы́стро, я_____не понимáю. (ты)

   3) Я хочý пригласи́ть_____танцевáть. (онá)

   4) Он спроси́л_____, кудá я идý. (я)

   5) _____зовýт Андрéй. (он)

   6) Я давнó_____не ви́дел. (вы)

   7) Мы идём в кинó, Андрéй ждёт_____. (мы)

3. себя́의 적당한 형태를 넣으시오.

   1) Врач спроси́л егó: <Как вы···чýвствуете?>

   2) Он расскáзывал о···: где он жил, где учи́лся.

   3) - Вы не скáжете, профéссор у···в кабинéте? - Да.

명사의 여격/ 나이의 표현/ 부정인칭문

…에게(간접목적)의 여격
나이의 표현
нравиться—понравиться의 용법
부정(不定)인칭문

Подáрок

Зáвтра Олéгу исполня́ется 20(двáдцать) лет.

Роди́тели хотя́т подари́ть сы́ну фотоаппарáт. Тáня тóже хóчет купи́ть подáрок брáту. когдá был день рождéния Тáни, Олéг подари́л ей óчень хорóший портфéль, а Тáня ещё не реши́ла, какóйподáрок онá кýпит Олéгу.

Тáня позвони́ла Натáше, они́ встрéтились и вмéсте пошли́ в ГУМ*

В ГУ́Ме они́ снача́ла хоте́ли купи́ть шарф, а пото́м

пошли́ в отде́л, где продаю́т руба́шки, и купи́ли

Оле́гу руба́шку.

선물

내일 올레그는 20살이 된다. 부모는 아들에게 사진기를 선물하고 싶어한다. 따냐도 역시 오빠에게 선물을 사주고 싶어한다. 따냐의 생일에 올레그는 그녀에게 매우 좋은 책가방을 선물했다. 그러나 따냐는 어떤 선물을 올레그에게 선물할 지를 아직 정하지 못하고 있다.

따냐는 나타샤에게 전화를 걸어, 그들은 만나서 같이 굼백화점에 갔다.

굼백화점에서 그들은 처음에는 목도리를 사고 싶었지만, 나중에 셔츠를 파는 매장으로 가서 올레그에게 셔츠를 사 주었다.

● 새로운 단어와 표현

исполня́ться 1 〈불완〉(여) ···에게
  (나이가) 달하다, ···살이 되다.
подари́ть, –рю́, –ришь 〈완〉(〈불완〉
  дари́ть) 〈여〉(대) 선물하다
шарф 목도리, 스카프
продава́ть, –даю́, –даёшь 〈불완〉
  (〈완〉прода́ть) 〈여〉(대) 팔다

два́дцать 20, 스물
лет (год의 복수생격) ···살, 세(연령)
фотоаппара́т 사진기
портфе́ль 🗄 (손)가방
отде́л (백화점의) 매장, 코너
руба́шка 셔츠

В универма́ге

백화점에서

Ната́ша : Что ты хо́чешь подари́ть ему́?

나따샤 : 너는 그에게 무엇을 선물하고 싶니?

Та́ня : Ещё не реши́ла. Снача́ла посмо́трим руба́шки.

따냐 : 아직 정하지 않았어. 먼저 셔츠를 보자.

(점원에게) **Бу́дьте до́бры, покажи́те нам бе́лые руба́шки.**

죄송하지만, 우리에게 흰색 셔츠를 보여주십시오.

Продаве́ц : Разме́р?

점원 : 몇 사이즈입니까?

Та́ня : 39-й(Три́дцать девя́тый).

따냐 : 39입니다.

Продаве́ц : Пожа́луйста.

점원: 여기 있습니다.

Та́ня : Тебе́ нра́вится э́та руба́шка?

따냐 : 이 셔츠가 네 마음에 드니?

Ната́ша : Нра́вится.

나따샤 : 마음에 들어.

Та́ня : Как ты ду́маешь, она́ пойдёт ему́?

따냐 : 이것이 그에게 어울릴 것 같다고 생각해?

Ната́ша : Ду́маю, да.

나따샤 : 어울릴 거라고 생각해.

Та́ня : Ско́лько она́ сто́ит?

따냐 : 이것은 얼마입니까?

Продаве́ц : 37(Три́дцать семь)рубле́й, возьмёте?

점원 : 37루블입니다. 사시겠습니까?

Та́ня : Да.

따냐 : 예.

*ГУМ (госуда́рственный универса́льный магази́н) : 국영백화점

● 새로운 단어와 표현

универма́г 백화점
показа́ть, –жу́, –жешь ⟨완⟩ (⟨불완⟩
  пока́зывать) (여) (대) 보여주다
бе́лый, –ая, –ое, –ые 흰색의, 하얀
разме́р 크기, 사이즈
нра́виться, –влюсь, –вишься
  ⟨불완⟩ (⟨완⟩ понра́виться) (여)
  마음에 들어하다

посмотре́ть, –рю́, –ришь
  2 ⟨완⟩ (⟨불완⟩ смотре́ть) (대) 보다
продаве́ц 점원
три́дцать 30, 서른
девя́тый, –ая, –ое, –ые 아홉번
  째의
пойти́, –иду́, –идёшь ⟨완⟩
  (⟨불완⟩ идти́) (여) 맞다, 어울리다.

Бу́дьте добры́ 명령형과 함께 사용되어 공손한 뉘앙스를 더해준다.
  미안합니다만, 실례하지만.
покажи́те 보여주십시오.

1 우리말의 「…에게」(간접목적)의 의미에 해당되는 것이 여격이다.

- Кому́ ты звони́л? 너는 누구에게 전화를 걸었니?
- Бра́ту. 형에게.

	주격 кто? что?	어미	여격 кому́? чему́?	어미
남 · 중	студе́нт	-자음	студе́нту	-у
	оте́ц		отцу́	
	врач		врачу́	
	окно́	-о	окну́	
	гость	-ь	го́стю	-ю
	музе́й	-й	музе́ю	
	зда́ние	-е	зда́нию	
여	сестра́	-а	сестре́	-е
	тётя	-я	тёте	
	тетра́дь	-ь	тетра́ди	-и
	мать		ма́тери	
	аудито́рия	-ия	аудито́рии	

인칭대명사의 여격	
주격 кто	여격 кому?
я	мне
ты	тебе́
он/оно́	ему́
она́	ей
мы	нам

вы	вам
они́	им

<table>
<tr><td colspan="3" align="center">여격과 같이 사용되는 동사</td></tr>
<tr><td>дава́ть(дать)</td><td></td><td>주다</td></tr>
<tr><td>покупа́ть(купи́ть)</td><td></td><td>사주다</td></tr>
<tr><td>дари́ть(подари́ть)   кому́? что?</td><td>…을…에게</td><td>선물하다</td></tr>
<tr><td>пока́зывать(показа́ть)</td><td></td><td>보여주다</td></tr>
<tr><td>продава́ть(прода́ть)</td><td></td><td>팔다</td></tr>
<tr><td>звони́ть(позвони́ть)</td><td></td><td>전화하다</td></tr>
<tr><td>помога́ть(помо́чь)   кому́?</td><td>…에게</td><td>도움을 주다</td></tr>
<tr><td>меша́ть(помеша́ть)</td><td></td><td>방해가 되다</td></tr>
</table>

2 나이의 표현

나이의 표현은 「나이를 먹는 사람(여격)+나이(주격)」으로 나타낸다. 「…
살」에 해당되는 год는 1(оди́н)과 관계할 때는 год, 2(два), 3, 4 와는
го́да(단수생격), 5이상의 수와는 лет(복수생격)가 된다.

Ско́лько вам лет?	Мне 21 год.
Ско́лько лет отцу́?	Отцу́ 40(со́рок) лет.
Ско́лько лет сестре́?	Сестре́ 23 го́да.

3 нра́виться-понра́виться의 용법

「…가(대상)….에게(사람) 마음에 들다」의 표현은 동사 нра́виться를 사
용하여 마음에 드는 대상은 주격으로, 마음에 들어하는 사람(주체)은 여격으
로 표시한다.

Мне нра́вится она́.　　나에게 그녀가 마음에 든다.

Ему́ понра́вилась медсестра́.　　그에게 그 간호원이 마음에 들었다.

Ей нра́вятся э́ти пе́сни.　　그녀는 이 노래들을 마음에 들어한다.

Им нра́влюсь я.　　그들은 나를 마음에 들어한다.

4　不定인칭문

화자의 관심이 동작 자체에 있고, 동작자에게 없는 경우에 주어는 표시되지 않고, 술어는 복수 3인칭(과거는 복수)으로 되는 문장을 말한다. 예를 들어, 우리말의 <역에서 차표를 팔고 있다>의 표현에 가깝다.

Нас приглаша́ют на новосе́лье.

우리들은 집들이에 초대받았다.

Там в кио́ске продаю́т газе́ты и журна́лы.

저기 있는 매점에서 신문과 잡지를 팔고 있다.

Говоря́т, что в Москве́ холо́дная пого́да.

모스크바는 춥다고 한다.

연습문제

1. 밑줄친 부분에 괄호 안 인칭대명사의 알맞은 형태를 넣으시오.

1) Преподава́тель объясни́л＿＿＿зада́чу. (мы)

2) Я ду́маю, что наш го́род понра́вится＿＿＿. (они́)

3) Ра́дио не меша́ет＿＿＿занима́ться? (вы)

4) Я попроси́л сестру́ купи́ть＿＿＿пласти́нку. (я)

5) Та́ня ча́сто помога́ет＿＿＿гото́вить обе́д. (она́)

6) ＿＿＿звони́л Петро́в. (ты)

2. 문장을 완성시키시오.

	Кому?	Что?
1) Оте́ц купи́л	сын	кассе́та
2) Я пока́зываю	това́рищ	бума́жник* *지갑
3) Он написа́л	жена́	письмо́
4) Оле́г дал	Андре́й	газе́та

3. 괄호 안의 단어를 알맞은 형태로 고치시오.

- У(ты) есть оте́ц? Ско́лько (он) лет?

- (Он) 45 лет.

- А мать у (ты) есть?

- Да. (Она́) 43(год).

형용사의 단어미/ до́лжен의 용법/
명령형

형용사 단어미

должен**+동사부정형**

명령형

Разгово́р по телефо́ну

전화통화

■ Позови́те, пожа́луйста, Андре́я!

안드레이를 좀 바꿔 주십시오.

□ Я слу́шаю.

전데요.

■ Здра́вствуй, Андре́й! Это Минхо. Как дела́?

안드레이, 잘 있었니? 민호야, 어떻게 지내니?

□ Спаси́бо, хорошо́. Почему́ ты так до́лго не звони́л мне?

고마워, 별일 없어. 왜 그렇게 오랫동안 나에게 전화가 없었니?

■ Я был бо́лен.

아팠었어.

□ Что с тобо́й бы́ло?

어찌된 일이니?

■ **У меня́ был грипп.**

유행성 감기에 걸렸었어.

□ **А как ты сейча́с себя́ чу́вствуешь?**

그래 지금은 좀 어때?

■ **Сейча́с я уже́ здоро́в. А ты что де́лал всё э́то время?**

지금은 이제 다 나았어. 그런데 너는 요사이 줄곧 무엇을 했니?

□ **Я был о́чень за́нят. У меня́ ско́ро экза́мен, поэ́тому я до́лжен был мно́го занима́ться.**

나는 매우 바빴었어. 곧 시험이라서 공부를 많이 하지 않으면 안 되거든.

● 새로운 단어와 표현

разгово́р 대화

телефо́н 전화

позва́ть, –зову́, –зовёшь 〈완〉
　(〈불완〉 звать) 〈대〉 부르다

звони́ть 2 〈불완〉 (〈완〉 позвони́ть)
　(여) 전화를 걸다

грипп (유행성)감기

всё 〈부〉 줄곧, 내내

за́нят, –а, –о, –ы 1 바쁘다 2 차지하다

зкза́мен 시험

по 〈전〉 (여) …를 수단으로써, …에
　의한

почему́ 왜

так 〈부〉그렇게

бо́лен, больна́, больны́
　아프다, 아픈 ; 병이 난

здоро́в, –а, –ы 건강하다

вре́мя 시간, 때

■ Ты занима́ешься оди́н?

너는 혼자 공부하니?

□ Нет. я не могу́ занима́ться оди́н. Матема́тику я повторя́л с Ли́дой.

아니야, 나는 혼자서 공부 못해. 수학은 리다하고 같이 복습했어.

■ И мно́го вы уже́ повтори́ли?

너희들은 복습을 벌써 많이했니?

□ Мы повтори́ли почти́ всё.

우리는 거의 다 복습했어.

■ Андре́й. за́втра у меня́ бу́дет день рожде́ния. Приглаша́ю тебя́ в го́сти. Ты бу́дешь свобо́ден за́втра?

안드레이, 내일은 내 생일이야. 너를 초대할께. 너 내일 시간있니?

□ Да, за́втра я бу́ду свобо́ден и с удово́льствием приду́.

응, 내일은 한가해. 기꺼이 갈께.

■ Пригласи́, пожа́луйста, Ли́ду. Я бу́ду рад уви́деть её.

리다도 불러, 그녀를 봤으면 좋겠다.

☐ Хорошо́! С Ли́дой я бу́ду сейча́с говори́ть по телефо́ну. Я ей переда́м твоё приглаше́ние.

좋아! 리다하고는 내가 지금 전화로 이야기할께. 너의 초대를 그녀에게 전할께.

■ Бу́ду ждать вас в 7(семь) часо́в.
Не опа́здывайте! До за́втра!

7시에 기다릴께. 늦지마! 내일보자.

☐ До за́втра.

내일 만나.

● 새로운 단어와 표현

оди́н, одна́, одно́, одни́ (주어와 일치) 혼자서

повторя́ть 1 〈불완〉 (〈완〉 повтори́ть) 〈대〉 반복하다; 복습하다

пригласи́ть, –шу́, –сишь 〈완〉 (〈불완〉 приглаша́ть) 〈대〉 1 초대하다, 부르다 2 부탁하다, 전하다

приглаше́ние 초대, 초청

опа́здывать 1 〈불완〉 (〈완〉 опазда́ть) 늦다, 지각하다

разгово́р по телефо́ну 전화통화

позови́те (вы에 대한 명령) 불러주십시오, 바꿔주십시오

Как дела́? 어떻게 지내니?

спаси́бо, хорошо́. 덕분에 별일 없어

что с тобо́й бы́ло? 너 무슨 일이 있었니?

всё э́то вре́мя 요사이 줄곧

пригласи́ (ты에 대한 명령) 불러라.

с Ли́дой 리다와 함께

с удово́льствием 기꺼이, 쾌히

не опа́здывайте (вы에 대한 명령) 늦지마라

мочь, могу́, мо́жешь 〈불완〉 …할 수 있다. 해도 좋다.

почти́ 거의

свобо́ден, –а, –ы 한가하다

рад, –да, –ды (여)/(부정형) 기쁘다

переда́ть (дать와 동일변화) 〈완〉 (〈불완〉 передава́ть) (대) (여) 1 건네주다 2 전하다; 알리다

1 형용사 단어미

- Зáвтра у меня́ бу́дет свобо́дный де́нь.

  내일은 나는 한가한 날이다.

- Зáвтра я бу́ду свобо́ден.

  나는 내일 한가하다.

성질형용사는 장어미형 이외에 장어미형이 단축된 단어미형을 가지고 있다. 장어미형은 한정적으로도, 서술적으로도 사용되지만, 단어미형은 오직 서술적으로만 사용된다. 단어미형은 장어미형어미(-ый, -óй)를 떼어내고 주어의 성·수에 따라 다음의 4가지의 형태를 갖는다. 단어미형은 격변화는 하지 않는다.

남	여	중	복
-없음	-а	-о(-е)	-ы

남	여	중	복	
свобо́ден зáнят похо́ж здоро́в рад	свобо́дна занятá похо́жа здоро́ва рáда	свобо́дно зáнято похо́же	свобо́дны зáняты похо́жи здоро́вы рáды	한가하다, 비어있다 바쁘다, 차지되다 닮다 건강하다 기쁘다

현 재	미 래	과 거
Он свобо́ден.	Он бу́дет свобо́ден.	Он был свобо́ден.

≫ 1. 어간의 마지막 자음이 ж, ш, ч, щ이고 액센트가 어간에 있는 것은 중성형이 e로 된다.

≫ 2. 남성형에서 어간이 2개의 자음으로 끝나는 것은 그 사이에 e나 o를 삽입한다.

интере́сн/ый: инте́ресен, интере́сна, интере́сно, интере́сны
больн/о́й: бо́лен, больна́, больны́

2 должен+동사부정형

Он до́лжен Она́ должна́ Оно́ должно́ Оий́ должны́	동사부정형	「…해야만 한다」

	남	여	복
현재	Он до́лжен	Она́ должна́	Мы должны́
	рабо́тать	рабо́тать	рабо́тать
과거	Он до́лжен	Она́ должна́	Мы должны́
	был рабо́тать	была́ рабо́тать	бы́ли рабо́тать

3 명령형

ты에 대한 명령형은 1인칭단수의 현재어간과 액센트의 위치에 따라 3가지의 형태를 갖는다.

вы에 대한 명령형은 그 뒤에 다시 -те를 붙인다. 1인칭 단수 현재어간의 마지막음이

모음인 경우	-й
자음이고, 액센트가 어미에 있을 경우	-и
자음이고, 액센트가 어간에 있을 경우	-ь

부정형		1인칭단수	ты 형	вы 형	어미
чита́ть	읽다	чита́-ю	чита́й	чита́йте	-й
смотре́ть	보다	смотр-ю́	смотри́	смотри́те	-и
ве́рить	믿다	ве́р-ю	верь	ве́рьте	-ь

дать				명령형
현재형				
я	дам	мы	дади́м	
ты	дашь	вы	дади́те	дай(-те)
он/она́	даст	они́	даду́т	

1. 장어미 또는 단어미를 골라 넣으시오.

1) - Ты бу́дешь⋯сего́дня?　　　　　свобо́дный

   - Да, у меня́ бу́дет⋯ве́чер.　　　свобо́ден

2) Сего́дня он о́чень⋯.　　　　　　заня́той

   Он о́чень⋯челове́к.　　　　　　за́нят

3) Мы смотре́ли⋯фильм.　　　　　интере́сный

   Фильм⋯.　　　　　　　　　　интере́сен

2. 밑줄친 부분에 오른쪽의 형용사를 단어미형으로 고쳐 넣으시오.

1) У нас до́ма все_____.   здоро́вый

2) Расска́з был о́чень_____.   интере́сный

3) Дочь_____на мать, а сын_____на отца́.   похо́жий

4) Вы_____? - Нет, я ещё не_____.   гото́вый*

*준비가 된

3. 보기와 같이 문장을 고치시오.

보기 : Оле́г не пошёл в институ́т.

Оле́г до́лжен был пойти́ в институ́т.

1) Брат не взял э́тот журна́л.

2) Она́ не пое́хала на рабо́ту.

3) Они́ не позвони́ли Та́не.

4) Та́ня не дала́ мне уче́бник.

5) Мы не пригласи́ли Ли́ду.

무인칭문

Оле́г заболе́л

вчера́ Оле́г до́лго ката́лся на лы́жах. Бы́ло хо́лодно,
но Оле́г не хоте́л возвраща́ться домо́й: давно́ не́
был в лесу́. Оле́г верну́лся домо́й по́здно, а у́тром
почу́ствовал себя́ пло́хо. Ма́ма сове́товала ему́
оста́ться до́ма, но Оле́г пошёл в университе́т. На
ле́кции у него́ си́льно боле́ла голова́, бы́ло тру́дно
дыша́ть. В переры́ве Оле́г реши́л пойти́ к врачу́.

올레그는 병이 났다

어제 올레그는 오랫동안 스키를 탔다. 추웠지만 올레그는 집으로 돌아오고 싶지 않았다. 오랫
동안 숲에 가질 않았었다. 올레그는 집에 늦게 돌아왔다. 그런데 아침에 몸이 안 좋았다. 어머
니는 집에 있으라고 했지만, 올레그는 학교에 갔다. 수업 중에 그는 머리가 몹시 아팠고, 호흡
이 곤란했다. 쉬는 시간에 올레그는 의사에게 가기로 했다.

В поликли́нике

종합병원에서

Оле́г : Здра́вствуйте!

올레그 : 안녕하십니까?

Врач : здра́вствуйте! сади́тесь, пожа́луйста. На что
жа́луетесь?

의사 : 안녕하십니까! 앉으십시오. 어디가 불편한가요?

● 새로운 단어와 표현

заболе́ть, –ле́ю, –ле́ешь 〈완〉
　(〈불완〉 боле́ть) (병을) 앓다
сове́товать, –тую, –туешь 〈불완〉
　(〈완〉посове́товать)(여) (부정형) 충고
　하다, 조언하다, 권하다
боле́ть (1,2인칭은 없다)
боли́т, боля́т 〈불완〉 ···가(이) 아프다
голова́ 머리
переры́в 중단; 휴식(시간)
в переры́ве 쉬는 시간에
поликли́ника 종합병원; 외래환자 진료소

хо́лодно 〈술〉 춥다
верну́ться, –ну́сь, –нёшься
　〈완〉 (〈불완〉 возвраща́ться) 돌아
　오다 · 가다
оста́ться,–та́нусь,–та́нешься
　〈완〉 (〈불완〉 остава́ться) 남다
си́льно 〈부〉 몹시, 대단히
дыша́ть, –шу́, –шишь, –шат
　〈불완〉 숨쉬다, 호흡하다

Оле́г : Я пло́хо себя́ чу́вствую: у меня́ боли́т голова́, мне тру́дно дыша́ть.

올레그: 몸이 안좋습니다. 머리가 아프고, 호흡이 곤란합니다.

Врач : давно́ вы почу́вствовали себя́ пло́хо?

의사: 오래전부터 몸이 안좋은가요?

Оле́г : то́лько сего́дня.

올레그: 바로 오늘부터입니다.

Врач : пожа́луйтса, разде́ньтесь. Так, дыши́те! мо́жете оде́ться. Вы больны́, у вас грипп. Вот реце́пт, купи́те лека́рство. Если в пя́тницу бу́дете чу́вствовать себя́ лу́чше, придёте ко мне в поликли́нику. Если температу́ра бу́дет высо́кая, вызови́те врача́ на́ дом. А сейча́с вам ну́жно пойти́ домо́й и лечь.

의사 : 옷을 벗으세요. 그렇게 하시고, 숨을 쉬세요! 옷을 입어도 좋습니다. 당신은 병이 났습니다. 유행성 감기 입니다. 여기에 처방이 있으니 약을 사도록 하세요. 금요일에 몸이 좋아지면 병원으로 나에게 와 주세요. 만약 열이 높으면, 집으로 의사를 부르세요. 이제 집으로 돌아가서 누워있도록 하세요.

Олéг : спасúбо, дóктор! До свидáния!

올레그 : 의사 선생님, 감사합니다. 안녕히 계십시오.

Врач : Всегó дóброго! Поправля́йтесь!

의사 : 잘 가세요! 몸조리 잘하세요.

● 새로운 단어와 표현

садúться, –жýсь, –дúшься 〈불완〉 앉다

жáловаться, –луюсь, –луешься 〈불완〉 (на+대) 불평을 말하다, 하소연하다

раздéться, –дéнусь, –дéнешься 〈완〉(〈불완〉 раздевáться) (옷을)벗다

одéться, –дéнусь, –дéнешься 〈완〉(〈불완〉 одевáться) (в+대) (옷을)입다

рецéпт 약처방　　　　　　　　　лекáрство 약

лýчше (хорошó의 비교급) 더 좋아지다　 температýра 온도; 체온

вы́звать, –зову, –зовешь 〈완〉 (〈불완〉 вызывáть) 〈대〉 부르다, 불러내다

лечь 〈완〉(〈불완〉ложúться)눕다　　　 дóктор 의사

поправля́ться 1 〈불완〉(〈완〉попрáвиться)건강이 회복되다

На что вы жáлуетесь? (의사가 환자에게 하는 틀에 박힌 문구) 어디가 편찮으십
　　니까?

всегó хорóшего (헤어질 때의 인사말) 안녕히 계십시오.

Поправля́йтесь! (환자에 대해서) 몸조리 잘 하십시오!

1 무인칭문

- Сего́дня хо́лодно. 오늘은 춥다.
- Мне тру́дно дыша́ть. 나는 호흡이 곤란하다.

무인칭문이란 주로 자연환경이나, 생리, 기분을 표현하는 경우에 많이 사용되는 문장으로, 주어는 없고, 술어가 술어부사(형용사의 단어미 중성형: xopoшó (기분이)좋다, хóлодно춥다, тру́дно 어렵다, на́до ···하지 않으면 안 된다 등)으로 표시되는 종류의 문장을 말한다.

Здесь хорошо́. 이곳은 (있기에)편하다

Сего́дня тепло́. 오늘은 따뜻하다.

На́до мно́го занима́ться. 공부를 많이 해야 한다.

1) 무인칭문의 술어는 현재와 미래에서는 3인칭단수형(бу́дет), 과거에서는 중성형(бы́ло) 밖에는 사용되지 않는다.

현 재	미 래	과 거
Сего́дня хо́лодно.	За́втра бу́дет хо́лодно.	Вчера́ бы́ло хо́лодно.

2) 무인칭문에서 의미상의 주어는 여격이 된다.

Мне Ему́ Им	тру́дно изуча́ть ру́сский язы́к.
나에게는 그에게는 그들에게는	러시아어를 배우는 것이 어렵다.

132

3) ну́жно, на́до, мо́жно 의 용법

кому́(여격)	на́до 「…해야만 한다」 ну́жно 「…할 필요가 있다」「…해야 한다」 мо́жно 「…해도 좋다」	부정형

Вам ну́жно пойти́ домо́й.　당신은 집으로 가야만 합니다.

(Мне) мо́жно вас спроси́ть?　당신에게 물어봐도 되겠습니까?

4) Нельзя́의 용법

무인칭문의 술어인 нельзя́는 함께 금지와 불가능의 의미를 갖는다.

нельзя́+부정형	
불완료상	완료상
금지	불가능
「…해서는 안 된다」	「…할 수 없다」
Здесь нельзя́ кури́ть.	Ничего́ нельзя́ бы́ло поня́ть.
이곳에서는 금연입니다.	뭐가 뭔지 도무지 알 수가 없었다.

동사 боле́ть의 용법	
현 재	과 거
У меня́ боли́т голова́ (желу́док). 나는 머리(위)가 아프다. У меня́ боля́т зу́бы (глаза́). 나는 이(두 눈)가 아프다.	боле́л нос(зуб). 코(이)가 아팠다. У меня́ боле́ла голова́(рука́). 나는　머리(팔)이 아팠다. боле́ло го́рло(се́рдце). 목(심장)이 아팠다. боле́ли глаза́(зу́бы). 두 눈(이)가 아팠다.

<table>
<tr><td colspan="3" align="center">лечь</td></tr>
<tr><td colspan="2" align="center">현 재 형</td><td align="center">과 거 형</td></tr>
<tr><td>я   ля́гу   мы   ля́жем</td><td></td><td>он   лёг</td></tr>
<tr><td>ты   ля́жешь   вы   ля́жете</td><td></td><td>она́   легла́</td></tr>
<tr><td>он/она́   ля́жет   они́   ля́гут</td><td></td><td>они́   легли́</td></tr>
</table>

1. 알맞은 형태의 인칭대명사를 넣으시오.

1) Вы пло́хо себя́ чу́вствуете,⋯ну́жно пойти́ к врачу́.

2) - На что жа́луетесь? - ⋯тру́дно дыша́ть.

3) сестра́ больна́,⋯ну́жно лежа́ть.

4) Минхо не придёт к нам,⋯ну́жно рабо́тать.

5) Мы бы́ли вчера́ на ве́чере,⋯ бы́ло о́чень ве́село.

6) Они́ ещё не смотре́ли э́тот фильм. Ду́маю, что ⋯бу́дет интере́сно посмотре́ть его́.

2. 보기와 같이 과거형으로 고치시오.

보기 : Минхо бо́лен, у него́ боли́т го́рло.

Минхо был бо́лен, у него́ боле́ло го́рло.

1) Оле́г пло́хо себя́ чу́вствует. У него́ боли́т голова́, ему́ тру́дно дыша́ть.

2) Та́ня больна́. В пя́тницу она́ должна́ пойти́ в поликли́нику.

3) Её сын бо́лен, ему́ нельзя́ ходи́ть в шко́лу.

4) Мне ну́жно получи́ть лека́рство.

3. 밑줄친 부분에 мо́жно, ну́жно, нельзя́ 중의 하나를 골라 넣으시오.

1) Зимо́й здесь о́чень хо́лодно. Вам＿＿＿купи́ть перча́тки.

2) Почему́ же ему́＿＿＿, а мне нельзя́.

3) Мне＿＿＿пить ко́фе по́здно ве́чером, потому́ что пото́м я пло́хо сплю́.

4. 보기와 같이 문장을 바꾸시오.

보기 : Она́ должна́ лежа́ть. Ей ну́жно лежа́ть.

1) Ната́ша должна́ пое́хать в санато́рий.

2) Сын до́лжен мно́го занима́ться.

3) оте́ц до́лжен пойти́ на рабо́ту.

명사의 조격
조격의 용법
관계대명사 котóрый

Тáня : Минхо, здрáвствуйте! Натáша, э́то Минхо.
Минхо, познакóмьтесь, моя́ подрýга.

따냐 : 민호, 안녕! 나따샤, 이 분이 민호야. 민호야, 서로 인사해. 나의 친구야.

Минхо : Óчень прия́тно! Минхо.

민호 : 반갑습니다! 민호입니다.

Натáша : Óчень рáда с вáми познакóмиться. Я
Натáша. Вы давнó в москвé?

나따샤 : 당신을 뵙게 돼서 반가워요. 나따샤예요. 모스크바에 온지 오래 되었습니까?

Минхо : Скóро год.

민호 : 곧 1년이 됩니다.

Натáша : Вы хорошó говори́те по-рýсски.

나따샤 : 당신은 러시아어를 잘 하시네요.

Тáня : сестрá Минхо преподаёт рýсский язы́к.

따냐 : 민호 누나가 러시아어를 가르치고 있어.

Ната́ша : Да?

나따샤 : 그래요?

**Минхо : она́ сама́ начала́ изуча́ть ру́сский язы́к,
когда́ была́ де́вочкой.**

민호 : 그녀는 소녀이었을때, 그녀 혼자서 러시아어를 배우기 시작했습니다.

Ната́ша : А когда́ вы на́чали изуча́ть ру́сский язы́к?

나따샤 : 그러면, 당신은 언제 러시아어를 배우기 시작했나요?

Минхо : Когда́ стал студе́нтом.

민호 : 내가 대학생이 되었을 때이지요.

Ната́ша : А учи́тельницей была́ сестра́?

나따샤 : 그럼, 누나는 선생님이였나요?

● 새로운 단어와 표현

познако́миться, –млюсь, –мишься 〈완〉(〈불완〉 знако́миться)
  (с+조) 알게 되다

прия́тно 〈술〉 반갑다, 유쾌하다　　　　　год 1년
преподава́ть, –даю́, –даёшь 〈불완〉〈대〉 (여) 가르치다
сам, сама́, само́, са́ми (관계하는 명사와 성, 수, 격이 일치) 1 자신, 자체
  2 혼자서, 혼자 힘으로
нача́ть, –ну́, –нёшь 〈완〉(〈불완〉 начина́ть) (대/부정형) 시작하다
де́вочка 소녀
стать, ста́ну, ста́нешь··· ста́нут 〈완〉(〈불완〉 стано́виться) (조)
  ···이 되다.

Минхо : Да, она́ в э́то вре́мя была́ уже́
            преподава́тельницей институ́та. Сестра́
            хоте́ла, что́бы я то́же знал ру́сский язы́к.

민호 : 예, 그녀는 그때 벌써 대학 강사였죠. 누나는 나도 러시아어를 알기를 바랬었습니다.

Зна́ете ли вы?

Зна́ете ли вы, что изве́стный учёный, пе́рвая

ру́сская же́нщина-матема́тик Со́фья Ковале́вская

была́ не то́лько матема́тиком, но и поэ́том и

писа́телем.

Уже́ в де́тстве она́ серьёзно интересова́лась

литерату́рой, о́чень мно́го чита́ла. Пото́м начала́

писа́ть сама́. она́ писа́ла рома́ны, стихи́. Со́фья

Ковале́вская счита́ла, что матема́тика- э́то нау́ка,

кото́рая тре́бует фанта́зии. Нельзя́ быть

математиком и не быть одновре́менно поэ́том в

душе́.

여러분은 알고 계신지요?

여러분은 유명한 학자이자, 러시아 최초의 여류수학자인 소피아 꼬발레프스끼야가 수학자인 동시에 시인이자 소설가였다는 것을 알고 계신지요.

이미 어렸을 때 그녀는 문학에 진지한 관심을 가져, 독서를 매우 많이 하였습니다. 그 후에 그녀는 혼자 힘으로 글을 쓰기 시작했습니다. 그녀는 장편소설과 시를 썼습니다. 소피아 꼬발레프스까야는 수학은 공상을 필요로 하는 학문이라고 생각했습니다. 천성적으로 시인이 될 수 없으면, 동시에 수학자도 될 수 없다.

● 새로운 단어와 표현

преподава́тельница　(대학의) 여자강사

что́бы 〈접〉···하도록, ···하게끔　　　ли 〈조〉···인가, 아닌가

ли 〈조〉 (의문:직접의문문에 사용되어) ···인가(어떤가)

изве́стный, –ая, –ое, –ые 유명한　　уче́ный (형용사형 명사) 〈남〉 학자

же́нщина　여자, 부인　　　　　　　матема́тик　수학자

поэ́т　시인　　　　　　　　　　　де́тство　어린시절

в де́тстве　어린시절에

серьёзный, –ая, –ое, –ые　신중한, 진지한

интересова́ться, –су́юсь, –су́ешься 〈불완〉 (조) ···에 흥미 관심이 있다

литерату́ра　문학　　　　　　　　рома́н　장편소설

счита́ть 1 〈불완〉 (대) (조) ···을 ～로 여기다, 생각하다

нау́ка　학문, 과학

кото́рая　(관계대명사 кото́рый의 여성형) ···하는 것, ···하는 사람

тре́бовать, –бую, –буешь 〈불완〉 (생/대) 1 요구하다 2 필요로 하다

фанта́зия　공상, 상상력　　　　　одновре́менно　동시에

душа́ 마음, 정신

познако́мьтесь!　소개합니다

о́чень прия́тно! (만나서)반갑습니다.　в э́то вре́мя　그 당시

не то́лько···, но и ···　···뿐만 아니라, ···도

в душе́　천성적으로

1 명사의 조격

- Кем был его отéц? 그의 아버지는 직업이 무엇이었습니까?

- Врачóм. 의사였습니다.

- Кем сталá его сестрá? 그의 누나는 무엇이 되었습니까?

- Учи́тельницей. 선생님이 되었습니다.

	주 격 кто? что?	어미	조 격 кем? чем?	어미
남 · 중	студéнт отéц врач	-자음	студéнтом отцóм врачóм	-ом
	перó	-о	перóм	
	словáрь музéй товáрищ	-ь -й -щ	словарём музéем товáрищем	-ем(ём)
	пóле	-е	пóлем	
여	сестрá	-а	сестрóй	-ой(-ою)
	учи́тельница пéсня	-(ц)а -я	учи́тельницей пéсней	-ей(-ею)
	тетрáдь мать	-ь	тетрáдью мáтерью	-ью

≫ 어간의 마지막 자음이 ж, ш, щ, ч 및 ц로 끝나는 명사의 조격형은 액센트가 어미
에 있으면 −óм(남·중), −ой(여)
액센트가 어간에 있으면 −ем(남·중), −ей(여)로 된다.
врáч−врачóм   товáрищ−товáрищем
душá−душóй   учи́тельница−учи́тельницей

2 조격의 용법

1) 조격은 도구, 수단을 나타낸다.

Я пишу́ карандашо́м.　나는 연필로 쓴다.

Мы е́дем на рабо́ту электри́чкой.

우리들은 전철을 타고 직장에 간다.

2) быть의 과거형, 미래형 및 부정형과 함께 술어의 일부를 이루는 명사류는 조격으로 되는 것이 보통이다. 이것을 술어조격이라 한다. 술어조격은 주로 일시적·회고적 및 과도적인 성질을 나타낸다.

Тогда́ он был студе́нтом.　그 당시 그는 대학생이었다.(일시적)

Мой оте́ц был инжене́ром.　나의 아버지는 기사였다. (회고적)

Сестра́ бу́дет учи́тельницей.　누나는 여교사가 될 것이다.(과도적)

хоте́ть+ 부정형과 хоте́ть, что́бы…	
хоте́ть +부정형	хоте́ть, что́бы +과거
Сестра́ хо́чет прие́хать у́тром. 누나는 아침에 오고 싶어한다.	Сестра́ хо́чет, что́бы Та́ня прие́хала у́тром. 누나는 따냐가 아침에 왔으면 한다.
두 동작(хо́чет, прие́хать)의 동작주는 동일하다. (сестра)	두 동작(хо́чет, прие́хал)의 동작주는 서로 다르다. (сестра́, Та́ня)

3 관계대명사 кото́рый

의문대명사 кото́рый는 관계대명사로서도 사용된다. 관계대명사는 종속문을 받아, 그것을 주문의 선행사에 관계시키는 것이다.

1) кото́рый 의 성과 수는 선행사(그것이 받는 명사)와 일치한다.

студе́нт, кото́рый чита́ет кни́гу　책을 읽는 학생(남)

студе́нтка, кото́рая чита́ет кни́гу   책을 읽는 여대생(여)

окно́, кото́рое выхо́дит в сад   정원으로 나있는 창문(여)

студе́нты, кото́рые чита́ют кни́гу   책을 읽는 학생들(복)

2) который의 격은 그 자신이 이끄는 종속문 중에서의 역할(예를 들어, 주어가 되는가, 목적어가 되는가 등)에 따라 결정되므로 선행사의 격과는 관계가 없다.

Вы хорошо́ зна́ете <u>ма́льчика</u>, <u>кото́рый</u> игра́ет в па́рке.
                    (남·대)   (남·주)

당신은 공원에서 놀고 있는 소년을 잘 알고 있습니다.

Это та <u>де́вушка</u>, <u>о кото́рой</u> я вам говори́л.
        (여·주)   (여·전)

이 아이가 내가 당신에게 이야기한 소녀입니다.

연습 문제

1. 밑줄친 부분에 오른쪽의 단어의 적합한 형태를 넣으시오.

1) Его́ сестра́ была́_____.	студе́нтка
2) Он был_____.	писа́тель
3) Та́ня у́чится в консервато́рии.	пиани́стка
она́ бу́дет_____.	поэ́т
4) Пу́шкин был_____.	поэ́т
5) Мой друг хо́чет быть_____.	матема́тик

2. 밑줄친 부분에 오른쪽 단어의 적합한 형태를 넣으시오.

보기 : Я хочу́ посмотре́ть э́тот фильм.

Я хочу́, что́бы ты посмотре́л э́тот фильм.

1) Ната́ша хо́чет_____у́тром.   прие́хать

   Та́ня хо́чет, что́бы Ната́ша_____у́тром.

2) Ты хо́чешь_____биле́ты в кино́.   купи́ть

   Ты хо́чешь, что́бы он_____биле́ты в кино́?

3) Она́ хо́чет_____нас к себе́.   пригласи́ть

   она́ хо́чет, что́бы мы_____её к себе́.

4) Я хочу́_____бра́ту письмо́.   написа́ть

   Брат хо́чет, что́бы я_____ему́ письмо́.

3. 밑줄친 부분에 кото́рый의 알맞은 형태를 넣으시오.

1) Я зна́ю студе́нта,_____живёт зде́сь.

2) Это её подру́га,_____у́чится в университе́те.

3) Это письмо́,_____я написа́л домо́й.

4) Это журна́лы,_____я уже́ прочита́л.

공동행동의 조격
Мы с сестрой…의 표현
조격과 같이 사용되는 동사

Минхо идёт на футбол

Минхо лю́бит спорт. Он хорошо́ пла́вает, игра́ет в теннис, но осо́бенно лю́бит футбо́л. В де́тстве Минхо серьёзно увлека́лся футбо́лом и сам непло́хо игра́л. когда́ был ма́льчиком, да́же мечта́л стать футболи́стом. Он и сейча́с лю́бит футбо́л, поэ́тому хо́дит на все интере́сные ма́тчи.

민호는 축구시합에 간다

민호는 스포츠를 좋아한다. 그는 수영을 잘하고, 테니스도 잘 친다. 그러나 특히 축구를 좋아한다. 어린 시절에 민호는 축구에 아주 열중한 적이 있고, 그 자신도 꽤 잘 했다. 소년 시절에 축구선수가 될 꿈까지도 가졌었다. 그는 지금도 축구를 좋아한다. 그래서 관심을 끄는 시합은 모두 보러 다닌다.

■ **Приве́т, Минхо!**

안녕, 민호!

□ **До́брый день, Оле́г!**

안녕, 올레그!

■ **Ты когда́ сего́дня конча́ешь занима́ться?**

너 오늘 몇 시에 공부를 마치니?

□ **В четы́ре. А что?**

4시에. 그런데 왜?

■ **Ты не хо́чешь пойти́ с на́ми на футбо́л?**

너 우리와 함께 축구시합에 가고 싶지 않니?

□ **Ты идёшь с Та́ней?**

따냐하고 같이 가니?

● 새로운 단어와 표현

футбо́л 축구(시합)   спорт 스포츠

пла́вать 1 〈불완〉 수영하다

игра́ть 1 〈불완〉 〈〈완〉 сыгра́ть〉 (в+대) 게임, 경기를 하다

те́ннис 테니스   осо́бенно 특히

увлека́ться 1 〈불완〉 〈〈완〉увлечься 〉 (조) 열중·몰두하다

ма́льчик 소년   да́же 심지어, …조차

мечта́ть 1 〈불완〉 (о+전/ 부정형) 염원하다, 꿈꾸다

футболи́ст 축구선수   матч 경기, 시합

что 〈부〉 (구어) 왜? (=почему?)   занима́ться 1 〈불완〉(조) 종사하다

с 〈전〉 (조) …와

- **Нет, с това́рищем.**

  아니야, 친구하고.

- **Я его́ зна́ю?**

  내가 아는 사람이야?

- **Ка́жется, ты с ним знако́м. э́то Са́ша. Мы с ним вме́сте учи́лись в шко́ле.**

  내 생각에 너하고 그 사람은 안면이 있을거야. 사샤야, 나와 그는 같이 학교를 다녔어.

- **Да, я встреча́л его́ у вас. А кто игра́ет?**

  그래, 그를 너의 집에서 만난 적이 있어. 그런데 어느 팀이 시합을 하지?

- **<Дина́мо> (Ки́ев) -<Спарта́к> (Москва́). Ты уже́ ви́дел э́ти кома́нды?**

  〈지나모〉(키예프)와〈스빠르따끄〉(모스크바). 너는 이미 이들 팀을 보았지?

- **коне́чно. И на стадио́не и по телеви́зору, ведь футбо́л- мой люби́мый спорт. В де́тстве я сам непло́хо игра́л.**

  물론. 경기장에서도 보았고, 텔레비전을 통해서도 보았지. 축구는 내가 좋아하는 스포츠 잖아. 어렸을 때 나 자신도 꽤 잘 했어.

- **А сейча́с?**

  그럼 지금은?

◻ Футбо́лом я уже́ не занима́юсь, но спорт
люблю́. Так когда́ мы встре́тимся?

축구는 이제 하지 않아, 하지만 스포츠는 좋아하지. 그럼 우리 어디서 만나기로 할까?

▪ В шесть часо́в у метро́ <Спорти́вная>, о́коло
вы́хода на стадино́н.

6시에 〈스뽀르찌브나야〉의 지하철의 경기장 쪽 출구에서.

◻ Хорошо́. До ве́чера!

알았어. 이따가 저녁에 봐!

▪ До ве́чера!

저녁에 보자!

● 새로운 단어와 표현

знако́м, -а, -ы (с+조) ···와 아는 사이이다
Дина́мо 유명한 구소련 스포츠단체　　　Спарта́к 구소련 유수의 스포츠단체
кома́нда 팀　　　стадио́н 경기장
люби́мый, -ая, -ое, -ые 좋아하는
так (이야기의 매듭, 1인칭복수 명령형으로) 그럼···하도록 하자
у 〈전〉 (생) (장소)···의 근처에
о́коло 〈전〉 (생) (장소) 부근에, 가까이에
вы́ход 출구
хорошо́ 〈술〉 좋다, 알았다

до́брый день! 안녕하십니까? (낮인사)
ка́жется (삽입어) ···같다.

1 공동행동의 조격

- С кем он идёт на стадио́н?

  그는 누구와 함께 경기장에 가려고 합니까?

- С сестро́й. 누이 동생하고

인칭대명사의 조격형	
주격	조격
я	мно́й
ты	тобо́й
он	им
она́	ей
мы	на́ми
вы	ва́ми
они́	и́ми

2 Мы с сестрой⋯의 표현

Мы с сестро́й пошли́ в кино́. 나와 누이동생은 영화관에 갔다.

Мы с ней пое́хали отдыха́ть. 나와 그녀는 휴가를 떠났다.

Мы с сестро́й 는 я и сестра́ 즉, <나와 누이동생>과 같은 의미로 사용된다. я를 포함하는 복수의 대상은 먼저 мы로 표현하고, 이에 참가하는 사람은 <мы с +조격)의 형태로 덧붙여진다.

3 조격과 같이 사용되는 동사

조격과 같이 사용되는 동사	
быть	…이 되다
стать кем?	…이 되다
занима́ться чем?	…에 종사하다
интересова́ться	…에 흥미를 갖다
увлека́ться	…에 열중하다
встреча́ться/встре́титься	…와 만나다
знако́миться/познако́миться с кем?	…와 알게 되다
учи́ться	…와 함께 배우다

동사 игра́ть의 용법	
игра́ть во что?	игра́ть на чём?
(게임을) 하다	(악기를) 연주하다
대　격	전　치　격
игра́ть	игра́ть
в волейбо́л 배구를 하다	на гита́ре 기타를 치다
в те́ннис 테니스를 치다	на пиани́но 피아노를 치다
в футбо́л 축구를 하다	на скри́пке 바이올린을 켜다
в бейсбо́л 야구를 하다	на трубе́ 트럼펫을 불다

мочь와 уме́ть의 용법	
мочь+부정형	уме́ть+부정형
Я не могу́ чита́ть. у меня́ боли́т голова́. 독서를 할 수가 없다. 나는 머리가 아프다.	Мой брат ещё не уме́ет чита́ть по-ру́сски. 나의 동생은 아직 노어를 읽지 못한다.

Я не могу́ помо́чь тебе́.	Я не уме́ю пла́вать.
나는 너를 도와 줄 수가 없다.	나는 수영을 할 줄 모른다.
мочь는 육체적 · 정신적 능력을 나타낸다.	уме́ть는 지식과 기술에 의한 능력을 나타낸다.

мать 및 дочь의 격변화		
주격	мать	дочь
생격	ма́тери	до́чери
여격	ма́тери	до́чери
대격	мать	дочь
조격	ма́терью	до́черью
전치격	о ма́тери	о до́чери

1. 밑줄친 부분에 적합한 인칭대명사를 넣으시오.

1) - Это Минхо. Ты знако́м с______.

    - Да, мы встреча́лись у Оле́га.

2) - Ты ви́дишь Та́ню?

    - Да, я ча́сто встреча́юсь с______.

3) - Где ты был вчера́? Звони́л Андре́й, он хоте́л

    встре́титься с______.

4) - Ты зна́ешь их?

    - Да, я познако́мился с______на ю́ге.

5) - Минхо, мы идём на стадио́н. Не хо́чешь пойти́

    с______?

- С удово́льствием.

6) - Ты зна́ешь Сашу?

- Да, он рабо́тает со______.

2. 보기와 같이 문장을 완성시키시오.

보기 : Это друг Оле́га. Та́ня знако́ма______.

Та́ня знако́ма с дру́гом Оле́га.

1) Это брат Андре́я. Я учи́лся в шко́ле______.

2) Вчера́ Андре́ю звони́л оте́ц. Андре́й до́лго

разгова́ривал______.

3) Я не люблю́ футбо́л, а Минхо увлека́ется______.

4) Мой друг врач. Я тоже реши́л стать______.

5) Оле́г лю́бит спорт. Он давно́ занима́ется______.

3. 보기와 같이 문장을 고쳐 쓰시오.

보기 : Я и брат встре́тились у метро́.

Мы с бра́том встре́тились у метро́.

1) В воскресе́нье я и Са́ша ходи́ли в кино́.

2) Вчера́ я и Та́ня игра́ли в те́ннис.

3) Неда́вно у неё бы́ли я и Андре́й.

■ Ты хо́дишь в бассе́йн?

너는 수영장에 다니고 있니?

□ Да, в бассе́йн <Москва́>.

응, 〈모스크바〉 수영장에.

■ А где э́то?

그것은 어디에 있어?

□ Это в це́нтре Москвы́, откры́тый бассе́йн.

그것은 모스크바 중심부에 있는 옥외수영장이야.

■ И зимо́й хо́дишь в откры́тый бассе́йн?

겨울에도 옥외수영장을 다녀?

□ Да. Пла́вать не хо́лодно, вода́ тёплая. Осенью я е́зжу на́ реку ка́ждое воскресе́нье, но обы́чно в октябре́ уже пла́ваю в бассе́ине. Ду́маю науа́ть пла́вать в реке́ зимо́й.

응, 수영하는 것은 춥지 않아, 물이 따뜻해. 가을에 나는 매주 일요일마다 강에 갔다 오
곤 하는데, 보통 10월이 되면 벌써 수영장에서 수영을 하지. 겨울에 강에서 수영을 시작
할까 생각 중이야.

■ **Хóчешь стать <моржóм>?**

－「寒中水泳者」자 되고 싶니?

□ **Хочý, <моржú>, как прáвило, óчень здорóвые
людн. А ты не хóчешь?**

되고 싶어. 「寒中水泳者」들이란 대체적으로 건강한 사람들이지. 너는 되고 싶지 않니?

■ **Ты знáешь, нет. Я бéгаю кáждое ýтро, хожý в
бассéйн кáждую суббóту, но не в откры́тый.**

그런데 난 싫어. 나는 매일 아침 조깅을 하고 있고, 토요일에는 수영장에 다니고 있어.
그렇지만 옥외수영장은 아니야.

● 새로운 단어와 표현

бассéйн 수영장

откры́тый, –ая, –ое, –ые　야외의, 실외의

центр 중심지, 중심부　　　　　　　зимóй 겨울에

водá 물

тёплый, –ая, –ое, –ые　따뜻한, 따뜻하다

óсенью 〈부〉 가을에　　　　　　　рекá 강(江)

кáждый, –ая, –ое, –ые 매(每), 매번의, 각각의

октя́брь 🈪 10월

морж 추운 계절에 수영을 즐기는 사람

бéгать 1 〈불완〉 〈부정향〉 (〈정향〉 бежáть) 뛰다, 뛰어다니다

☐ Мо́жет быть, вме́сте бу́дем ходи́ть с тобо́й в бассе́йн <Москва́>?
괜찮다면, 「모스크바」수영장에 같이 다녀 볼까?

■ Хорошо́.
좋아.

***

Ка́ждый день почтальо́н хо́дит по го́роду и прино́сит нам пи́сьма, газе́ты и журна́лы. Когда́ я до́ма, я всегда́ смотрю́ в окно́ и жду́ его́. Вот он идёт по у́лице. Он несёт нам по́чту. Наве́рное, сего́дня он принесёт мне письмо́ от дру́га.

매일 우체부는 도시를 다니며 우리들에게 편지와 신문 그리고 잡지를 가져다 준다. 나는 집에 있을 때는 항상 창밖을 내다 보며 그를 기다린다. 저기 거리에서 그가 오고 있다. 그는 우리에게 우편물을 가져다 준다. 아마도 그는 오늘 나에게 친구의 편지를 가져다 줄 것 같다.

● 새로운 단어와 표현

почтальо́н 우체부

по 〈전〉 (여) (면·선)을 따라

носи́ть, ношу́, но́сишь …но́сят 〈불완〉 〈부정향〉 (〈정향〉 нести́) (대)
  (손에 들고, 짊어지고) 운반하다, 가지고 가다

по́чта 1 우체국 2 우편물

от 〈전〉 (생) (행위자) (어떤사람)으로부터

как пра́вило 보통은, 대체적으로

ты зна́ешь (삽입어) (상대의 주의를 끌때 사용한다) 그런데 말야

мо́жет быть (삽입어) (의문문 또는 명령문에 붙여서 부드럽게 상대의 의향을 묻는다)
  괜찮다면

운동동사

- Куда́ ты идёшь? 너 어디에 가니?

- В библиоте́ку. 도서관에

- Куда́ он хо́дит ка́ждый че́тверг? 그는 목요일마다 어디에 가니?

- В бассе́йн. 수영장에.

러시아어 동사에 있어서 운동을 나타내는 동사들 중에는 부정향(不定向)동사 - 정향(定向)동사의 쌍을 이루고 있는 것이 있다. 이러한 동사를 운동동사라 하는데, 이들 동사들은 모두 불완료상이다.

정향동사	일정한 시간에 일정한 방향으로의 동작을 나타낸다.
부정향동사	시간에 관계없이 일반적인 동작 不定 또는 여러 방향으로의 운동, 왕복, 반복, 습관적 동작을 나타낸다.

정향동사	부정향동사	
идти́	ходи́ть	(걸어서) 가다
е́хать	е́здить	(차로) 가다
лета́ть	лете́ть	(비행기로) 가다
плыть	пла́вать	(배로) 가다
бежа́ть	бе́гать	뛰다
вести́	води́ть	데리고 가다
нести́	носи́ть	(손에 쥐고) 나르다
везти́	вози́ть	(차로) 운반하다

Она́ идёт в библиоте́ку и несёт кни́ги. (정향)

그녀는 책을 가지고 도서관에 가고 있다.

Она́ хо́дит по ко́мнате и но́сит ребёнка. (부정향)

그녀는 아기를 안고 방을 왔다갔다 하고 있다.

Он плывёт к бе́регу. (정향)

그는 강가로 헤엄쳐 가고 있다.

Де́ти пла́вают в реке́. (부정향)

아이들은 강에서 수영을 하고 있다.

Де́ти бегу́т в сад. (정향)

아이들은 정원으로 뛰어간다.

Де́ти бе́гают в саду́. (부정향)

아이들은 정원에서 뛰어 놀고 있다.

Сего́дня мать ведёт ребёнка во двор. (정향)

오늘 어머니가 아기를 뜰로 데리고 간다.

Ка́ждое у́тро мать во́дит ребёнка во двор. (부정향)

매일 아침 어머니는 아기를 뜰로 데리고 간다.

≫ 부정향동사는 사람의 능력을 나타낸다.
  Её дочь уже́ хо́дит.
  그녀의 아들은 벌써 걷는다.

бежа́ть				лете́ть			
я	бегу́	мы	бежи́м	я	лечу́	мы	лети́м
ты	бежи́шь	вы	бежи́те	ты	лети́шь	вы	лети́те
он/она́	бежи́т	они́	бегу́т	он/она́	лети́т	они́	летя́т

плыть				вести́			
я	плыву́	мы	плывём	я	веду́	мы	ведём
ты	плывёшь	вы	плывёте	ты	ведёшь	вы	ведёте
он/она́	плывёт	они́	плыву́т	он/она́	ведёт	они́	веду́т
				과거형 : вёл, вела́, вели́			

нести	везти
я несу́ мы несём	я везу́ мы везём
ты несёшь вы несёте	ты везёшь вы везёте
он/она́ несёт они несу́т	он/она́ везёт они везу́т
과거형 : нёс, несла́, несли́	과거형 : вёз, везла́, везли́

알맞은 운동동사를 골라 형태를 고쳐 넣으시오.

идти́- ходи́ть

1) - Здра́вствуй, Нина! Куда́ ты…?

   - В институ́т.

   - Ты всегда́…в институ́т пешко́м?

   - Да, я люблю́…пешко́м. Это недалеко́, то́лько две остано́вки.

   е́хать- е́здить

2) - Как вы ду́маете провести́* ле́то?

   - Как всегда́! Ле́том мы обы́чно…в Киев, к ма́тери Ната́ши.

   *провести́, —веду́, —ведёшь (시간을) 보내다, 지내다

3) (В авто́бусе)

   - Андре́й! Здра́вствуй! Ты куда́…?

   - На вокза́л. За́втра…в Москву́ на конфере́нцию. На́до купи́ть биле́т.

4) - Ты знако́м с ним?

   - Да, мы познако́мились в по́езде, когда я⋯в
   Москву́.

   плыть- пла́вать

5) - Ты уме́ешь⋯?

   - Немно́го. А ты?

   - Учи́лся⋯, но так и не научи́лся. Бою́сь воды́.

6)   (수영장에서)

   - Олег, здра́вствуй! Ты оди́н здесь?

   - Нет, с Ни́ной. Ви́дишь, вот она́⋯к нам.

   - А ты что не⋯?

   лете́ть- лета́ть

7) - Вы е́здите к мо́рю на по́езде?

   - Нет, мы обы́чно⋯на самолёте.

   - Мы хоти́м провести́ ле́то на мо́ре.

   - Вы е́дете туда́ на по́езде?

   - Нет, мы⋯на самолёте.

공간을 나타내는 생격지배 전치사
접두사가 붙은 운동동사
где**?** куда**?** отку́да**?** 의
대답에 사용되는 전치사

Гость из Петербу́рга

Сего́дня приезжа́ет из Петербу́рга ма́ма Ни́ны Петро́вны. Оле́г пое́хал встреча́ть ба́бушку. Ни́на Петро́вна пригото́вила обе́д для го́стьи. Та́ня помога́ет ма́ме накрыва́ть на стол. Она́ о́чень ра́да, что ско́ро уви́дит ба́бушку. Вчера́ они́ говори́ли по телефо́ну и Та́ня сказа́ла ба́бушке, что в суббо́ту они́ пойду́т в теа́тр. Когда́ приезжа́ет ба́бушка, они́ обяза́тельно хо́дят вме́сте в теа́тр, на вы́ставку, в музе́й. Когда́ Та́ня е́дет к ба́бушке в Петербу́рг, она́ зна́ет, что её всегда́ жду́т биле́ты на интере́сный спекта́кль.

Ни́на Петро́вна смо́трит на часы́: что́-то го́сти опа́здывают.

뻬쩨르부르그에서 온 손님

오늘 뻬쩨르부르그에서 니나 뻬뜨로브나의 어머니가 온다. 올레그는 할머니를 마중나갔다. 니나 뻬뜨로브나는 손님을 위해 점심을 준비하고 있었다. 따냐는 어머니가 식탁을 준비하는 것을 도와주고 있다. 그녀는 곧 할머니를 볼 수 있어 매우 즐거워 하고 있다. 어제 그들은 전화통화를 하여 따냐는 할머니에게 토요일에 극장에 가자고 이야기를 했다. 할머니가 올때면, 그들은 반드시 극장과 전람회와 박물관을 함께 다닌다. 따냐가 뻬쩨르부르그의 할머니집에 가면, 그녀는 재미있는 연극표가 그녀를 항상 기다리고 있다는 것을 알고 있다.

니나 뻬뜨로브나는 시계를 본다. 웬일인지 손님이 늦는다.

На вокза́ле

역에서

Оле́г : Ба́бушка, до́брый де́нь! С прие́здом! Я уже́ ду́мал, что ты не прие́хала.

올레그 : 할머니, 안녕하셨어요! 어서 오세요! 오시지 않는가 생각했어요.

Еле́на Дми́триевна : Оле́г! А я реши́ла, что ты не смог встре́тить меня́. Я почти́ полчаса́ ждала́ о́коло ваго́на.

옐레나 드미뜨리예브나 : 올레그야! 그런데 나는 네가 마중나올 수 없는 줄로 생각했단다. 나는 열차 부근에서 거의 30분이나 너를 기다렸어.

Оле́г : Я то́же ждал, но в конце́ по́езда, ведь ты написа́ла в телегра́мме ваго́н No.12.

올레그 : 저도 역시 기다렸어요. 기차 끝에서였지만, 할머니가 전보에 12호차라고 말씀하셨잖아요.

Еле́на Дми́триевна : Что ты говори́шь? э́то кака́я-то оши́бка. Ваго́н No.2.

옐레나 드미뜨리예브나 : 무슨 말이냐? 무언가 잘못되었구나. 2호차야.

Оле́г : Ну, всё хорошо́, что хорошо́ конча́ется.
Тепе́рь домо́й. Ма́ма, наве́рное, уже
волну́ется.

올레그 : 아무튼 끝이 좋았으니 다 잘되었어요. 이제 집으로 가요. 아마도 엄마가 벌써부터 걱정하고 있을 거예요.

Еле́на Дми́триевна : Мо́жет быть, позвони́ть ей,что
мы встре́тились и е́дем?

옐레나 드미뜨리예브나 : 뭐하면 엄마에게 전화해서 우리가 만나서, 이제부터 갈 거라고 말해 줄까?

Оле́г : Да, пожа́луй.

올레그 : 예, 그렇게 하는 것이 좋겠어요.

приезжа́ть 1 〈불완〉(〈완〉 прие́хать) (차・기차로) 오다, 도착하다
встреча́ть 1 〈불완〉(〈완〉 встре́тить) 〈대〉 마중하다, 맞이하다
го́стья 여자손님(여성이라 해도 гость를 사용하는 것이 보통이다)
помога́ть 1 〈불완〉(〈완〉 помо́чь) (여) (в+전) /(여) (부정형) 도와주다
уви́деть, –ви́жу, –ви́дишь 〈완〉(〈불완〉 ви́деть) 〈대〉 1 보다 2 만나다

теа́тр 극장   вы́ставка 전람회
музе́й 박물관, 미술관   биле́т 표
часы́ 複 시계   что́–то 웬일인지
полчаса́ 반시간, 30분   ваго́н 차량
коне́ц 끝
написа́ть, –пишу́, –пи́шешь 〈완〉(〈불완〉 писа́ть) 1 쓰다 2 편지하다
телегра́мма 전보   како́й–то 어떤
оши́бка 잘못, 실수   домо́й 〈부〉 집으로
волнова́ться, –ну́юсь, –ну́ешься 〈불완〉(〈완〉взволнова́ться)걱정하다
пожа́луй (삽입어) 1 아마, 어쩌면 2 오히려···하는 편이 더 좋다.
с прие́здом 어서 오십시오, 잘 오셨습니다.

1 공간을 나타내는 생격지배 전치사

- Где ты был?　너는 어디에 있었니?

- У сестры́.　누나의 집에.

- Отку́да ты идёшь?　어디에서 오는 중이니?

- От сестры́.　누나의 집에서.

до	(공간적한계)…까지	у	1. …가까이에
о́коло	부근에 ; 가까이에		2. …의 집에
напро́тив	맞은편에	из	(내부)…로부터
от	(거리의 기점)	с	(표면)…로부터
	…로부터		

2 접두사가 붙은 운동동사

정향동사, 부정향동사는 불완료상이지만 이들 동사에 동일의 접두사가 붙으면 정향동사에서는 완료상, 부정향동사에서는 불완료상이 파생한다. 이 경우 의미는 접두사의 고유의 의미와 동사 본래의 의미가 합성되어 정향동사, 부정향동사의 구별은 없어진다.

완료상동사	불완료상동사	
прийти́	приходи́ть	(걸어서) 오다, 도착하다
войти́	входи́ть	들어가다
вы́йти	выходи́ть	나가다
подойти́	подходи́ть	다가 가다
уе́хать	уезжа́ть	(차를 타고) 떠나다
дое́хать	доезжа́ть	(타고…까지) 가다

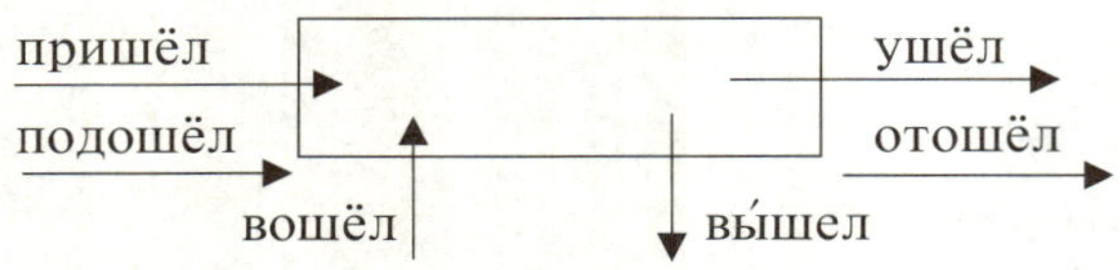

반의의 전치사	반의의 접두사			
в - из 내부로, 안으로부터	при-	도달	у-	소거
на - с (표면)으로, (표면)으로부터	в-(-о)	내부	вы-	외부
к - от 방향　　　분리	под-(-о)	접근	от-(-о)	이탈

3 где? куда? откýда? 의 대답에 사용되는 전치사와 그 예

불활동체명사

전치격 где? 어디에?	대 격 куда́? 어디로?	생 격 откýда? 어디에서?
в институ́те	в институ́т	из институ́та
на конце́рте	на конце́рт	с конце́рта

활동체명사(사람 · 동물)

생 격 где? (у кого́?) 어디에?	여 격 куда́? (к кому́?) 어디로?	생 격 откýда? (от кого́?) 어디에서?
у дру́га	к дру́гу	от дру́га
Он был в поли- кли́нике у врача́.	Он ходи́л в поли- кли́нику к врачу́.	Он пришёл из поли- кли́ника от врача́.

1. **밑줄친 부분에 알맞은 전치사를 넣으시오.**

1) Его́ роди́тели бы́ли на се́вере.

Они́ е́здили_______се́вер.

Они́ верну́лись_______се́вера.

2) Та́ня была́ в буфе́те.

Она́ е́здила_______буфе́т.

Она́ верну́лась_______буфе́та.

3) Де́ти е́здиди к ба́бушке в дере́вню.

Они́ бы́ли_______ба́бушки_______дере́вне.

Они́ верну́лись_______ба́бушки_______дере́вни.

4) Они́ ходи́ли в больни́цу к дру́гу.

Они́ бы́ли_______больни́це_______дру́га.

Они́ верну́лись_______больни́цы_______дру́га.

2. **идти또는 ехать에 접두사를 붙여 넣으시오.**

1) - Оле́г, почему́ ты вчера́ не⋯ко мне?

   - Я не мог: ве́чером ко мне⋯сестра́ из Москвы́.

   - А сего́дня смо́жешь⋯ко мне?

2) Та́ня до́лго занима́лась в библиоте́ке. Когда́ она́⋯из библиоте́ки, бы́ло уже́ 9 часо́в. Домо́й она́⋯по́здно.

3) Мы⋯до ста́нции <Университе́т>, ⋯из метро́ и се́ли на авто́бус.

4) До́брый день, Андре́й. Ты уже́ в Москве́? А я ду́мал, что ты в Ки́еве. Когда́ ты⋯?

5) За́втра они́⋯в Петербу́рг.

형용사 여성형의 격변화
소유 및 지시대명사의 여성형의
격변화

■ Оле́г, ты был в Сиби́ри?

올레그, 너는 시베리아에 갔다 온 적이 있니?

□ Не́сколько раз. Ездил в ле́тние кани́кулы со
стройотря́дом.

몇번, 여름 방학에 학생건설대와 함께 갔다 왔어.

■ Что вы там де́лали?

너희들은 그 곳에서 무엇을 했는데?

□ Стро́или доро́гу.

도로를 건설했지.

■ Тру́дно?

힘들었어?

□ Тру́дно, коне́чно, но интере́сно. Приро́да там
о́чень краси́вая. Мы рабо́тали в та́йге. Одна́жды
я заблуди́лся: три часа́ иска́л доро́гу, не мог
найти́. Нашли́ меня́ ребя́та. Как я был сча́стлив,

когда́ услы́шал их голоса́. Они́ крича́ли: <Оле́г … Оле́г!> Я слу́шал э́то, как лу́чшую в ми́ре му́зыку. Ве́чером де́вушки пригото́вили пра́здничный у́жин. Мы до́лго не ложи́лись спать в э́тот день.

В ту зи́му на день рожде́ния мне подари́ли ка́рту Сиби́ри и ко́мпас, что́бы в сле́дующий раз смог найти́ доро́гу.

● 새로운 단어와 표현

Сиби́рь 예 시베리아

не́сколько 몇몇의, 여러

ле́тний, –яя, –ее, –ие 여름의

кани́кулы 복 (학교 등의) 방학

стройотря́д (여름방학을 이용한) 학생건설대

стро́ить, –ою, –оешь 〈불완〉(〈완〉 постро́ить) 〈대〉건설하다, 짓다

доро́га 길, 도로

приро́да 자연

краси́вый, –ая, –ое, –ые 아름다운, 아름답다

тайга́ 침엽수림, 타이가

одна́жды 〈부〉전에, 어떤 때, 어느날

заблуди́ться, –лужу́сь, –луди́шься 〈완〉 길을 잃다

иска́ть, –ищу́, –и́щешь 〈불완〉〈대〉 찾다

найти́, –йду́, –йдёшь 〈완〉 찾아내다, 발견하다

ребя́та 복 (학교, 직장의) 젊은이들, 친구들

счастли́в, –а, –ы 행복하다, 기쁘다

услы́шать, 2 –шу, –шишь, –шат 〈불완〉(〈완〉 слы́шать) 듣다 (들리다)

го́лос 목소리 (복 голоса́)

крича́ть, –чу́, –чи́шь,… –ча́т 큰소리로 부르다

лу́чший, –ая, –ее, –ие (хоро́ший의 비교급/ 최상급) 1 보다 좋은 2 가장 좋은

мир 세계

де́вушка 처녀, 아가씨

пригото́вить, 2 –влю, –вишь 〈완〉(〈불완〉гото́вить)〈대〉(식사)준비를 하다

пра́здничный, –ая, –ое, –ые 축일의, 축일에 개최되는

у́жин 저녁(식사)

ложи́ться, –жу́сь, –жи́шься, –жа́тся 〈불완〉(〈완〉 лечь) 눕다, 자다

물론 힘들었지, 그렇지만 재미있었어. 그곳의 자연은 매우 아름다웠고, 우리들은 타이가
에서 일을 했었어. 한번은 나는 길을 잃었었지. 3시간 동안 길을 찾았지만 찾을 수가 없
었어. 나를 발견한 것은 친구들이었지. 내가 그들의 목소리를 들었을때, 어찌나 좋았던
지. 그들은 「올레그… 올레그」라고 큰 소리로 불렀지. 나는 이 소리를 이 세상 최상의 음
악으로 듣고 있었고, 저녁에 여자 아이들은 우리들에게 축하만찬회를 열어 주었어. 우리
는 그 날 오랫동안 잠자리에 들질 않았지.
그 해 겨울 나는 생일 선물로 다음 번에는 길을 찾을 수 있도록 시베리아의 지도와 나침
반을 받았지.

■ **А где ещё ты был?**

그 밖에 또 어디에 갔다 왔는데?

□ **Со стройотря́дом?**

학생건설대와 함께?

■ **Да.**

응.

□ **Был на Се́вере. Очень хоте́л пое́хать на
Да́льний Восто́к. Но не смог.**

북극지방에 갔다 왔어. 극동에 아주 가고 싶었는데 갈 수가 없었어.

тот, та, то, те (지시대명사) (э́тот와 동일한 변화) (э́тот와 비교하여 떨어져 있는
   것, 전에 언급한 것을 가리킨다) 이, 그, 저
зима́ 겨울   ка́рта 지도
компа́с 나침반   сле́дующий, –ая, –ее, –ие 다음의
се́вер 북부지방   да́льний, –яя, –ее, –ие 먼, 멀리 떨어진
восто́к 1 동쪽, 동부 2 (대문자로) 동양   Да́льний Восто́к 극동

1 형용사 여성형의 격변화

- От кого́ э́то письмо́?　누구한테서 온 편지니?

- От ста́рой подру́ги.　옛 여자 친구한테서.

어간의 마지막자음이 경자음과 연자음인 형용사			
격	경변화	연변화	어미
주격	но́вая	си́няя	-ая, -яя
생격	но́вой	си́ней	-ой, -ей
여격	но́вой	си́ней	-ой, -ей
대격	но́вую	си́нюю	-ую, -юю
조격	но́вой	си́ней	-ой, -ей
전치격	о но́вой	о си́ней	-ой, -ей

어간의 마지막자음이 ж,ш,ч,щ인 형용사			
격	경변화	연변화	어미
주격	больша́я	хоро́шая	-ая, -ая
생격	большо́й	хоро́шей	-ой, -ей
여격	большо́й	хоро́шей	-ой, -ей
대격	большу́ю	хоро́шую	-ую, -ую
조격	большо́й	хоро́шей	-ой, -ей
전치격	о большо́й	о хоро́шей	-ой, -ей

2 소유 및 지시대명사의 여성형의 격변화

격						
주격	моя́	-я	на́ша	-а	э́та	-а
생격	мое́й	-ей	на́шей	-ей	э́той	-ой
여격	мое́й	-ей	на́шей	-ей	э́той	-ой
대격	мою́	-ю	на́шу	-у	э́ту	-у

| 조격 | моéй | -ей | нáшей | -ей | э́той | -ой |
| 전치격 | о моéй | -ей | о нáшей | -ей | о э́той | -ой |

접속사 что와 чтобы의 용법	
что	чтобы +과거
Товáрищ спросúл, что я дéлал вчерá. 친구는 내가 어제 무엇을 했느냐고 물었다. Сестрá написáла, что скóро приéдет. 누나는 곧 올 것이라고 썼다. Отéц сказáл, что он позвонúт мне. 아버지는 내게 전화를 하겠다고 말했다.	Товáрищ попросúл, чтóбы я пришёл к нему. 친구는 나더러 자기에게 와달라고 부탁했다. Сестрá написáла, чтóбы я приéхал. 누나는 내가 왔으면 하고 썼다. Отéц сказáл, чтóбы я позвонúл емý. 아버지는 나더러 전화를 해달라고 말했다.
что는 질문이나 이야기 된 사항을 소개하는 동사 다음에 사용된다.	чтобы 는 원망, 충고, 요구, 명령을 나타내는 동사 다음에 사용된다.

-ь으로 끝나는 여성명사의 격변화	
주격	Сибúрь
생격	Сибúри
여격	Сибúри
대격	Сибúрь
조격	Сибúрью
전치격	о Сибúри

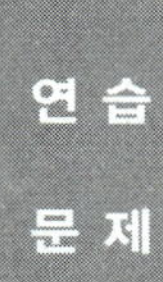

1. нóвая студéнтка의 알맞은 형태를 넣으시오.

1) Я хорошó знáю＿＿＿＿.

2) ＿＿＿＿трýдно говорúть по-рýсски.

3) У＿＿＿＿есть интерéсная кнúга.

4) Я хочý разговáривать с＿＿＿＿.

5) Мы говорúли мнóго о＿＿＿＿.

2. 괄호 안의 단어를 적합한 형태로 고쳐 넣으시오.

1) ＿＿＿＿молодóй жéнщине трýдно говорúть по-рýсски.
(этот)

2) Онú ходúли в＿＿＿＿дерéвню. (тот)

3) Онú вернýлись из＿＿＿＿гостúницы. (нóвый)

4) Вчерá я ходúл на＿＿＿＿вы́ставку с сестрóй.
(интéресный)

5) Онú бы́ли у＿＿＿＿студéнтки. (э́тот)

3. что 또는 чтóбы를 넣으시오.

1) Натáша спросúла Тáню,⋯онá хóчет купúть Олéгу.
Тáня попросúла Натáшу,⋯онá помоглá ей купúть
подáрок.

2) Врач сказáл Олéгу,⋯у негó грипп. Он сказáл емý,
⋯в пя́тницу он пришёл в поликлúнику.

3) Тáня сказáла Олéгу,⋯он купúл билéты в кинó.

4) Сестрá написáла,⋯лéтом приéдет в Москвý. сестрá
написáла,⋯Натáша с Тáней приéхали к ней лéтом.

형용사 남성 중성형의 격변화
소유·지시대명사의 남성 중성형의
격변화
순서수사의 격변화
―мя로 끝나는 중성명사의 변화

■ **Приве́т, Минхо!**

안녕, 민호!

□ **До́брый ве́чер, Оле́г!**

안녕, 올레그!

■ **Ты не хо́чешь пойти́ с на́ми на хокке́й?**

너 우리하고 같이 하키시합을 보러 가지 않겠니?

□ **Не могу́, мне ну́жно занима́ться. В сле́дующую
сре́ду сдаю́ экза́мен по ру́сскому языку́.**

갈 수가 없어. 나는 공부해야 돼. 다음 주 수요일에 러시아어 시험을 보거든.

■ **Сего́дня среда́, зна́чит, че́рез неде́лю.**

오늘이 수요일이니까 일주일 후가 되는구나.

□ **Да, у моего́ дру́га в э́тот понеде́льник был
пи́сьменный экза́мен. Говори́т, тру́дный.**

그래, 내 친구가 이번 주 월요일에 시험이 있었는데, 어렵대.

■ **Но, ты хорошо́ говори́шь по-ру́сски.**

하지만, 너는 러시아어 말을 잘 하잖아?

□ **Мо́жет быть, но пишу́, по-мо́ему, пло́хо.**

그럴지도 모르지, 그렇지만 쓰는 것은, 내 생각에, 서툴거든.

■ **Хо́чешь, помогу́ тебе́ подгото́виться к экза́мену?**

네가 시험준비를 하는 것을 내가 도와 주었으면 좋겠니?

□ **Коне́чно, е́сли у тебя́ есть вре́мя.**

너에게 시간이 있다면 물론이지.

● 새로운 단어와 표현

хокке́й 하키(시합)　　　　　　　сле́дущий, –ая, –ее, –ие 다음의

сдать 〈완〉(〈불완〉 сдава́ть)(сдать와 동일변화) 시험에 합격하다

экза́мен 시험

по 〈전〉(여) …의 분야에서, …의 관련에서

неде́ля 주(週)　　зна́чит (삽입어) 즉, 요컨대

че́рез 〈전〉(대) (시간의 경과) …후에

пи́сьменный, –ая, –ое, –ые 문서의, 필기용의

тру́дный, –ая, –ое, –ые 어려운

подгото́виться, –влюсь, –вишься 〈완〉(〈불완〉 подготовля́ться)(к

　+여) 준비를 하다

■ Сего́дня, к сожале́нию, не могу́, а за́втра по́сле ле́кции встре́тимся. Я конча́ю в 4(четы́ре). Жди меня́ в 4 часа́ в чита́льном за́ле. Бу́дем занима́ться вме́сте всю неде́лю. Сдашь на пять.

오늘은 유감스럽게도 도와 줄 수가 없구나. 그렇지만 내일 강의가 끝난 후에 만나자. 나는 4시에 끝나. 4시에 열람실에서 나를 기다리로 있어. 일주일 동안 계속 같이 공부하자. 5점으로 합격할 거야.

□ Е́сли получу́ 4, бу́ду рад. Ну, до за́втра. Оле́г, спаси́бо.

4점을 받아도 좋겠어. 그럼 내일 보자. 올레그, 고마워.

■ Пока́ не́ за что, до за́втра.

아직은 고마워 할 것 없어. 내일 만나.

● 새로운 단어와 표현

по́сле 〈전〉 (생격) 〈…의〉 후에
конча́ть 1 〈불완〉 (〈완〉 ко́нчить) (대) 끝내다
пять (성적평가의) 5점 (=пятёрка)
получи́ть, –чу́, –чишь 〈완〉 (〈불완〉 получа́ть) 〈대〉 받다
четы́ре (성적평가의) 4점 (=четвёрка)
пока́ 〈부〉 지금은, 아직은

всю неде́лю 일주일 내내
в э́тот понеде́льник 이번 주 월요일에
мо́жет быть (삽입어) 그럴지도 모른다
по-мо́ему 내 생각으로는
к сожале́нию 유감스럽게도, 공교롭게도
не́ за что 천만에요!

1 형용사 남성 중성형의 격변화

어간의 마지막 자음이 경자음과 연자음인 형용사

격	경변화 남성　중성	연변화 남성　중성	어미 남성　중성
주격	но́вый　но́вое	си́ний　си́нее	-ый(-ий) -ое(-ее)
생격	но́вого*	си́него	-ого(-его)
여격	но́вому	си́нему	-ому(-ему)
대격	주 또는 생но́вое	주 또는 생си́нее	주 또는 생-ое(-ее)
조격	но́вым	си́ним	-ым(-им)
전치격	о но́вом	о си́нем	-ом(-ем)

*ого의 발음은 е[в]о이다.

어간의 마지막 자음이 ж, ш, ч, щ인 형용사

격	경변화 남성　중성	연변화 남성　중성	어미 남성　중성
주격	большо́й　большо́е	хоро́ший　хоро́шее	-ой(-ий)-ое(-ее)
생격	большо́го	хоро́шего	-ого(-его)
여격	большо́му	хоро́шему	-ому(-ему)
대격	주 또는 생большо́е	주 또는 생хоро́шее	주 또는 생-ое(-ее)
조격	больши́м	хоро́шим	-им
전치격	о большо́м	о хоро́шем	-ом(-ем)

소유 · 지시대명사의 남성 중성형의 격변화

격	남성 중성	남성 중성	남성 중성
주격	мой моё	наш наше	этот это
생격	моего́	на́шего	этого
여격	моему́	на́шему	этому
대격	주 또는 생моё	주 또는 생наше	주 또는 생это
조격	мои́м	на́шим	этим
전치격	о моём	о на́шем	этом

3 순서수사의 격변화

순서수사의 격변화는 경변화형용사 (но́вый, молодо́й)와 동일하다. 단 тре́тий(3번째의)만은 연변화를 한다.

Он живёт на второ́м этаже́. 그는 2층에 살고 있다.

Я учу́сь на тре́тьем ку́рсе.

나는 3학년에 다니고 있다.

	тре́тий의 격변화		
	남	중	여
주격	тре́тий	тре́тье	тре́тья
생격	тре́тьего		тре́тьей
여격	тре́тьему		тре́тьей
대격	생 또는 대	тре́тье	тре́тью
조격	тре́тьим		тре́тьей
전치격	о тре́тьем		о тре́тьей

<table>
<tr><td colspan="4" align="center">순서수사 (1~10)</td></tr>
<tr><td>пе́рвый</td><td>첫번째의</td><td>шесто́й</td><td>여섯번째의</td></tr>
<tr><td>второ́й</td><td>두번째의</td><td>седьмо́й</td><td>일곱번째의</td></tr>
<tr><td>тре́тий</td><td>세번째의</td><td>восьмо́й</td><td>여덟번째의</td></tr>
<tr><td>четвёртый</td><td>네번째의</td><td>девя́тый</td><td>아홉번째의</td></tr>
<tr><td>пя́тый</td><td>다섯번째의</td><td>деся́тый</td><td>열번째의</td></tr>
</table>

4 **-мя로 끝나는 중성명사의 변화**

<table>
<tr><td colspan="2" align="center">вре́мя의 변화</td></tr>
<tr><td>주격</td><td>вре́мя</td></tr>
<tr><td>생격</td><td>вре́мени</td></tr>
<tr><td>여격</td><td>вре́мени</td></tr>
<tr><td>대격</td><td>вре́мя</td></tr>
<tr><td>조격</td><td>вре́менем</td></tr>
<tr><td>전치격</td><td>о вре́мени</td></tr>
</table>

1. **но́вый студе́нт**의 알맞은 형태를 넣으시오.

1) Я хорошо́ зна́ю______.

2) ______тру́дно говори́ть по-ру́сски.

3) У______есть интере́сная кни́га.

4) Я хочу́ разгова́ривать с______.

5) Мы говори́ли мно́го о______.

2. 괄호 안의 형용사를 적합한 형태로 고쳐 넣으시오.

1) Я узна́л, что здесь жил наш____пиани́ст.(изве́стный)

Ка́ждый ве́чер мы приходи́ли к______пиани́сту.

Я познако́мился с______пиани́стом.

2) Он написа́л______расска́з. (хоро́ший)

Мы говори́ли о______спекта́кле, кото́рый

посмотре́ли неда́вно.

Я люблю́ э́того______писа́теля.

3) В э́том______до́ме жил моско́вский музыка́нт.

Мы уви́дели______дом. (ма́ленький)

Мы подошли́ к______до́му.

4) Уже́ ко́нчился______уро́к. (после́дний*)

Он живёт на______этаже́.

Мы подошли́ к______ваго́ну.

*после́дний 마지막의

178

3. 괄호 안의 어군을 적합한 형태로 고치시오.

1) (Этот больно́й*) нельзя́ ходи́ть.   *(명사로서)환자

2) Обы́чно я хожу́ в кино́ с(мой хоро́ший това́рищ).

3) Вчера́ я ви́дел(этот изве́стный арти́ст).

4) (Наш оте́ц) 60(шестьдеся́т) лет.

■ Оле́г, куда́ ты пое́дешь в зи́мние кани́кулы?

올레그, 겨울방학에 너는 어디에 갈꺼니?

□ Пое́ду в го́ры, зимо́й там о́чень хорошо́: со́лнце, мно́го сне́га. В про́шлом году́ я был зимо́й на Кавка́зе, мне о́чень понра́вилось. В э́том году́ то́же хочу́ пое́хать туда́.

산악지방에 갈꺼야. 겨울에 그곳은 경치가 매우 훌륭하거든. 태양이 있고, 눈도 많고, 나는 작년 겨울에 코카사스지방에 갔다 왔는데, 아주 마음에 들었어. 올해에도 그곳에 또 가고 싶어.

■ А Та́ня е́здит с тобо́й?

따냐도 너와 함께 가니?

□ Нет, зимо́й у неё кани́кулы в друго́е вре́мя. На про́шлой неде́ле она́ была́ в Петербу́рге, неда́вно верну́лась. Зимо́й она́ обы́чно е́здит к ба́бушке в Петербу́рге. На сле́дующий год хо́чет пое́хать с подру́гой в Ки́ев. Ле́том мы иногда́ отдыха́ем вме́сте. Та́ня лю́бит ле́то, лю́бит мо́ре, она́ хорошо́ пла́вает. Зи́му она́ не о́чень лю́бит.

아니야, 겨울에 그녀의 방학은 때가 달라. 지난주에 그녀는 뻬쩨르부르그에 갔다가 얼마 전에 돌아왔어. 겨울에 그녀는 보통 뻬쩨르부르그의 할머지 집에 가지. 내년에는 여자 친구와 함께 끼예프에 가고 싶어해. 여름에는 우리들은 이따금 같이 방학을 보내기도 하지. 따냐는 여름을 좋아하고, 바다를 좋아하지. 그녀는 수영을 매우 잘 하거든. 겨울을 그녀는 그다지 좋아하지 않아.

■ А ты?

그럼, 너는?

□ тру́дно сказа́ть, я люблю́ и ле́то и зи́му, но наве́рное, бо́льше всего́ о́сень, осе́нний лес. Когда́ око́нчу институ́т, бу́ду отдыха́ть то́лько о́сенью.

말하기가 어렵구나. 나는 여름도 겨울도 좋아하거든. 그렇지만, 무엇보다도 가을, 가을의 숲을 좋아하는 것은 틀림없어. 대학을 졸업하면, 휴가는 가을에만 보낼 생각이야.

гора́ 산　　　со́лнце 해, 태양([л]은 묵음)
снег 눈(雪)　　про́шлый, –ая, –ое, ые 지난, 과거의
друго́й, –ая, –ое, ие 1 다른 2 다음의
Кавка́з 코카사스 지방　　ле́том ⟨부⟩ 여름에
иногда́ 가끔, 이따금　　мо́ре 바다　…и …и (강세조사)…도…도
о́сень ⟨여⟩ 가을　　осе́нний,–яя, –ее, –ие 가을의
око́нчить, –чу, –чишь ⟨완⟩ (⟨불완⟩ ока́нчивать) ⟨대⟩ 끝내다, 졸업하다

■ Мне тоже тру́дно вы́брать люби́мое вре́мя го́да.
Мне ка́жется, ка́ждый сезо́н хоро́ш по-сво́ему.
Люблю́ зи́му, е́сли она́ не о́чень холо́дная:
ми́нус 5(пять)- ми́нус 10(де́сять) гра́дусов.
Люблю́ ле́то, е́сли оно́ не о́чень жа́ркое.
Люблю́, когда́ све́тит со́лнце, то́лько о́чень
жа́ркую пого́ду не люблю́.

나 역시 좋아하는 계절을 고르기란 어렵구나. 내 생각으로는, 계절은 제각기 그나름대로
좋다고 생각해. 나는 겨울이 너무 춥지않다면, 영하5도에서 영하10도 정도라면 겨울을
좋아해. 여름이 몹시 덥지만 않다면, 여름도 좋아하고. 태양이 빛나는 때를 좋아하는데,
단지 너무 더운 날씨만큼은 좋아하지 않아.

● 새로운 단어와 표현

вы́брать 〈완〉 (〈불완〉 выбира́ть) 〈대〉 고르다, 선택하다
вре́мя го́да 계절
ка́ждый, –ая, –ое, –ые 각각의 ; 모든, 매···
сезо́н 1 계절 2 (1년의) 특징적인 시기, 시즌
холо́дный, –ая, –ее, –ые 추운, 찬   ми́нус 1 영하 2 마이너스
гра́дус (온도, 각도의) 도(度)   жа́ркий, –ая, –ое, ие 더운, 무더운
свети́ть, –вечу́, –ве́тишь 〈불완〉 비치다

бо́льше всего́ 무엇보다도, 먼저
мне ка́жется 내 생각으로는
по-сво́ему 자기나름대로의

1　시간 및 달의 표현

когда́? 언제?	
전치격	
в	в
в э́том　　　　　　　　　　　　　금년에	в январе́　　　1월에
в про́шлом　　　　　　　　　　작년에	в феврале́　　2월에
в бу́дущем　　году́(전치격)　내년에	в ма́рте　　　3월에
в сле́дующем	в апре́ле　　　4월에
в 1992 году́　　　　　　　　　1992년에	в ма́е　　　　5월에
(в ты́сяча девятьсо́т	в июне　　　　6월에
девяно́сто второ́м	в июле　　　　7월에
году́)	в а́вгусте　　8월에
в э́том　　　　　　　　　　　이번 달에	в сентябре́　9월에
в про́шлом　　ме́сяце　　지난 달에	в октябре́　10월에
в бу́дущем　　　　　　　　다음 달에	в ноябре́　　11월에
в сле́дующем	в декабре́　12월에
на	
на это́й　　　　　　　　　　이번 주에	
на про́шлой　неде́ле　지난 주에	
на бу́дущей　　　　　　　다음 주에	
на сле́дующей	

когда? 언제?	
대격	
в	на
в э́тот понеде́льник 이번 월요일에	на друго́й
в про́шлый вто́рник 지난 화요일에	на сле́дующий день
в бу́дущий че́тверг 다음 목요일에	그 다음날에
в э́тот день 그 날에	
в э́ту пя́тницу 이번 금요일에	
в про́шлую сре́ду 지난 수요일에	
в бу́дущую суббо́ту 다음 토요일에	
в э́то воскресе́нье 이번 일요일에	
в про́шлое воскресе́нье 지난 일요일에	
в бу́дущее воскресе́нье 다음 월요일에	

сколько вре́мени, как до́лго? 얼마동안?	
전치사없이 대격	
	понеде́льник, вто́рник	월요일, 화요일	
	четве́рг	목요일	
	год	1년	
весь	ме́сяц	1달	내내
	янва́рь, февра́ль и т.д.	1월, 2월 등	
	ве́чер	저녁	
	день	낮	
всю	сре́ду, пя́тницу	수요일, 금요일	내내
	суббо́ту	토요일	

<table>
<tr><td rowspan="3">всю</td><td>неде́лю</td><td colspan="2">1주일</td></tr>
<tr><td>зиму́, весну́, о́сень</td><td>겨울, 봄, 가을</td><td>내내</td></tr>
<tr><td>ночь</td><td>밤</td><td></td></tr>
<tr><td rowspan="4">всё</td><td>воскресе́нье</td><td colspan="2">일요일</td></tr>
<tr><td>вре́мя</td><td>시간</td><td>내내</td></tr>
<tr><td>ле́то</td><td>여름</td><td></td></tr>
<tr><td>у́тро</td><td>아침</td><td></td></tr>
</table>

3 개수사 10~1,000,000

10	де́сять	80	во́семьдесят	600	шестьсо́т
20	два́дцать	90	девяно́сто	700	семьсо́т
30	три́дцать	100	сто	800	восемьсо́т
40	со́рок	200	две́сти	900	девятьсо́т
50	пятьдеся́т	300	три́ста	1 000	ты́сяча
60	шестьдеся́т	400	четы́реста	1,000,000	миллио́н
70	се́мьдесят	500	пятьсо́т		

вы́брать			
я	вы́беру	мы	вы́берем
ты	вы́берешь	вы	вы́берете
он/она́	вы́берет	они́	вы́берут

1. 전치사를 사용하여 밑줄 친 부분에 괄호 안의 단어를 적합한 형태로 넣으시오.

1) Ле́тние кани́кулы ко́нча́ются_____. (а́вгуст)

2) Она́ прие́хала в Москву́_____. (про́шлый год)

3) Я конча́ю институ́т_____. (сле́дующий год)

4) она́ верну́лась с ю́га_____. (про́шлый ме́сяц)

5) они́ бы́ли на о́строве Чеджу_____. (э́тот ме́сяц)

6) Эта ле́кция была́_____. (э́та неде́ля)

7) Эта экску́рсия бу́дет_____. (э́то воскресе́нье)

8) Мы встре́тимся с Гри́шей_____. (сле́дующий день)

9) Экза́мен по ру́сскому языку́ был_____.
   (про́шлая суббо́та)

10) Пи́сьменный экза́мен бу́дет_____. (сле́дующая среда́)

2. 괄호 안의 단어를 весь와 함께 사용하여 답하시오.

보기 : - Вы до́лго е́хали туда́? (ночь)

- Всю ночь.

1) Вы до́лго бы́ли у Ната́ши? (ве́чер)

2) Ты до́лго чита́ли э́тот рома́н? (ме́сяц)

3) Оле́г до́лго рабо́тал в Сиби́ри? (ле́то)

4) Та́ня до́лго была́ на Кавка́зе? (неде́ля)

5) Как до́лго вы изуча́ете ру́сский язы́к? (год)

명사, 형용사 및 대명사의
복수 생격

명사의 복수 생격
형용사의 복수 생격
소유 및 지시대명사의 복수 생격

- Минхо, до́брый де́нь! Где ты был вчера́? Я хоте́л пригласи́ть тебя́ к себе́, звони́л тебе́ весь ве́чер.

  민호, 안녕! 너 어제 어디 갔다 왔니? 너를 우리 집으로 부르고 싶어서 저녁내내 너에게 전화를 했었는데.

- Я верну́лся по́здно, был у своего́ това́рища.

  늦게 돌아왔어. 내 친구 집에 갔다 왔거든.

- У кого́?

  누구 집에?

- У одного́ студе́нта с подготови́тельного факульте́та, ты его́ не зна́ешь.

  예비학부에 다니는 한 학생 집에. 너는 모르는 아이야.

- И давно́ он в москве́?

  모스끄바에 온 지는 오래 되었니?

- Не́сколько ме́сяцев, но уже́ успе́л мно́гое

уви́деть. Он интересу́ется архитекту́рой, э́то его́ бу́дущая специа́льность.

몇달 밖에 되지 않았지만, 많은 것을 볼 수 있었어. 그 애는 건축에 흥미가 있는데, 그것이 미래의 전공이야.

Вчера́ он пока́зывал нам видеофи́льм и сла́йды: па́мятники ру́сской архитекту́ры.

어제 그는 우리에게 러시아 건축의 기념비적 유물을 담은 비디오 테이프와 슬라이드를 보여주었어.

■ Сла́йды он сам де́лал?

그 슬라이드는 그 애가 손수 찍은거야?

□ Нет, часть купи́л, часть подари́л ему́ ру́сский друг, то́же бу́дущий архите́ктор. Ещё мы смотре́ли о́чень хоро́щие фотоальбо́мы:

верну́ться, –ну́сь, –нёшься 〈완〉 (〈불완〉 возвраща́ться) 돌아가다(오다)
подготови́тельный, –ая, –ое, –ые 예비의
факульте́т 학부　　　　　　　　не́сколько 몇몇, 여러, 몇 개
успе́ть, –пе́ю, –пе́ешь 〈완〉(〈불완〉успева́ть) …할 시간이 있다
мно́го ㊟ (형용사변화) 많은 사물
архитекту́ра 건축　　　　　　бу́дущий, –ая, –ее, –ие 미래의
специа́льность 예 전문, 전공, 직업
пока́зывать 1 〈불완〉 (〈완〉 показа́ть) 〈대〉 (여) 보여주다
видеофи́льм 비디오 테이프　　сла́йд (영화용)슬라이드
па́мятник 기념비, 동상

<Москва́>, <Петербу́рг>, <Ки́ев>, <Ки́жи>. Мне о́чень понра́вились Ки́жи. Ты был там?

아니야. 일부는 산 것이고, 일부는 역시 미래의 건축가인 러시아 친구가 선물 한거야. 그 이외에도 우리들은 「모스끄바」,「뻬쩨르부르그」,「끼예프」,「끼지」같은 매우 멋있는 앨범을 보았어. 끼지가 매우 마음에 들더라. 너 그곳에 가 본적 있니?

■ Да, оди́н раз. Хочу́ пое́хать ещё, тем бо́лее, что Та́ня не была́ там. У меня́ то́же есть сла́йды и фотогра́фии, кото́рые я де́лал сам. Приходи́, посмо́тришь. Не́которые из мои́х фотогра́фий могу́ подари́ть тебе́.

응, 한번. 또 한번 더 가고 싶어. 더군다나 따냐는 아직 그곳에 가본 적이 없거든. 나에게도 역시 내가 손수 찍은 슬라이드와 사진이 있어. 와서 보렴. 그것들 중 몇 개는 너에게 선물로 줄 수가 있어.

□ Спаси́бо! Приду́ обяза́тельно!

고마워, 꼭 갈께.

часть 예 일부분	архите́ктор 건축가
ещё 더, 또, 그 이외에	фотоальбо́м 사진앨범
фотогра́фия 사진	
не́которые 몡 (명사로서) (전부가 아니고) 몇 개, 약간	
обяза́тельно 꼭, 반드시	

тем бо́лее 더구나, 더욱이

190

1　명사의 복수 생격

- От кого́ он получи́л письмо́? 그는 누구한테서 편지를 받았습니까?

- От ру́сских друзе́й. 러시아 친구들한테서.

단수주격 кто? что?	복수생격 кого́? чего́?	어미
студе́нт оте́ц	студе́нтов отцо́в	-ов
музе́й ме́сяц санато́рий	музе́ев ме́сяцев санато́риев	-ев
гость врач по́ле тетра́дь	гостей́ враче́й поле́й тетра́дей	-ей
зда́ние аудито́рия	зда́ний аудито́рий	-й
студе́нтка кни́га пе́сня окно́	студе́нток книг пе́сен о́кон	없음

불규칙 복수형을 갖는 명사		
단수 주격	복수 주격	복수 생격
брат де́рево друг	бра́тья дере́вья друзья́	бра́тьев дере́вьев друзе́й

ребёнок	де́ти	дете́й
человек	лю́ди	люде́й
없음	роди́тели	роди́телей

≫ 1. −ц로 끝나는 명사는
   액센트가 어미에 있으면−ов: оте́ц− отцо́в
   액센트가 어간에 있으면−ев: ме́сяц−ме́сяцев

≫ 2. −ий(남)와 −ье(중)로 끝나는 명사는 −ев로 된다.
   санато́рий−санато́риев   пла́тье−пла́тьев (의복)

≫ 3. −ж,−ш,−ч,−щ로 끝나는 남성명사는 −ей로 된다.
   нож−ноже́й   каранда́ш−карандаше́й
   врач−враче́й   това́рищ−това́рищей

≫ 4. −ие(중), −ия(여)로 끝나는 명사는 −ий로 된다.
   зда́ние−зда́ний   аудито́рия−аудито́рий

≫ 5. 복수주격이 −ья인 남성·중성명사는
   액센트가 어간에 있으면−ев: бра́тья−бра́тьев, дере́вья−дере́вьев
   액센트가 어미에 있으면−ей:друзья́−друзе́й

≫ 6. −ка로 끝나는 여성명사와 약간의 다른 명사들은 복수생격에서 마지막 2개의 자음 사이에 −о나 −е를 넣는다.
   студе́нтка−студе́нток   де́вушка−де́вушек
   сестра́−сестёр   де́ньги−де́нег (돈)

2 형용사의 복수 생격

주격 каки́е?		생격 каки́х?		어미
но́вые		но́вых		
хоро́шие	друзья́	хоро́ших	друзе́й	−ых
ру́сские		ру́сских		−их
больши́е	дома́	больши́х	домо́в	
си́ние	тетра́ди	си́них	тетра́дей	

≫ 복수생격어미는 원칙적으로 경변화형용사는 −ых , 연변화형용사는 −их이다. 그러나 경변화형용사인 ру́сский형과 большо́й형이 −ых가 아니고, −их로 된 것은 정자법규칙 때문이다.

3   소유 및 지시대명사의 복수 생격

주 격		생 격		어미
мои́	друзья́	мои́х	друзе́й	-их
на́ши		на́ших		
э́ти	студе́нты	э́тих	студе́нтов	

1. 보기와 같이 문장을 완성시키시오.

보기 : На ве́чере выступа́ли молоды́е поэ́ты.

Он чита́л стихи́ молоды́х поэ́тов.

1) Мои́ бра́тья живу́т в Ки́еве. Ле́том я был….

2) За́втра к нему́ прие́дут его́ сёстры. Он купи́л
пода́рки для…

3) Её де́ти отдыха́ют в санато́рии. Вчера́ она получи́ла
письмо́…

4) Здесь живу́т мои́ роди́тели. Это ко́мната…

2. 괄호 안의 어군을 적합한 형태로 고치시오.

1) Прости́те, здесь нет(кни́жные магази́ны)?

2) Прости́те, у вас нет(вече́рние газе́ты)?

3) У тебя́ нет(ру́сские журна́лы).

4) Как фами́лия а́втора(э́ти интере́сные расска́зы)?

5) Неда́вно откры́лась вы́ставка рабо́т(э́ти молоды́е
архите́кторы).

6) Я получи́л письмо́ от(ста́рые друзья́).

7) Это цветы́ для(на́ши го́сти).

8) Он рассказа́л об исто́рии(э́ти па́мятники).

불활동체명사의 복수 대격
형용사 및 대명사의 복수 대격

형용사의 복수대격
소유 및 지시대명사의 복수 대격

- **Добрый день, Минхо! Вчера́ ве́чером ты был до́ма?**

  민호, 안녕! 어제밤에 너 집에 있었니?

- **Нет, вчера́ я был на ве́чере.**

  아니야, 나는 어제 파티에 갔다 왔어.

- **На како́м?**

  어떤 파티에?

- **На ве́чере студе́нтов подготови́тельного факульте́та. Был конце́рт на ру́сском языке́. Я удиви́лся, как хорошо́ они́ говоря́т по-ру́сски, ведь они́ в Москве́ то́лько 3(три) ме́сяца.**

  예비학부 학생 파티에. 그들의 러시아어 음악회가 있었어. 그들이 얼마나 러시아어를 잘 하던지 놀랬어. 그들은 모스끄바에 온 지 불과 3개월밖에는 되지 않았잖아.

- **Конце́рт был хоро́ший?**

  음악회는 좋았었니?

Да, бы́ло мно́го прекра́сных стихо́в, пе́сен и
да́же ру́сские наро́дные та́нцы. Я встре́тил там
на́ших студе́нтов и аспира́нтов, им понра́вился
конце́рт.

응, 훌륭한 시와 노래들이 많았고, 심지어 러시아 민속춤까지도 있었어. 그곳에서 나는
우리 학부의 대학생과 대학원생을 만났는데, 그들은 그 음악회를 마음에 들어했어.

А кого́ ты ещё там ви́дел?

또 누구를 만났는데?

Своего́ сосе́да Андре́я и де́вушек из на́шей
гру́ппы. они́ то́же говори́ли, что ве́чер хоро́ший.

옆방의 안드레이와 우리 그룹의 여자아이들을 만났어. 그들도 역시 파티가 좋았다고 말
했어.

Ты всё понима́л?

너는 모두 알아 들었니?

ве́чер 야회, 밤의 모임, 파티
удиви́ться, –влю́сь, –ви́шься 〈완〉 (〈불완〉 удивля́ться) (여) 놀라다
прекра́сный, –ая, –ое, ые 매우 아름다운, 훌륭한
да́же пе́сня 노래조차도　　　　　　да́же ···까지도, ···조차
наро́дный,–ая, –ое, –ые 1 국민, 민족의 2 민중의
та́нец 춤　　　　　　　　　　аспира́нт (남자)대학원생
сосе́д 〈복 –ди〉 이웃, 옆자리의 사람
де́вушка (젊은) 미혼여성
из 〈전〉 (생) (전체의 부분) ···가운데, ···중에
гру́ппа 그룹, 집단

□ Почти́ всё. Мне о́чень понра́вилась пе́сня
<Журавли́>. Я не все слова́ по́нял, но те, что
по́нял, краси́вые, гру́стные. И мело́дия краси́вая.

거의 전부.「학」이라는 노래가 아주 좋았어. 모든 가사를 다 이해한 것은 아니지만, 내가
알아 들은 가사는 아름답고, 슬펐어. 멜로디는 훌륭했고.

■ Я то́же люблю́ э́ту пе́сню. Слова́ её написа́л
дагеста́нский поэ́т Расу́л Гамза́тов. У него́
мно́го хоро́ших стихо́в.
У меня́ есть 2(две) его́ кни́ги. Если хо́чешь,
возьми́ почита́ть.

나도 그 노래를 좋아해. 그 노래의 가사를 쓴 사람은 다게스딴의 시인 라술 감자또프야.
그에게는 좋은 시들이 많이 있지. 나는 그의 책을 2권 가지고 있어. 네가 좋다면, 가져
가서 읽어 봐.

□ С удово́льствием!

좋고 말고!

● 새로운 단어와 표현

жура́вль 🔲 학(鶴)
сло́во 1 언어 ; 말 2 〈목 로서 〉가사
гру́стный, –ая, –ое, –ые 슬픈, 애수에 잠긴
мело́дия 멜로디
дагеста́нский, –ая, –ое, –ие 다게스딴(Дагеста́н)의 러시아공화국내의 자치
　공화국
почита́ть 〈완〉 (대) 잠시 읽다 ; 조금 읽다

- Когó он встрéтил на вéчере? 그는 파티에서 누구를 만났니?
- Свои́х друзéй из Корéи. 한국에서 온 친구들(을)

1

남성명사는 단수대격에서, 여성명사와는 달리, 불활동체와 활동체를 구별하여 전자는 대격과 주격이 동일하고, 후자는 대격과 생격이 동일하다고 15과에서 이미 설명하였다. 그러나 복수대격에서는 남성명사는 물론 여성명사까지도 불활동체와 활동체를 구별해야 한다. 따라사 복수대격에서 여성명사는 남성명사와 마찬가지로 불활동체 명사는 주격과 같고 활동체명사는 생격과 같다.

불활동체명사 что?	활동체명사 кого?
- Что вы ви́дите вдали́? 당신은 멀리에 무엇이 보입니까? - Вдали́ я ви́жу ло́дки. 멀리에 보트들이 보입니다.	- А когó ты ещё там ви́дел? 그 밖에 또 누구를 보았니? - Краси́вых дéвушек из на́шей гру́ппы. 우리 그룹의 예쁜 여자애들.

단수 주격 кто?	복수 대격 кого?	어미
студéнт отéц	студéнтов отцóв	-ов
иностра́нец брат-бра́тья	иностра́нцев бра́тьев	-ев

гость	гостéй	
врач	врачéй	
друг-друзья́	друзéй	
дéти	детéй	-ей
лю́ди	людéй	
роди́тели	роди́телей	
студéнтка	студéнток	
сестра́	сестёр	없음
мужчи́на	мужчи́н	

형용사의 복수대격

주 격 какúе?	대 격 какúх?	어미
нóвые	нóвых	-ых
хорóшие друзья́	хорóших друзéй	-их
рýсские	рýсских	

소유 및 지시대명사의 복수 대격

주격 какúе?	생격 какúх?	어미
мóй	мóйх	
бра́тья	бра́тьев	-их
на́ши	на́ших	
э́ти студéнты	э́тих студéнтов	

1. 밑줄친 부분을 보기와 같이 적당한 격으로 점선부분에 넣으시오.

보기 : В э́том институ́те у́чатся <u>бу́дущие врачи́</u>.

Этот институ́т гото́вит бу́дущих враче́й.

1) К нам прие́хали <u>изве́стные поэ́ты и писа́тели</u>.

Мы слу́шали⋯

2) Сего́дня приезжа́ют <u>его́ сёстры</u>.

Он е́дет на вокза́л встреча́ть⋯

3) По телеви́зору выступа́ют <u>ру́сские певи́цы</u>.*

Мы слу́шаем⋯

*певи́ца 여가수

4) Но́вые дома́ постро́или <u>э́ти молоды́е архите́кторы</u>.

Я хорошо́ зна́ю⋯

2. 괄호 안의 어군을 적합한 형태로 고치시오.

1) Ка́ждое у́тро она́ во́дит (свои́ де́ти) в де́тский сад.*

* де́тский сад 유치원

2) На ве́чер пригласи́ли (изве́стные поэ́ты).

3) Та́ня пригласи́ла (свои́ подру́ги) на день рожде́ния.

4) Я ви́дел (э́ти де́вушки) на ве́чере.

5) Неда́вно он ви́дел в Петербу́рге (свои́ бра́тья).

6) Вчера́ он встреча́л (свои́ роди́тели).

명사의 복수 전치격
형용사의 복수 전치격
소유 및 지시대명사의 복수 전치격
수량을 나타내는 단어와 명사생격

■ **Минхо, в каки́х моско́вских музе́ях ты был?**

민호야, 어떤 모스크바 박물관에 갔다 왔니?

□ **Был в Третьяко́вской галере́е, в Истори́ческом музе́е.**

뜨레찌아꼬프스끼화랑과 역사박물관에 갔다 왔어.

■ **А в Музе́е иску́сства наро́дов Восто́ка не был?**

동양민족예술박물관에는 안 갔었니?

□ **Нет ещё.**

아직 못 가 보았어.

■ **Не хо́чешь пойти́ со мной в воскресе́нье?**

일요일에 나하고 가 보지 않겠니?

□ **Пойдём. А что там?**

가자. 그런데 그곳에 뭐가 있는데?

■ **Там сейча́с вы́ставка Никола́я Рериха и Святосла́ва Рериха. Ты зна́ешь э́тих** худо́жников?

그곳에서 지금 니꼴라이 료리흐와 스뱌또슬라프 료리흐의 전람회가 열리고 있어. 너는
이 화가들을 알고 있니?

□ **Немно́го зна́ю. Это ру́сские худо́жники, кото́рые жи́ли в И́ндии.**

조금은 알고 있어. 그들은 러시아 화가들로, 그들은 인도에서 살았었지.

■ **Да, Никола́й Ре́рих с жено́й прие́хали в И́ндию и жи́ли там до конца́ жи́зни. Их сын, то́же худо́жник, Святосла́в Ре́рих и сейча́с живёт там. Я о́чень люблю́ э́тих худо́жников. И не то́лько я: на их вы́ставках всегда́ мно́го посети́телей.**

● 새로운 단어와 표현

моско́вский, –ая, –ое. ие 모스크바의   галере́я 화랑
истори́ческий, –ая, –ое, –ие 역사의   иску́сство 예술
наро́д 1 대중, 민중 2 🔟 국민, 모든 민족
Восто́к 동양   ещё 아직
Никола́й Константи́нович Ре́рих. 화가 : 고대 러시아의 전설, 인도 티베
트의 자연신화를 다룬 작품이 많다.
Святосла́в Никола́евич Ре́рих. Никола́й Ре́рих의 아들, 화가
худо́жник 화가, 미술가, 예술가   И́ндия 인도
до 〈전〉 (생) (시간적 한계)···까지
жизнь 🔟 1 생명 2 생활 3 생애, 인생
мно́го (관계하는 명사는 개수를 셀 수 있는 것은 복수생격이 된다) 많은
посети́тель 🔟 방문객, 손님

그래, 니꼴라이 료리흐는 부인과 함께 인도에 와, 일생을 마칠 때까지 그 곳에서 살았어.
그들의 아들도 역시 화가야. 스뱌똘슬라프 료리흐는 지금도 그 곳에 살고 있어. 나는 이
화가들을 매우 좋아해. 게다가 그것은 나 뿐만이 아니야. 그들의 전람회에는 언제나 찾아
오는 사람들이 많지.

□ **Мне то́же нра́вятся их карти́ны, я ви́дел
не́сколько карти́н Рериха-отца́ и Рерих-сы́на.**

나도 역시 그들의 그림이 마음에 들어. 아버지 료리흐와 아들 료리흐의 그림을 몇점 보았
거든.

■ **Эта вы́ставка, говоря́т, о́чень интере́сная,
уви́дешь мно́го но́вого.**

듣기에는 이 전람회는 매우 흥미롭다고 해. 새로운 것을 많이 볼 수 있을거야.

● 새로운 단어와 표현

карти́на 그림
уви́деть, –ви́жу, –ви́дишь 〈완〉〈불완〉 ви́деть) 보다, 보이다
но́вое (형용사 변화) 〈중〉 새로운 것

не то́лько… …뿐 만이 아니다
Говоря́т… (삽입어)…라는 이야기이다, 들리는 바로는 …이다

1   명사의 복수 전치격

- О ком он написа́л домо́й?   그는 누구에 관해서 집으로 편지를 썼니?
- О свои́х ру́сских друзья́х.   자기 러시아 친구들에 관해서.

어간의 마지막 음	어미
경자음, 경모음, -щ, -ч	-ах
연자음, 연모음	-ях

단수주격 кто? что?	복수 전치격 о ком? о чём?	
студе́нт	о студе́нтах	
оте́ц	об отца́х	
врач	о врача́х	
това́рищ	о това́рищах	-ах
окно́	об о́кнах	
кни́га	о кни́гах	
гость	о гастя́х	
музе́й	о музе́ях	
санато́рий	о санато́риях	
по́ле	о поля́х	
зда́ние	о зда́ниях	-ях
тетра́дь	о тетра́дях	
пе́сня	о пе́снях	
аудито́рия	об аудито́риях	

<table>
<tr><td colspan="3" align="center">불규칙 복수형을 갖는 명사</td></tr>
<tr><td>단수 주격</td><td>복수 주격</td><td>복수 전치격</td></tr>
<tr><td>брат</td><td>бра́тья</td><td>о бра́тьях</td></tr>
<tr><td>друг</td><td>друзья́</td><td>о друзья́х</td></tr>
<tr><td>де́рево</td><td>дере́вья</td><td>о дере́вьях</td></tr>
<tr><td></td><td>лю́ди</td><td>о лю́дях</td></tr>
<tr><td></td><td>де́ти</td><td>о де́тях</td></tr>
<tr><td></td><td>роди́тели</td><td>о роди́телях</td></tr>
</table>

2 형용사의 복수 전치격

<table>
<tr><td align="center">주격
каки́е?</td><td align="center">전치격
о каки́х?</td><td>어미</td></tr>
<tr><td>но́вые</td><td>о но́вых</td><td></td></tr>
<tr><td>хоро́шие   друзья́</td><td>о хоро́ших   друзья́х</td><td>-ых</td></tr>
<tr><td>ру́сские</td><td>о ру́сских</td><td>-их</td></tr>
<tr><td>больши́е   дома́</td><td>о больши́х   дома́х</td><td></td></tr>
<tr><td>си́ние   тетра́ди</td><td>о си́них   тетра́дях</td><td></td></tr>
</table>

3 소유 및 지시대명사의 복수 전치격

<table>
<tr><td align="center">주격</td><td align="center">전치격</td><td>어미</td></tr>
<tr><td>мой</td><td>о мои́х</td><td></td></tr>
<tr><td>   бра́тья</td><td>   бра́тьях</td><td>-их</td></tr>
<tr><td>на́ши</td><td>о на́ших</td><td></td></tr>
<tr><td>э́ти   студе́нты</td><td>о э́тих   студе́нтах</td><td></td></tr>
</table>

4 **수량을 나타내는 단어와 명사생격**

мно́го(많은), немно́го(조금), не́сколько(약간의), ма́ло(적은) 등의
수량을 나타내는 수량대명사와 관계하는 명사는 그것이 개수를 셀 수 있는
명사이면 복수생격으로, 셀 수 없는 명사이면 단수생격으로 된다.

Я ви́дел не́сколько карти́н.

몇편의 그림을 보았다.

Там всегда́ мно́го сне́га.

그곳은 언제나 눈이 많다.

У него́ бы́ло немно́го(ма́ло) друзе́й.

그는 친구가 별로 없었다.

Вре́мя оста́лось немно́го.

조금 시간이 남아 있다.

У нас оста́лось ма́ло вре́мени.

우리들은 앞으로 조금 밖에 시간이 없다.

1. 괄호 안의 어군을 적합한 형태로 고치시오.

1) Он расска́зывал о (но́вые спекта́кли).

2) Я мно́го раз был в (музе́и) Петербу́рга.

3) Мы ча́сто быва́ем на (интере́сные вы́ставки).

4) Мы ча́сто говори́м о (на́ши преподава́тели).

5) Они́ говори́ли о (после́дние экза́мены).

6) Он расска́зывает о (ру́сские худо́жники).

7) Мои́ друзья́ живу́т в (э́ти больши́е ко́мнаты).

8) Она́ ду́мает о (свои́ бра́тья).

2. 텍스트를 읽고 괄호안의 어군을 적합한 형태로 고치시오.

В похо́д (하이킹)

Вы ча́сто быва́ете в (похо́ды)? Как хорошо́ в суббо́ту и воскресе́нье пое́хать за́ город! Ка́ждую неде́лю в газе́те <Моско́вская пра́вда> вы мо́жете прочита́ть о (похо́ды) на суббо́ту и воскресе́нье. Москвичи́ встреча́ются на (моско́вские вокза́лы), где их ждут руководи́тели (리더) похо́да. На (поезда́) они́ е́дут до како́й-нибу́дь (어떤) ста́нции, а пото́м иду́т пешко́м. Руководи́тели похо́да расска́зывают об (истори́ческие места́ и архитекту́рные па́мятники). В (таки́е похо́ды) всегда́ ве́село и интере́сно. По́здно ве́чером москвичи́ возвраща́ются домо́й. Тепе́рь они́ обяза́тельно бу́дут чита́ть в газе́те сообще́ния (정보) о (сле́дующие похо́ды).

명사의 복수 여격
형용사의 복수 여격
소유 및 지시대명사의 복수 여격

■ Приве́т, Минхо куда́ ты идёшь?

안녕, 민호. 너 어디 가니?

□ На по́чту. Хочу́ посла́ть телегра́мму свои́м роди́телям и не́сколько пи́сем: сестре́, бра́тьям, това́рищу.

우체국에, 부모님에게 보낼 전보와 누나, 남동생들, 친구들에게 보낼 몇 통의 편지를 부치고 싶어서.

■ Мне ну́жно посла́ть заказну́ю бандеро́ль. Пошли́ вме́сте!

나는 등기 소포를 부쳐야 해. 같이 가자!

На по́чте

우체국에서

■ Скажи́те, пожа́луйста, где приём заказны́х пи́сем?

실례지만, 등기우편의 접수 창구는 어디인가요?

□ Тре́тье окно́ нале́во.

왼쪽 3 번째 창구입니다.

■ спаси́бо.

감사합니다.

■ Прости́те, где приём бандеро́лей?

실례지만, 소포 접수는 어디서 합니까?

□ В пе́рвом окне́.

1번 창구입니다.

■ А телегра́ф?

그럼 전보는요?

□ Телегра́ф на второ́м этаже́.

전신은 2층입니다.

■ Спаси́бо.

감사합니다.

□ Пожа́луйста.

천만에요.

■ Ско́лько сто́ит авиаконве́рт?

항공봉투 1장에 얼마입니까?

- ☐ **12 рубле́й**

  12루블입니다.

- ◼ **А э́та откры́тка?**

  그럼 이 엽서는요?

- ☐ **5 рубле́й**

  5루블입니다.

- ◼ **Бу́дьте до́бры, да́йте оди́н авиаконве́рт, две откры́тки и ма́рку за 5 рубле́й.**

  항공봉투 1장, 엽서 2장, 그리고 5루블짜리 우표 1장을 주십시오.

- ☐ **Пожа́луйста.**

  여기 있습니다.

- ◼ **Спаси́бо.**

  감사합니다.

● 새로운 단어와 표현

посла́ть 〈완〉 (《불완》 посыла́ть) (대) 보내다

телегра́мма 전보, 전신　　　заказно́й 등기 우편의

бандеро́ль 예 포장한 우편물, 소포

прие́м 접수　　　телегра́ф 전신

эта́ж 층　　　авиаконве́рт 항공봉투

откры́тка 엽서　　　ма́рка 우표

за 〈전〉 (대) (대가를 나타낸다) …분의, …로

пошли́ (구어) 갑시다

пожа́луйста (감사에 대한 응답) 천만에요

1 명사의 복수 여격

- Кому́ он посла́л телегра́мму? 그는 누구에게 전보를 보냅니까?
- Свои́м ру́сским друзья́м. 자신의 러시아 친구들에게.

어간의 마지막 음	어미
경자음, 경모음, -щ, -ч	-ам
연자음, 연모음	-ям

단수 주격 кто? что?	복수 여격 кому́? чему́?	
студе́нт	студе́нтам	
оте́ц	отца́м	
врач	врача́м	-ам
това́рищ	това́рищам	
окно́	о́кнам	
сестра́	сестра́м	
го́сть	гостя́м	
музе́й	музе́ям	
санато́рий	санато́риям	
по́ле	поля́м	-ям
зда́ние	зда́ниям	
тетера́дь	тетра́дям	
пе́сня	пе́сням	
аудито́рия	аудито́риям	

<table>
<tr><td colspan="3" align="center">불규칙 복수형을 갖는 명사</td></tr>
<tr><td>단수 주격</td><td>복수 주격</td><td>복수 여격</td></tr>
<tr><td>брат</td><td>бра́тья</td><td>бра́тьям</td></tr>
<tr><td>друг</td><td>друдья́</td><td>друзья́м</td></tr>
<tr><td>де́рево</td><td>дере́вья</td><td>дере́вьям</td></tr>
<tr><td>челове́к</td><td>лю́ди</td><td>лю́дям</td></tr>
<tr><td></td><td>де́ти</td><td>де́тям</td></tr>
<tr><td></td><td>роди́тели</td><td>роди́телям</td></tr>
</table>

2   형용사의 복수 여격

<table>
<tr><td colspan="2" align="center">주 격
каки́е?</td><td colspan="2" align="center">여 격
каки́м?</td><td align="center">어미</td></tr>
<tr><td>но́вые</td><td rowspan="2">друзья́</td><td>но́вым</td><td rowspan="2">друзья́м</td><td rowspan="5">-ым

-им</td></tr>
<tr><td>хоро́шие</td><td>хоро́шим</td></tr>
<tr><td>ру́сские</td><td></td><td>ру́сским</td><td></td></tr>
<tr><td>больши́е</td><td>дере́вья</td><td>больши́м</td><td>дере́вьям</td></tr>
<tr><td>си́ние</td><td>тетра́ди</td><td>си́ним</td><td>тетра́дям</td></tr>
</table>

3   소유 및 지시대명사의 복수 여격

<table>
<tr><td colspan="2" align="center">주 격</td><td colspan="2" align="center">여 격</td><td align="center"></td></tr>
<tr><td>мой</td><td rowspan="2">бра́тья</td><td>мои́м</td><td rowspan="2">бра́тьям</td><td rowspan="3">-им</td></tr>
<tr><td></td><td></td></tr>
<tr><td>на́ши</td><td></td><td>на́шим</td><td></td></tr>
<tr><td>э́ти</td><td>студе́нты</td><td>э́тим</td><td>студе́нтам</td></tr>
</table>

посла́ть			
я	пошлю́	мы	пошлём
ты	пошлёшь	вы	пошлёте
он/она́	пошлёт	они́	пошлю́т

1. 밑줄친 부분을 보기와 같이 복수형으로 바꾸시오.

보기 : Та́ня купи́ла пода́рок <u>свое́й подру́ге</u>.

Та́ня купи́ла пода́рок свои́м подру́гам.

1) Он помога́ет <u>мла́дшему бра́ту</u>.

2) Оле́г позвони́л <u>свое́й сестре́</u>.

3) Андре́й посла́л телегра́мму <u>ста́рому дру́гу</u>.

4) Он дал слова́рь <u>э́тому студе́нту</u>.

5) Мы показа́ли го́род <u>на́шему го́стю</u>.

6) Он купи́л фотоаппара́т <u>свое́й подру́ге</u>.

2. 괄호 안의 단어를 적합한 형태로 고치시오.

1) Преподава́тель объясня́ет уро́к (студе́нты).

2) Но́вая больни́ца понра́вилась (бу́дущие врачи́).

3) Вчера́ Андре́й позвони́л (роди́тели).

4) Ни́на ча́сто пи́шет пи́сьма (шко́льные учителя́).

5) Никола́й помога́ет (э́ти това́рищи).

6) (Де́ти) нельзя́ кури́ть.

7) (Мои́ друзья́) понра́вился наш го́род.

8) Он купи́л биле́ты в кино́ (сосе́ди).

■ Вчера́ я смотре́л по телеви́зору переда́чу <Клуб путеше́ственников> о Да́льнем Восто́ке. Очень интере́сная переда́ча.

어제 나는 극동에 관한 「여행자 클럽」이라는 텔레비전 방송프로를 보았어. 매우 흥미로운 방송프로였어.

□ <Клуб путеше́ственников>- одна́ из мои́х люби́мых переда́ч.
Я всегда́ смотрю́ её. тебе́ она́ то́же нра́вится?

「여행자클럽」은 내가 좋아하는 방송프로들 중의 하나야. 나는 항상 그 프로를 보고있어. 너도 마음에 드니?

■ Да, мне осо́бенно интере́сно смотре́ть переда́чи о ва́шей стране́. Я уже́ знако́м с ру́сским Се́вером, тепе́рь с Да́льним Восто́ком. Хочу́ уви́деть Сиби́рь. ва́ша страна́ така́я больша́я.

응, 나는 너의 나라에 관한 방송프로를 보는 것이 특히 재미있어. 나는 이미 러시아의 북부지방을 알고 있고, 이제부터는 극동을 알고 싶어. 시베리아를 보고 싶어. 너의 나라는 정말로 넓어.

□ Да, о́чень. Я одно́ вре́мя хоте́л стать журнали́стом, что́бы бо́льше е́здить по стране́, знако́миться с ра́зными людьми́, ви́деть, как они́ живу́т и рабо́тают на се́вере и на ю́ге, на за́паде и восто́ке.

그래, 굉장히 크지, 한때 나는 우리나라를 더 많이 여행하면서 여러 사람들을 사귀고, 그렇게 하면서, 그들이 북부지방과 남부지방, 서부지방과 동부지방에서 어떻게 생활하며, 일하는지 보고 싶어서 기자가 되고 싶었던 적이 있었어.

■ Путеше́ствовать всегда́ интере́сно. Я постара́юсь уви́деть в ва́шей стране́ как мо́жно бо́льше.

여행이란 언제나 재미있지. 나는 너의 나라에서 가능한 한 많은 것을 보도록 노력해 보겠어.

● 새로운 단어와 표현

по 〈전〉 (여) 1 (면,선,위) ···를 2 ···을 수단으로 하여, ···에 의한

переда́ча 방송프로　　　　　　　　путеше́ственник 여행자

из 〈전〉 (생) (부분) ···중의　　　　осо́бенно 특히

знако́м, –а, –ы (с +조) 알고 있다

тако́й (정도의 강조) 정말로, 그 정도의

журнали́ст 기자

знако́миться, –млюсь, –мишься 〈불완〉 (〈완〉познако́миться) (с+조)
　알게되다

ра́зный 1 서로 다른 2 여러가지의

юг 남쪽, 남부지방　　　　　　　　за́пад 서쪽, 서부지방

путеше́ствовать 〈불완〉 –вую, –вуешь　여행하다

постара́ться 1 〈완〉 (〈불완〉 стара́ться) (+부정형) 노력하다

* * *

- Ты не хо́чешь пое́хать на экску́рсию по ста́рым ру́сским города́м?

너 러시아의 고도(古都) 여행을 가지 않을래?

- А куда́ и́менно?

대관절 어디로?

- В Псков и Но́вгород. Это города́, в кото́рых мы ещё не бы́ли.

프스꼬프와 노브고로드. 그곳은 아직 우리들이 가 보지 못한 도시들이야.

- А когда́ е́хать? И как?

언제 가는데? 그리고 무엇을 타고?

- Университе́т даёт нам на 3(три) дня авто́бус. Едем у́тром в суббо́ту.

대학이 우리들에게 3일 동안 버스를 내줄꺼야. 수요일 아침에 떠나.

- А кто ещё е́дет?

그리고 또 누가 가는데?

■ Това́рищи из на́шей гру́ппы со свои́ми жёнами. Андрей с друзья́ми. Всех ты, коне́чно, не зна́ешь.

우리 그룹의 친구들하고 그 부인들. 안드레이는 친구들하고 가고. 물론 모두가 네가 아는 사람들은 아니야.

□ Хорошо́.

좋아.

<table>
<tr><td colspan="2">● 새로운 단어와 표현</td></tr>
</table>

экску́рсия 견학, 소풍, 여행

ста́рый, –ая, –ое, –ые 1 나이 든, 늙은 2 오래된

и́менно 1 바로, 다른 것이 아닌 2 (의문사와 함께) 대관절, 도대체

Псков 프스코프(고대러시아의 무역로에 위치했던 러시아 최고도시의 하나)

Но́вгород 노브고로드(뻬쩨르부르그의 동남쪽에 위치한 고도)

на 〈전〉 (대) (예정기간)···간, 예정의   о́тдых на ме́сяц 1개월 간의 휴가

одно́ вре́мя 전에, 한때

как мо́жно бо́льше 가능한 한 많이

1 명사의 복수 조격

- С кем он е́здил на экску́рсию? 그는 누구와 견학을 갔다 왔습니까?
- Со свои́ми ру́сскими друзья́ми. 자신의 러시아 친구들과.

어간의 마지막 음	어미
경자음, 경모음, -ш, -ч	-ами
연자음, 연모음	-ями

단수 주격 кто? что?	복수 주격 кем? чем?	어미
студе́нт	студе́нтами	-ами
оте́ц	отца́ми	
врач	врача́ми	
това́рищ	това́рищами	
окно́	о́кнами	
кни́га	кни́гами	
гость	гостя́ми	-ями
музе́й	музе́ями	
санато́рий	санато́риями	
по́ле	поля́ми	
зда́ние	зда́ниями	
тетра́дь	тетра́дями	
пе́сня	пе́снями	
аудито́рия	аудито́риями	

불규칙 복수형을 갖는 명사			
단수 주격	복수 주격	복수 조격	어미
брат	бра́тья	бра́тьями	
друг	друзья́	друзья́ми	-ями
де́рево	дере́вья	дере́вьями	
	роди́тели	роди́телями	
челове́к	лю́ди	людьми́	-ьми
ребёнок	де́ти	детьми́	

≫ 예외적으로 лю́ди와 де́ти의 조격어미는 —ьми́이다.

2 형용사의 복수조격

주격 каки́е?		조격 каки́ми?		어미
но́вые		но́выми		
ру́сские	друзья́	ру́сскими	друзья́ми	-ыми
хоро́шие		хоро́шими		-ими
больши́е	о́кна	больши́ми	о́кнами	
си́ние	тетра́ди	си́ними	тетра́дями	

3 소유 및 지시대명사의 복수 조격

주 격		조 격		어 미
мой		мои́ми		
на́ши	бра́тья	на́шими	бра́тьями	-ими
э́ти	студе́нты	э́тими	студе́нтами	

4

чтóбы의 구문	
чтóбы+부정형	чтóбы+과거
Я взял эту статью, чтóбы перевести её. 나는 이 기사를 번역하기 위하여 빌렸다.	Я взял эту статью, чтóбы он перевёл её. 나는 그가 번역을 하도록 이 기사를 빌렸다.
чтóбы 다음에 부정형이 오는 경우는 2동작의 동작주가 동일인일 경우이다.	чтóбы다음에 과거형이 오는 경우는 2동작의 동작주가 서로 다른 사람인 경우이다.

1. 밑줄친 곳에 괄호 안의 단어를 적합한 형태로 넣으시오.

1) На вéчере я встрéтился с____. (худóжники)

2) Ря́дом с____шлá большáя собáка. (дéти)

3) Студéнты медици́нского институ́та стáнут____. (врачи́)

4) Я говори́л с____по телефóну. (роди́тели)

5) Он купи́л конвéрты с____. (краси́вые мáрки)

6) Мы давнó знакóмы с____. (эти преподавáтели)

7) Зáвтра я встрéчусь со____. (свои́ стáрые друзья́)

8) Я познакóмился с____. (интерéсные лю́ди)

2. 필요하면 전치사를 사용하여 кото́рый의 알맞은 형을 밑줄친 부분
에 넣으시오.

		_____у́чится в на́шей гру́ппе.
		_____мы бы́ли вчера́.
1) Это студе́нт,		_____я дал свой уче́бник.
		_____мы ви́дели на ве́чере.
		_____я учи́лся в шко́ле.
		_____мы говори́ли.

		_____у́чится в на́шей гру́ппе.
		_____мы вчера́ бы́ли.
2) Это студе́нтка,		_____дал свой уче́бник.
		_____мы ви́дели на ве́чере.
		_____я учи́лся в шко́ле.
		_____мы говори́ли.

형용사와 부사의 비교급 및 최상급

형용사와 부사의 비교급
형용사의 최상급

■ Минхо, почему́ ты вы́брал специа́льность биоло́га? У тебя́ в семье́ есть био́логи?

민호야, 너는 왜 전공으로 생물학을 택했니? 너의 가족 중에 생물학 연구자가 있니?

□ Нет, ма́ма и сестра́- фило́логи, оте́ц - экономи́ст. Но у нас в семье́ о́чень лю́бят нау́чно-популя́рную лерату́ру. Роди́тели всегда́ покупа́ли нам с сестро́й популя́рные кни́ги по био́логии, хи́мии, фи́зике. Сейча́с я да́же не по́мню, когда́ и́менно биоло́гия ста́ла интересова́ть меня́ бо́льше други́х предме́тов. А в шко́ле мне повезло́: у нас был о́чень хоро́ший преподава́тель по биоло́гии. Пожа́луй, э́то был мой са́мый люби́мый преподава́тель. Никто́ не мог лу́чше и интере́снее объясни́ть свой предме́т.

없어, 엄마와 누나는 어문학 연구자이고, 아버지는 경제학자야. 그렇지만 우리 가족 모두는 통속과학서적을 매우 좋아하지. 부모님은 언제나 나하고 누나에게 생물학, 화학, 물리학에 관한 통속과학책을 사주셨었어. 내가 다른 과목들보다 생물학에 더 관심을 갖게 된 것은 대관절 언제부터였는지 지금은 기억조차도 못해. 하지만 학교에 다닐 때, 나는 운이 좋았었어. 우리들에게는 매우 훌륭한 생물학선생님이 한분 계셨는데, 아마도 그분은 내가 가장 좋아했던 선생님이였을거야. 어느 누구도 더 훌륭하게 그리고 더 흥미롭게 자신의 과목을 설명할 수 있는 사람은 없었어.

А мне тру́дно бы́ло вы́брать специа́льность. В шко́ле я люби́л мно́гие предме́ты. Литерату́ру, наприме́р, люби́л не ме́ньше, чем биоло́гию.

나의 경우는 전공을 선택하는데 어려웠어. 학교에서 나는 많은 과목을 좋아했거든. 문학을 예를 들어 말하자면 나는 생물학 못지 않게 좋아했지.

● 새로운 단어와 표현

био́лог 생물학자　　　　　　　　　　биоло́гия 생물학

специа́льность 여 1 전공, 전문 2 직업

фило́лог 문헌학자, 어문학 연구자　　　экономи́ст 경제학자

нау́чно-популя́рный –ая, –ое, –ые 통속과학의

литерату́ра 1 문학 2 문헌

нау́чно-популя́рная литерату́ра 통속 과학출판물

популя́рный, –ая, –ое, –ые 일반대상의, 대중적인

по 〈전〉 (여)…의 분야에서, …와 관련에서

хи́мия 화학　　　　　　　　　　физика 물리학

по́мнить, –ню, –нишь 〈불완〉 (대/O+전) 기억하다

интересова́ть, –су́ю, су́ешь 〈불완〉 (대) 흥미, 관심을 끌다

друго́й, –ая, –ое, –ие 다른　　　предме́т 1 대상 2 과목

повезти́ (무인칭) (현재 3인칭 단수만–везёт), (과거는 중성만повезло́)
　　〈완〉(구어) 운이 좋다. (여) …는 운이 좋다

пожа́луй (삽입어) 아마도, 어쩌면　　никто́ 누구도 (…않는다)

объясни́ть, –ню́, –ни́шь, …–ня́т 〈완〉 (〈불완〉 объясня́ть) (여) (대)
　　설명하다

□ **А всё-таки стал биóлогом.**

그렇지만, 여하튼간에 너는 생물학 연구자가 되었잖아.

■ **Мóжет быть, потомý, что учúтся в клáссе, где биолóгию преподавáла мáма. Из нáшего клáсса 10(дéсять) человéк стáли биóлогами. Мáма сумéла научúть нас любúть свой предмéт.**

아마도 그 이유는 내가 엄마가 생물학을 가르치는 학급에서 공부했기 때문일 거야. 우리 반에서 10명이 생물학자가 되었어. 엄마는 우리들에게 자기 과목을 좋아할 수 있도록 가르칠 줄 알았어.

● **새로운 단어와 표현**

напримéр　(삽입어) 예를 들어　　　　　мнóгие 폭 많은, 다수의
класс　1 (대학이하의 학교의) 학년 2 교실, 학급
сумéть　1 〈완〉 (〈불완〉 умéть) (+부정형) ⋯할 능력이 있다. ⋯할 줄 안다
　(지식이나 경험 등에 의해 얻어진 능력을 가르킨다)
научúть, –учý, –ýчишь,⋯–ýчат 〈완〉 (〈불완〉 учúть) (대) (여/부정형)
　(⋯하는 것을)가르치다

мне повезлó　나는 운이 좋았다
не мéньше ⋯, чем⋯　⋯에 못지 않게, ⋯와 마찬가지로
всё врéмя　언제나, 늘
всё-таки　하여튼, 그럼에도 불구하고

1　형용사와 부사의 비교급

비교급을 만드는 방법	
합성식	단일식
형용사 원급 또는 부사 앞에 бóлее (мéнее)을 붙인다.	형용사 또는 부사의 어간에 -ее(-ей)를 붙인다.
Это бóлее трýдный вопрóс. 이것은 더 어려운 문제이다. Это мéнее красúвый сад. 이것은 덜 아름다운 정원이다. Он говорúт бóлее красúво. 그는 더 훌륭하게 말한다.	Эта кнúга интереснéе. 이 책은 더 흥미롭다. Говорúте медленнéе. 좀 더 천천히 말해주세요.

불규칙적인 것	
어간이 -г, -х, -к, -д, -т, -ст, -р로 끝나는 것은 -е를 붙인다. (이때에 자음교체가 일어난다)	
дорогóй　비싼　дорóже дóрого　비싸게 лёгкий　쉬운　лéгче легкó　쉽게 молодóй　젊은　молóже богáтый　부유한　богáче блúзкий　가까운　блúже блúзко　가깝게 рáнний　이른　рáньше рáно　일찍	грóмкий　소리높은　грóмче грóмко　큰 소리로 тúхий　조용한　тúше тúхо　조용하게 стáрый　늙은　стáрше дешёвый　값싼　дешéвле дёшево　값싸게 далёкий　먼　дáльше далекó　멀게 пóздний　늦은　пóзже пóздно　늦게

<table>
<tr><td colspan="2" align="center">어간을 달리하는 것</td></tr>
<tr><td>большо́й 커다란 бо́льше
мно́го 많은, 많게
хоро́ший 좋은 лу́чше
хорошо́ 좋게</td><td>ма́ленький 적은 ме́ньше
ма́ло 적은, 적게
плохо́й 나쁜 ху́же
пло́хо 나쁘게</td></tr>
</table>

<table>
<tr><td colspan="2" align="center">비교의 대상 「…보다」</td></tr>
<tr><td><чем+주격>으로 나타낸다.
(합성식 비교급의 경우)</td><td>생격으로 나타낸다.
(단일식 비교급의 경우)</td></tr>
<tr><td>Э́то бо́лее тру́дная зада́ча, чем я ду́мал.
이 문제는 내가 생각했던 것보다 어렵다.

Сего́дня пого́да ху́же, чем вчера́.
오늘 날씨는 어제보다 나쁘다.</td><td>Москва́ бо́льше Петербу́рга.
모스크바는 뻬쩨르부르그보다 크다.

Брат ста́рше меня́ на́ год.
형은 나보다 1살 위이다.</td></tr>
</table>

2 형용사의 최상급

<table>
<tr><td colspan="2" align="center">최상급을 만드는 방법</td></tr>
<tr><td align="center">합성식</td><td align="center">단일식</td></tr>
<tr><td>са́мый+형용사
(са́мый는 но́вый처럼 변화)</td><td>형용사 어간에 -е́йший또는
а́йший를 붙인다.</td></tr>
</table>

<table>
<tr>
<td>Москва́-са́мый большо́й го́род в Росси́и.
모스크바는 러시아에서 가장 큰 도시이다.

Во́лга- са́мая больша́я река́ в Евро́пе.
볼가강은 유럽에서 가장 큰 강이다.</td>
<td>но́вый-нове́йший
бли́зкий-ближа́йший
(자음교체 з-ж)

Где ближа́йшая ста́нция метро́?
가장 가까운 지하철 역은 어디 입니까?</td>
</tr>
</table>

연습 문제

1. 보기와 같이 문장을 바꾸시오.

보기 : Оте́ц ста́рше ма́тери.

Мать моло́же отца́.

1) Он пришёл ра́ньше меня́.
2) Оле́г говори́т по-англи́йски лу́чше Та́ни.
3) Но́вый текст ле́гче, чем ста́рый.
4) Сего́дня бы́ло тепле́е, чем вчера́.
5) Москва́ бо́льше Петербу́рга.

2. 보기와 같이 문장을 바꾸시오.

보기 : Оле́г ста́рше, чем Та́ня.

Оле́г ста́рше Та́ни.

1) Сестра́ моло́же на два го́да, чем брат.
2) Ва́ша кварти́ра бо́льше, чем их кварти́ра.
3) Он прие́хал в Москву́ по́зже, чем ты.
4) Это ле́то тепле́е, чем про́шлое.
5) Наш дом вы́ше, чем ваш.(вы́ше<высо́кий(높은))

■ Оле́г, я получи́ла письмо́ из Петербу́рга от Ни́ны.

올레그, 나는 뻬쩨르부르그의 니나에게서 편지를 받았어.

□ Что она́ пи́шет?

뭐라고 썼는데?

■ Пи́шет: была́ о́чень занята́, поэ́тому до́лго не писа́ла. Поздравля́ет нас с наступа́ющим Но́вым го́дом, спра́шивает, не смо́жем ли мы прие́хать на пра́здники. Вот чита́й: <Если смо́жете, приезжа́йте к нам на Но́вый год, ма́ма с па́пой бу́дут о́чень ра́ды>.

너무 바빴기 때문에 오랫동안 편지를 쓰지 못했다고 썼어. 우리에게 다가오는 새해의 축하인사를 하고, 명절에 우리가 올 수 있는지 어떤지를 묻고 있어. 자 여기 있어, 읽어 봐. 「가능하다면, 새해에 우리집에 놀러와. 어머니하고 아버지가 매우 좋아하실거야」.

□ Напиши́, что в э́том году́ мы не смо́жем прие́хать, а на сле́дующий год проведём у них часть кани́кул: похо́дим в теа́тры, музе́и.

우리들은 올해는 갈 수 없고, 내년에 방학의 일부를 그들 집에서 보내며 극장에도 가고, 박물관에도 가자고 편지해.

■ Писа́ть, пожа́луй, уже́ по́здно, я за́втра позвоню́ ей. А зна́ешь, Ната́ша то́же приглаша́ет нас встреча́ть Но́вый год. Она́ приглаша́ет нас за го́род. Они́ с друзья́ми хотя́т встре́тить Но́вый год в лесу́ с настоя́щей ёлкой.

편지를 쓰는 것은 이미 늦은 것 같고, 내일 내가 그녀에게 전화할게. 그런데 말야, 나따샤도 역시 새해를 같이 맞이하자고 우리들에게 권했어. 그녀는 우리들에게 교외로 나가자고 했어. 그녀와 그녀 친구들은 새해를 숲 속에서 진짜 크리스마스트리를 갖다 놓고 맞이하고 싶어해.

□ Ну что ж, хорошо́. Утром мо́жно бу́дет поката́ться на лы́жах.

그거 괜찮겠는걸. 아침에는 스키도 탈 수 있겠고 말이야.

● 새로운 단어와 표현

за́нят, -а́, -ы 바쁘다
поздравля́ть 1 〈불완〉 (〈완〉 поздра́вить) (대) (с+조) 축하의 말을 하다
наступа́ющий, -ая, -ее, -ие 다가오는, 도래하는
ли 〈조〉 (간접의문문을 만든다) …인지, 아닌지
пра́здник 명절
провести́, -веду́, -ведёшь 〈완〉 (〈불완〉 проводи́ть) (대) (시간을) 보내다
часть 예 일부분
походи́ть, -хожу́, -хо́дишь 〈완〉 (〈불완〉 ходи́ть) 얼마동안 갔다 왔다 하다
за 〈전〉 (대) …의 뒤쪽으로, 건너편으로
настоя́щий, -ая, -ее, -ие 진짜의   ёлка 크리스마스 트리

* * *

Пассажи́р спра́шивает у нача́льника ста́нции:

한 승객이 역장에게 물어본다.

■ **Заче́м у вас виси́т расписа́ние, е́сли поезда́ всё вре́мя опа́здывают?**

기차가 언제나 늦는다면 시간표가 무엇 때문에 걸려있죠?

□ **Пра́вильно, -споко́йно отвеча́ет нача́льник ста́нции. -Но отку́да бы вы зна́ли, что поезда́ опа́здывают, е́сли бы не́ было расписа́ния?**

맞습니다. –역장은 조용히 대답한다. –하지만 만약에 시간표가 없다면 기차가 늦는지를 당신은 어디서 알 수 있겠습니까?

● 새로운 단어와 표현

пассажи́р 승객	нача́льник 장(長), 상사
заче́м 왜, 무엇 때문에	
висе́ть, вишу́, виси́шь 〈불완〉 걸려있다, 매달려 있다	
расписа́ние 시간표	пра́вильно 〈술〉 맞다, 옳다
споко́йно 조용하게, 침착하게	
отвеча́ть 1 〈여〉 (на+대) 〈불완〉 (〈완〉 отве́тить) 대답하다	

встреча́ть(встре́тить) Но́вый год 신년을 맞이하다
за́ город 교외로
ну что ж 좋고 말고
спра́шивать(спроси́ть) у кого …에게 물어보다
всё вре́мя 언제나, 늘

1 조건법

1. 형태 : 동사과거형+조사 бы

 бы 와 함께 사용되는 과거형은 시제와는 상관없다.

 бы 는 동사 앞에 와도 상관없다.

2. 용법

1) 현재·과거·미래를 어떤 조건 하에서도 가능한, 또는 기대, 예상되는
행위를 나타낸다.

Если бы вчера́ у меня́ был биле́т,

Если бы сейча́с у меня́ был биле́т,　　я пошёл бы в кино́.

Если бы за́втра у меня́ был биле́т,

(표가 없기 때문에, 나는 영화관에 갈 수가 없다.)

2) 바람이나 제안, 공손한 표현을 나타낸다.

Хорошо́ бы́ло бы пое́хать куда́-нибудь к мо́рю.

어디론가 바다로 갔으면 좋겠다.

Взял бы ты мой слова́рь.

내 사전을 좀 집어줘.

Я хоте́л бы вас попроси́ть…

좀 부탁드릴 일이 있습니다만…

직설법과 조건법의 비교		
	직설법	조건법
현실적	Если за́втра бу́дет хоро́шая пого́да, мы пое́дем за́ город. 내일 날씨가 좋으면, 교외로 나가겠다.	Если бы за́втра была́ хоро́шая пого́да, мы пое́хали бы за́ город. 내일 날씨가 좋으면, 교외로 나가고 싶다.(바람)

비(非) 현실적		Если бы вчера́ была́ хоро́шая пого́да, мы пое́хали бы за́ город. 어제 날씨가 좋았더라면, 우리는 교외에 갔었을텐데.

1. 괄호 안의 동사를 알맞은 형태로 넣으시오.

1) Если за́втра бу́дет хоро́шая пого́да, мы_____за́ город.
   Если бы за́втра была́ хоро́шая пого́да, мы_____бы за́ город. (пое́хать)

2) Он бу́дет чу́вствовать себя́ лу́чше, е́сли_____спо́ртом.
   Он бы чу́вствовал себя́ лу́чше, е́сли бы_____спо́ртом. (занима́ться)

3) Если ты придёшь ко мне, мы_____на вы́ставку.
   Если бы ты пришёл ко мне, мы_____бы на вы́ставку. (пойти́)

4) Если я не ви́дел э́тот фильм, я обяза́тельно_____его.
   Если бы я не ви́дел э́того фи́льма, я бы обяза́тельно _____его. (посмотре́ть)

2. 보기와 같이 문장을 완성시키시오.

보기 : Если я поéду на экскýрсию, я расскажý тебé о нéй.

Если бы я поéхал на экскýрсию, я рассказáл бы тебé о нéй.

1) Если ты прочитáешь э́тот расскáз, он понрáвится тебé.

2) Если он хóчет, он мóжет взять э́ту кни́гу в библиотéке.

3) Если онá интересýется биолóгией, онá придёт на э́ту лéкцию.

4) Если я встрéчу егó, я приглашý егó к нам.

순서수사
시간의 표현
「년·월·일」의 표현
개수사와 형용사의 결합

Почему́ она́ рассерди́лась?

Оди́н молодо́й челове́к люби́л краси́вую де́вушку.

Одна́жды ве́чером она́ сказа́ла ему́:

■ За́втра мой день рожде́ния. Я родила́сь в пе́рвой

половине дня, в полови́не двена́дцатого.

□ Я подарю́ тебе́ кра́сные ро́зы: за ка́ждый год

твое́й жи́зни одну́ кра́сную ро́зу, -ра́достно

сказа́л ю́ноша.

В тот же ве́чер он пошёл в цвето́чный магази́н.

Ю́ноша знал, что де́вушке за́втра бу́дет 22(два́дцать

два) го́да, поэ́тому он заплати́л за 22(два́дцать две)

кра́сные ро́зы и сказа́л:

□ Я оста́влю вам а́дрес де́вушки и прошу́ за́втра с

11(оди́ннадцати) до 12(двена́дцати) утра́ посла́ть

ей э́ти цветы́.

● 새로운 단어와 표현

рассерди́ться, –сержу́сь, –се́рдишься 〈완〉 (〈불완〉 серди́ться)
　화를 내다

полови́на 반(半)　　　　　　　　ро́за 장미

жизнь 예 일생, 인생　　　　　　ра́достно 기쁜듯이, 기꺼이

ю́ноша 남 청년, 젊은이　　　цвето́чный, –ая, –ое, –ые 꽃의

заплати́ть, –плачу́, –пла́тишь 〈완〉 (〈불완〉 плати́ть) (대) (за+대)
　지불하다

оставля́ть 1 〈불완〉 (〈완〉 оста́вить) (대) 남겨두다

проси́ть, прошу́, про́сишь 〈불완〉 (〈완〉 попроси́ть) (대) (о+전)/ (대)
　(부정형)/ (у+생) (생)…에게 …를 청하다, 부탁하다

с 〈전〉 (생) (시간) 부터, 이래

до 〈전〉 (생) (시간적) …까지　　　цвето́к 꽃한송이 (복 цветы́)

Продавцу́ магази́на о́чень нра́вился молодо́й

челове́к, кото́рый ча́сто покупа́л у них в магази́не

цветы́. И он реши́л от себя́ положи́ть в буке́т ещё

10(де́сять) кра́сных роз.

На сле́дующее у́тро ро́вно в полови́не двена́дцатого

де́вушка получи́ла большо́й буке́т кра́сных роз.

Снача́ла она́ о́чень обра́довалась, пото́м

рассерди́лась. Когда́ через час пришёл молодо́й

челове́к, что́бы поздра́вить её с днём рожде́ния,

она́ не захоте́ла его́ ви́деть. Пра́вда, по́зже уже́

че́рез ме́сяц они́ помири́лись, но она́ так и не

рассказа́ла ему́ причи́ну, почему́ она́ рассерди́лась в

день рожде́ния.

А вы догада́лись?

왜 그녀는 화를 냈을까요?

한 젊은 사람이 아름다운 아가씨를 사랑했다. 어느 날 밤에 그 아가씨는 그에게 이야기를 했다.

– 내일이 내 생일이예요. 나는 오전 11시 반에 태어났어요.

– 내가 당신에게 빨간 장미를 선물하겠오. 당신 일생의 각1 년에 대해 빨간 장미 한 송이씩을 선물하겠오. – 젊은이는 기쁜듯이 말을 했다.

바로 그날 밤에 그는 꽃가게로 갔다. 젊은이는 그 아가씨가 내일 22살이 된다는 것을 알고 있었기 때문에, 22송이의 장미에 대한 값을 지불하고 나서 말했다.

– 이 아가씨의 주소를 당신에게 남겨둘테니, 내일 아침 11시에서 12시 사이에 그녀에게 이 꽃을 보내 주셨으면 합니다.

상점의 점원은 자주 그들의 가게에서 꽃을 사주는 이 젊은 사람이 매우 마음에 들었다. 그래서 그는 자기 쪽에서 꽃다발에 빨간 장미를 10송이 더 넣어 주기로 했다.

다음 날 아침 정확하게 11시 반에 그 아가씨는 큰 빨간 장미 꽃다발을 받았다. 처음에 그녀는 매우 기뻐했으나, 나중에 화를 냈다. 한 시간 후에 그 젊은 사람이 그녀의 생일을 축하하러 왔을 때, 그 여자는 그를 보려고 하지 않았다. 비록 그 후에 한달 후에 그들은 화해를 했지만, 그 여자는 그에게 왜 그녀가 생일 날에 화를 냈는지를 결국 말하지는 않았다.

그런데 여러분들은 짐작을 하셨습니까?

● 새로운 단어와 표현

продаве́ц 점원

положи́нть, –ложу́, –ло́жишь···–ло́жат 〈완〉(〈불완〉 класть) (대)
  1 놓다 2 넣다

ещё 더, 또　　　　　　　　　　буке́т 꽃다발

ро́вно 정확히, 꼭

обра́доваться, –дуюсь, –дуешься 〈불완〉(〈완〉 ра́доваться)(여) 기뻐하다

захоте́ть, –хочу́, –хо́чешь··· –хотя́т 〈완〉(〈불완〉 хоте́ть) (부정형)
  ···하고 싶어지다

пра́вда 〈접〉(양보적으로) 비록···이라 할지라도

по́зже 〈부〉(시간적으로) 좀 뒤에, 후에

помири́ться, –рю́сь, –ри́шься 〈완〉(〈불완〉 мири́ться) (с+조) 화해하다

причи́на 이유, 원인

догада́ться 1 〈완〉(〈불완〉 дога́дываться) 알아 맞추다, 추측하다

в тот же день 바로 그 날　　　　　　так и (완료상동사와 함께) 결국

1 순서수사

순서수사 (11~20)			
оди́ннадцатый	11번째의	шестна́дцатый	16번째의
двена́дцатый	12번째의	семна́дцатый	17번째의
трина́дцатый	13번째의	восемна́дцатый	18번째의
четы́рнадцатый	14번째의	девятна́дцатый	19번째의
пятна́дцатый	15번째의	два́дцатый	20번째의
три́дцатый	30번째의	двухсо́тый	200번째의
сорово́й	40번째의	трёхсо́тый	300번째의
пятидеся́тый	50번째의	четырёхсо́тый	400번째의
шестидеся́тый	60번째의	пятисо́тый	500번째의
семидеся́тый	70번째의	шестисо́тый	600번째의
восьмидеся́тый	80번째의	семисо́тый	700번째의
девяно́стый	90번째의	восьмисо́тый	800번째의
со́тый	100번째의	девятисо́тый	900번째의
		ты́сячный	1000번째의

순서수사를 사용할 경우에 그 수사가 합성수사이면 마지막 수사만이 순서수사가 되고 나머지 앞의 수사는 개수사가 된다. 격변화를 하는 경우에도 마지막의 개수사만이 변화한다.

42번째 со́рок второ́й   135번째 сто три́дцать пя́тый

1991번째 ты́сяча девятьсо́т девяно́сто пе́рвый

2 시간의 표현

1) 긴 바늘이 30분까지의 시각

де́сять мину́т второ́го   1시 10분

два́дцать мину́т пе́рвого   0시 20분

러시아어의 пе́рвый час란 0시부터 1시까지의 시간을 가리킨다.
우리 한국인의 감각으로는 이해하기 어려우므로, 0시라면 пе́рвого, 1시라
면 второ́го로 하나씩 많은 순서수사의 생격을 사용하면 된다.

≫ 30분은 полови́на(2분의 1)을 사용해도 좋다.
　полови́на девя́того(три́дцать мину́т девя́того) 8시 반

2) 긴 바늘이 30분을 지나 있는 시각

<без+개수사의 생격(분)+ 개수사의 주격(시)

без десяти́ пять 5시 10분 전

без пяти́ семь 7시 5분 전

≫ 15분은 че́тверть 여 (4분의 1)을 사용해도 좋다.
　без че́тверти четы́ре 4시 15분 전
　че́тверть пя́того 4시 15분

3) 「…시…분에」의 표현

<в+대격>으로 나타낸다. 단, 30분인 полови́на의 경우는 「в+전치격」이
되고, <…분 전에>의 경우는 2)번과 동일하다.

в два́дцать пять второ́го 1시 25분에

в полови́не девя́того 8시 반에

без десяти́ два 2시 10분 전에

3　「년·월·일」의 표현

1) …일

a. 「…일」의 뜻으로는 число́를 사용하므로 이것에 관계하는 순서수사는
중성형이 된다. 보통 число́는 생략된다.

Сего́дня второ́е (число́). 오늘은 2일이다.

б. 「…일에」의 표현은 순서수사가 생격의 형태로 된다.

пе́рвого 1일에, второ́го 2일에, тре́тьего 3일에

c. 월명은 а,б 의 경우 모두 생격의 형태로 「일」뒤에 놓인다.

Сего́дня восьмо́е ма́рта. 오늘은 3월 8일이다.

Я роди́лся двена́дцатого октября́. 나는 10월 12일에 태어났다.

2) ···년

a. 서력년은 물론 순서수사로 표현되지만, 합성순서수사이기 때문에 격변화를 하는 것은 마지막의 순서수사 뿐이다.

ты́сяча девятьсо́т девяно́сто второ́й год. 1992년

б. 「···년···월···일」의 표현의 경우, 년명은 생격의 형태가 된다.

пятна́дцатое а́вгуста ты́сяча девятьсо́т девяно́сто второ́го го́да.

1992년 8월 15일

c. 「···년···월···일」에의 표현은 년·월·일 모두 생격이 된다.

пятна́дцатого а́вгуста ты́сяча девятьсо́т девяно́сто второ́го го́да.

1992년 8월 15일에

4 **개수사와 형용사의 결합**

개수사와 명사와의 결합에 대해서는 이미 14과와 28과에서 언급을 하였다. 형용사가 개수사나 수량을 나타내는 단어와 결합할 때는 다음과 같다.

1) 2, 3, 4와 결합하는 경우 관계하는 명사가 남성·중성이면 주격에서 형용사는 복수생격이 되고, 관계하는 명사가 여성이면 주격에서 복수주격 내지 복수생격이 된다. 그러나 여성명사 단수생격과 복수주격의 역점의 위치가 다를 때 주격에서 형용사는 통상 복수생격이 된다.

три иностра́нных языка́ 3가지의 외국어

две больши́е (больши́х) ко́мнаты 2개의 큰 방

три высо́ких го́ры 세 개의 높은 산

2) 5이상의 수 또는 수량을 나타내는 단어와 결합하는 경우 형용사는 관계
하는 명사의 성과 관계없는 복수생격이 된다.

де́сять кра́сных роз   10송이의 빨간 장미

два́дцать пять больши́х я́блок   25개의 큰 사과

не́сколько иностра́нных языко́в   몇 개 국어

**연 습
문 제**

1. 밑줄친 부분에 괄호 안의 형용사를 알맞은 형태로 넣으시오.

1) - Ско́лько_____языко́в вы зна́ете? (иностра́нный)

   - Я зна́ю три_____языка́.

2) Я до́лжен реши́ть две_____зада́чи по матема́тике.
   (тру́дный)

3) Она́ получи́ла три́дцать две_____ро́зы. (кра́сный)

4) У нас в библиоте́ке мно́го_____книг. (интере́сный)

5) В э́том те́ксте пятна́дцать_____слов. (но́вый)

2. 괄호 안의 표현을 러시아어로 고치시오.

1) - В кото́ром часу́(=когда́) конча́ется уро́к?

   - Уро́к конча́ется (3시 10분에)

2) - Когда́ они́ обы́чно выхо́дят из до́ма на рабо́ту?

   - (9시 20분 전에) я выхожу́ из до́ма и иду́ на рабо́ту.

3) - Когда́ ты придёшь домо́й?

   - Сего́дня я приду́ домо́й (7시 반에)

4) - Како́е сего́дня число́? (5월 10일)

3. 러시아어로 고치시오.

- 당신의 생년월일은 언제입니까? (роди́ться 동사사용)

- 나는 1974년 9월 18일에 태어났습니다.

능동형동사 현재―「…하고 있는」
능동형동사 과거―「…한」

■ Оле́г, пойдём сего́дня в музе́й. Там бу́дет чита́ть ле́кцию оди́н путеше́ствующий господи́н.

알레그, 오늘 우리 박물관에 가보자. 거기서 한 여행자가 강연을 해.

□ С удово́льствием. Я люблю́ слу́шать таки́е ле́кции. Неда́вно здесь была́ стра́нствующая ле́кторша, так, я ходи́л слу́шать её три ра́за, хотя́ она́ и произвела́ на меня́ угнета́ющее впечатле́ние.

좋아, 나는 그런 강연을 듣기 좋아하거든. 얼마 전에는 여기에 순회 연사가 왔었는데, 나는 그녀의 강연을 들으러 세 번씩이나 갔었어. 비록 나에게 무거운 인상을 주긴 했지만 말야.

■ С кем ты раскла́нялся? Кто э́ти господа́?

네가 인사한 사람들은 누구니? 저 사람들은 무엇하는 사람들이니?

□ Это мой прия́тель, неда́вно прие́хавший из Евро́пы, а да́ма -его́ жена́, служи́вшая в Кра́сном Кре́сте.

저 남자는 얼마 전에 유럽에서 온 내 친구이고, 숙녀는 적십자사에 근무했던 그의 아내야.

■ **Не зна́ю, почему́-то они́ напомина́ют мне уше́дшее вре́мя. Где они́ живу́т?**

웬일인지 저사람들이 나의 과거를 생각나게 해. 저들은 어디에 살지?

□ **Сейча́с живу́т в гости́нице и и́щут подходя́щую кварти́ру.**

지금은 호텔에 묵고 있는데 적당한 아파트를 찾고 있는 중이야.

■ **В про́шлый вто́рник мой знако́мый говори́л, что он сдаёт кварти́ру.**

지난 화요일에 내 아는 사람이 자기 아파트를 세 주겠다고 하던데.

● 새로운 단어와 표현

путеше́ствующий, –ая, –ее, –ие 〈 путеше́ствовать (여행하다)의
　능동형동사 현재
стра́нствующий, –ая, –ее, –ие 〈 стра́нствовать (방랑하다)의
　능동형동사 현재
ле́кторша 여자 강사 (🔁 ле́ктор)
произвести́, –веду́, –ведёшь, ..веду́т: 과거 произвёл, –вела́,
　–вело́, –вели́ 〈완〉 (〈불완〉 производи́ть) 1 행하다 2 (인상, 감동을)주다
　3 생산, 제조하다, 만들다
угнета́ющий, –ая, –ое, –ые 〈угнета́ть (억압, 압박, 의기소침하게 하다)
　의 능동형동사 현재
впечатле́ние 인상　　　　　　　прия́тель 🔁 친구
раскла́няться 〈완〉 (〈불완〉 раскла́ниваться) (с+조) 인사를 나누다
уше́дший, –ая, –ее, –ие 〈 уйти́의 능동형동사 과거
Кра́сный Крест 적십자사
мину́вший, –ая, –ее, –ие 〈 минова́ть (지나가다, 피하다)의 능동형동사 과거
напомина́ть 〈불완〉 (〈완〉 напо́мнить) 상기시키다, 생각나게하다

□ А я указа́л им одну́ да́му, сдаю́щую кварти́ру.

아파트를 세 주겠다는 한 부인을 그들에게 내가 알려줬어.

■ Смотри́, Они́ подошли́ к стоя́щему на углу́ ни́щему, кото́рый де́ржит что́-то в дрожа́щей руке́. они́ хотя́т помо́чь ему́.

저것 봐, 저 사람들이 떨고 있는 손에 무엇을 들고 모퉁이에 서있는 거지에게 다가갔어. 거지를 도우려나봐.

□ Возмо́жно. А вот стра́нный слу́чай ; про́шлой зимо́й я хоте́л помо́чь дрожа́вшему от хо́лода ни́щему и дал ему́ своё ста́рое пальто́, а он тут же о́тдал его́ проходи́вшей ми́мо бе́дной де́вочке.

그럴 수 있는 일이지. 그런데 이상한 일이야. 지난 겨울에 내가 추위에 벌벌떠는 거지를 돕고 싶어 나의 헌 외투를 주었는데, 그는 그때 마침 그 옆으로 지나가는 불쌍한 소녀에게 그것을 주었어.

■ Это зна́чит, что ты до́брый челове́к, но он добре́е тебя́.

그건 네가 착한 사람이라는 말이지만 그 사람은 너보다 더 착한 사람이야.

□ Ну, дово́льно о ни́щих. Скажи́, что ты зна́ешь об э́том путеше́ствующем ле́кторе и его́ ле́кции?

자, 거지 얘긴 이제 그만하지. 그 순회 연사와 강연에 대해 네가 아는 바를 얘기해 줄래?

■ **Ни о нём, ни об интересу́ющей тебя́ ле́кции я ничего́ не зна́ю.**

그 사람에 대해서도 네가 관심있어 하는 강연에 대해서도 나는 아무것도 아는 것이 없어.

□ **Ви́дишь э́ти дере́вья, расту́щие о́коло музе́я? Они́ о́чень краси́вы.**

박물관 옆에 자라는 저 나무들 보이지? 정말 멋있어.

■ **Ви́жу. А о́коло них де́ти, то́же прише́дшие на ле́кцию.**

보여. 그런데 그 옆에 역시 강연을 들으러 가는 아이들이 있어.

□ **Ока́зывается, мно́го есть люде́й, жела́ющих послу́шать ле́кцию. Отойди́ в сто́рону, и не меша́й входя́щим лю́дям.**

강연을 들으려고 하는 사람들이 많은 것이 분명해. 한켠으로 비켜, 들어가는 사람들을 방해하지 말고.

● 새로운 단어와 표현

указа́ть 〈완〉 -ажу́, -а́жешь, (〈불완〉 ука́зывать) 1 지시하다, 교시하다
  2 (на+대) 주의하다, 가리키다
объявля́вший, -ая, -ее. -ие < объявля́ть (1 신청, 제기하다 2 알리다,
  광고하다)의 능동형동사 과거 　　　　　　　ничего́ 아무것도 (⋯이 아니다)
сда́ча 1 인도, 교부 2 대여 　　　　　ни́щий (명사로서) 거지
сдава́ть, сдаю́, сдаёшь ⋯〈불완〉(〈완〉 сдать) 1 인도하다 2 빌려주다
дрожа́вший. -ая, -ее. -ие дрожа́ть (떨다, 진동하다)의 능동형동사 과거
стра́нный 이상한 　　　　　дово́льно 충분하다, 그만두다
расту́щий < расти́ (자라다)의 능동형동사 현재
жела́ющий, -ая, -ее. -ие < жела́ть (바라다, 희망하다)의 능동형동사의 현재

■ Да, наро́ду пришло́ мно́го. Я ду́маю, что опозда́вшим уже́ не бу́дет ме́ста.

응, 사람들이 많이 왔군. 늦게 온 사람들은 자리가 없을 거 같아.

□ А вот и ле́ктор. Он разгова́ривает с ма́льчиками, прода́ющими его́ кни́ги.

저 사람이 연사야. 자기 책을 팔고 있는 소년들과 이야기를 하고 있어.

■ Я говори́ла о нём с людьми́, зна́вшими его́ ра́ньше. Все говоря́т, что он интере́сный ле́ктор.

나는 전에 그를 아는 사람들과 그에 대해서 얘기를 해봤는데, 모두들 그가 재미있는 연사라고 하더군.

□ А я узна́л, что он бу́дет говори́ть о стра́нах вою́ющих и пострада́вших от войны́.

나는 그가 전쟁중인 국가들과 전쟁으로 피해를 입은 사람들에 대해서 이야기 하리라는 것을 알았어.

отойти́, –йду́, –йдёшь, –йду́т 〈완〉 (〈불완〉 отходи́ть) 떠나다, 비키다
опозда́вший, –ая, –ее, –ие 〈 опозда́ть(늦다, 지각하다)의 능동형동사 과거
вою́ющий, –ая, –ее, –ие 〈 воева́ть(싸우다, 전쟁하다)의 능동형동사 현재
пострада́вший, –ая, –ее, –ие 피해자, 이재민 пострада́ть의 능동형동사 과거, 여기서는 명사로 쓰임
прише́дший, –ая, –ее, –ие 〈 прийти́의 능동형동사 과거
ока́зывается (삽입어) 판명된 바로는, 실은…이다

Студе́нт, чита́ющий кни́гу, сиди́т за столо́м.

책을 읽고 있는 학생은 책상에 앉아 있다.

Я знако́м с поэ́том, написа́вшим э́ти стихи́.

나는 이 시를 쓴 시인을 알고 있다.

형동사는 동사에서 파생된 형태로, 형용사와 동사의 기능을 합한 것이다. 예를 들어 чита́ющий кни́гу студе́нт<책을 읽고 있는 학생>에 있어서 чита́ющий는 кни́гу의 직접보어를 갖는 동사적 기능과 студе́нт의 명사를 수식하는 형용사적 기능을 둘다 가지고 있다. 이와 같은 형태를 형동사라 한다. 형동사에는 능동형동사와 피동형동사가 있고, 각각 현재와 과거의 형태를 갖는다. 형동사는 형용사처럼 어미변화를 하고 관계하는 명사와 성, 수, 격이 일치한다.

1 능동형동사 현재 – 「…하고 있는」

불완료상동사의 현재복수 3인칭의 어미에서 -т를 떼어내고 -щий를 붙인다.

чита́ть	чита́-ют	чита́-ющий	읽고 있는
писа́ть	пи́ш-ут	пи́ш-ущий	쓰고 있는
говори́ть	говор-я́т	говор-я́щий	말하고 있는
лежа́ть	леж-а́т	леж-а́щий	놓여 있는
улыба́ться	улыба́-ются	улыба́-ющийся*	웃고 있는

*-ся 형 형동사는 예외적으로 모음 뒤에서 –сь로 되지 않는다.

Я хорошо́ зна́ю студе́нта, чита́ющего у окна́.

나는 창가에서 독서하고 있는 학생을 잘 안다.

Я попроси́л сестру́, хорошо́ зна́юшую ру́сский язы́к, перевести́ э́тот текст.

나는 러시아어를 잘 알고 있는 누나에게 이 텍스트의 번역을 부탁했다.

2

능동형동사 과거 – 「…한」

불완료상 및 완료상동사의 과거형에서 과거의 어미 -л을 떼어내고 -вший,-ший를 붙인다.

<table>
<tr><td rowspan="2">과거어간 +</td><td>-вший(어간 끝이 모음)</td></tr>
<tr><td>-ший(어간 끝이 자음)</td></tr>
</table>

чита́ть	<불완>	чита́-л	чита́-вший	읽고 있었던
написа́ть	<완>	написа́-л	написа́-вший	다 읽고 난
нести́	<불완>	нёс	нёс-ший	운반해 왔던
учи́ться	<완>	учи́л-ся	учи́-вшийся	배웠던

불규칙적인 것	
идти́ (шёл) - ше́д-ший	걸어가고 있던
войти́ (вошёл) - воше́д-ший	들어 왔던

Студе́нт, прочита́вший журна́л, встал и ушёл.

잡지를 다 읽고 난 학생은 일어나서 가버렸다.

Я разгова́ривал со студе́нтом, чита́вшим кни́гу во́зле меня́.

나는 내 옆에서 책을 읽고 있던 학생과 이야기를 나누었다.

присла́ть			
я	пришлю́	мы	пришлём
ты	пришлёшь	вы	пришлёте
он/она́	пришлёт	они́	пришлю́т

1. 괄호 안의 능동형동사를 관계하는 명사와 일치시키시오.

1) Он знако́м с по́этом,⋯хоро́шие стихи́. (пи́шущий)

2) Мы подари́ли цветы́ арти́стам,⋯в э́том спекта́кле. (игра́ющий)

3) Я не зна́ю де́вушку,⋯по-ру́сски. (говоря́щий)

4) Мы говори́ли о друзья́х,⋯на ро́дину.(верну́вшийся)

5) Я написа́л сестре́.⋯мне посы́лку. (посла́вший)

2. 오른쪽의 어군을 알맞은 형태로 고쳐 문장을 완성시키시오.

А 1) Это мой това́рищ,⋯

2) Я встре́тил това́рища,⋯

3) Я поздоро́вался с това́рищем,⋯   живу́щий в

4) Я дал кни́гу това́рищу,⋯   на́шем

5) Я взял кни́гу у това́рища,⋯   общежи́тии.

6) Мы говори́ли о това́рище,⋯

Б 1) Здесь де́вушка,⋯

2) Я зна́ю де́вушку,⋯

3) Я встре́тился с де́вушкой,⋯   написа́вший

4) Я позвони́л де́вушке,⋯   статью́.

5) Я был у де́вушки,⋯

6) Он спроси́л меня́ о де́вушке,⋯

Слу́чай в по́езде

(По кни́ге М. Че́ховой <Из далёкого про́шлого>)

Ру́сский писа́тель Анто́н Па́влович Че́хов был о́чень скро́мным челове́ком. Он не люби́л торже́ственных собра́ний, поздравле́ний, произноси́мых кни́жно и до́лго, не люби́л, когда́ кто́-нибудь начина́л его́ хвали́ть. Обы́чно в таки́х слу́чаях он, рассе́рженный, уходи́л. Но одна́жды, когда́ его́ хвали́ли, он был ве́сел и э́то не бы́ло ему́ неприя́тно, потому́ что слова́, ска́занные людьми́, бы́ли просты́ и и́скренни.

Э́то произошло́ так. Анто́н Па́влович вме́сте со свое́й сестро́й Мари́ей е́хал в по́езде. Ря́дом с ним сиде́ли дво́е мужчи́н и разгова́ривали. На остано́вке оди́н из них вы́шел из ваго́на и купи́л но́вый журна́л, в кото́ром был помещён расска́з Че́хова.

● 새로운 단어와 표현

слу́чай 1 경우, 기회 2 일어난 일, 사건 про́шлое (명사로서) 과거

скро́мный, –ая, –ое, –ые 겸허한, 소박한

торже́ственный, –ая, –ое, –ые 1 제전(祭典)의 2 장엄한

торже́ственное собра́ние 축하회 поздравле́ние 축사, 축하의 말

произноси́мый, –ая, –ое, –ые произноси́ть (말하다)의 피동형동사 현재

кни́жно 문어적으로, 딱딱하게 кто́-нубудь 누구인지, 누구든지

хвали́ть, –лю́, –лишь 〈불완〉 (〈완〉 похвали́ть) 칭찬하다

рассе́рженный, –ая, –ое, –ые рассерди́ть (화나게 하다)의 피동형동사
    과거

уходи́ть, –ожу́, –о́дишь 〈불완〉 (〈완〉 уйти́) 가버리다, 떠나다

ве́сел, весела́, ве́село, ве́селы 〈весёлый의 단어미, 즐거운, 유쾌한

прост, –а́, –о, –ы просто́й의 단어미. 1 간단하다, 단순하다 2 소박하다, 순진하다

и́скренен, –нна, –нне/ –нно, –нни/ –нны и́скренний의 단어미.
    성의있는, 진실한

произойти́ (1,2인칭은 없다) –изойдёт, –изойду́т 〈완〉
    (〈불완〉 происходи́ть) 일어나다, 발생하다

дво́е (집합수사) (복생) (사람을 나타내는 남성명사, 복수형을 사용하는 명사 및 인칭대명
    사와 함께 два 대신에 사용된다) 2명, 2개

мужчи́на (성년의) 남자

вы́йти –иду, –дешь 〈완〉 (〈불완〉 выходи́ть) 밖으로 나가다 · 나오다

помещённый, –ая, –ое, –ые помести́ть (게재하다)의 피동형동사 과거

러시아의 작가 안똔 빠블로비치 체호프는 매우 겸허한 사람이었다. 그는 축하식이나 딱딱하고 장황한 축하의 말을 싫어했고, 누구든지 그에 대해 칭찬의 말을 시작하는 것을 싫어했다. 그럴 때면 그는 언제나 화를 내고는 자리를 떠버렸다. 그러나 언젠가 한번 그가 칭찬의 말을 들었을 때, 그는 즐거워하였다. 그것은 사람들이 하는 말이 소박하고, 진심에서 하는 것이었기 때문에, 그는 불쾌하지 않았다.

그일은 이렇게 일어났다. 안똔 빠블로비치는 자신의 여동생 마리아와 함께 기차를 타고 가고 있었다. 그 옆에는 2명의 남자가 앉아 이야기를 나누고 있었다. 역에서 그들 중 한 사람이 차에서 내려, 신간 잡지를 한권 샀다. 그 잡지 속에는 체호프의 단편소설이 실려 있었다.

■ Че́хов -мой люби́мый писа́тель. Чита́ли ли вы что́-нибудь из его́ произведе́ний? -сказа́л он, обраща́ясь к Анто́ну Па́вловичу.

체호프는 내가 좋아하는 작가입니다. 당신은 그의 작품 가운데 어떤 것이든지 읽어 보신 적이 있습니까? – 그 사람은 체호프를 향해 말했다.

☐ Гм··· когда́-то··· -неопределённо отве́тил Че́хов.

음··· 전에···, -체호프는 애매하게 대답했다.

■ Сове́тую прочита́ть! - Друго́й пассажи́р, оде́тый в чёрный костю́м, то́же вступи́л в разгово́р и на́чал хвали́ть Че́хова:

읽어 보시기 바랍니다. – 검은 양복을 입은 또 다른 승객도 역시 대화에 끼어 들면서, 체호프를 칭찬하기 시작했다.

■ Э́то оди́н из лу́чших писа́телей. Расска́зы, напи́санные им, ма́ленькие, а прочита́ешь

внима́тельно, поду́маешь -и открыва́ется
широ́кая карти́на ру́сской жи́зни. Он вам
нра́вится?

그 사람은 훌륭한 작가들 중의 한 사람이지요. 그가 쓴 단편소설은 짧지만, 주의 깊게 읽어
보고, 좀 생각해보면, 러시아인의 광범위한 생활상이 펼쳐지지요. 그 작가를 좋아하십니까?

□ Гм··· не зна́ю··· -опя́ть отве́тил Анто́н
Па́влович.

음··· 잘 모르겠습니다만···, – 안똔 빠블로비치가 다시 대답했다.

Мари́я улыбну́лась и посмотре́ла на бра́та. Че́хов,
не у́знанный э́тими людьми́, был споко́ен, то́лько
глаза́ его смея́лись.

마리아는 웃으면서 오빠를 쳐다 보았다. 이 사람들이 알아 차리지 못하는 체호프는 잠자코 있
었고, 그의 눈만이 웃고 있을 뿐이었다.

(продолже́ние сле́дует)

● 새로운 단어와 표현

что́-нибудь 무엇인지, 무엇이든지   произведе́ние 작품
обраща́ться 1 〈불완〉 (к+여)···를 향하여 말하다, 말은 걸다
когда́-то (과거의) 어느 때인가   неопределённо 분명치 않게, 애매하게
оде́тый, –ая, –ое, –ые 〈 оде́ть (옷을 입히다)의 피동형동사 과거
вступи́ть, –плю́, –пишь 〈완〉 (〈불완〉 вступа́ть)(в+대) 1 (어떤 장소에)
    들어가다 2 가입하다, 참가하다
карти́на 1 (문학작품에 있어서의)정경 묘사 2 광경, 정경, 모습
улыбну́ться, –ну́сь, –нёшься 〈완〉 (〈불완〉 улыба́ться) 웃다, 미소짓다
у́знаный, –ая, –ое, –ые 〈 узна́ть (알아차리다)의 피동형동사 과거
смея́ться, –ме́юсь, –ме́ешься 〈불완〉 웃다
споко́йный, –ко́ен, ко́йна, –ко́йны (사람이) 침착한, 조용한, 잠자코 있는

1 피동형동사 현재 – 「…되어 있는」

Мой друг- а́втор, чита́емой все́ми кни́ги.

나의 친구는 모든 사람들에게 읽히고 있는 책의 저자이다.

불완료상 타동사의 현재 1인칭 복수형에 -ый를 붙여 만든다.
어미변화는 형용사경변화와 동일하다.

чита́ть	чита́-ем	чита́-ем-ый	읽혀지고 있는
люби́ть	люб-им	люб-и́м-ый	사랑받고 있는

≫ –авать형 동사는 부정형어간에서 만든다.

дава́ть	дава́-ем-ый	주어지는

Он получа́ет журна́л <Но́вое вре́мя>, издава́емый в Москве́.

그는 모스크바에서 발행되는 「신세대」지를 받아보고 있다.

2 피동형동사 과거 – 「…된」

Я ви́дел заво́д, постро́енный неда́вно.

나는 최근에 세워진 공장을 보았다.

피동형동사 과거형은 보통 완료상 타동사에서 만들어진다.

1) -ать, -ять, -еть 로 끝나는 동사 - 과거어간+-нный

прочита́ть	прочита́-л	прочи́та-нный	읽혀진
рассе́ять	рассе́я-л	рассе́я-нный	흩어진
уви́деть	уви́де-л	уви́ле-нный	보여진

≫ 피동형동사 과거의 액센트는 부정형의 액센트가 마지막 음절에 있는 경우는 1음절
앞으로 옮겨가고, 마지막 음절보다 앞에 있는 경우는 움직이지 않는다.

2) -ить로 끝나는 동사 - 현재 단수 1인칭어간+-енный

постро́ить	постро́-ю	постро́-енный	세워진
пригласи́ть	приглаш-у́	приглаш-ённый	초대된
купи́ть	купл-ю́	ку́пл-енный	구입된
привести́	привед-у́	привед-ённый	번역된

3) 약간의 불규칙동사 - 과거어간+-тый

оде́ть	оде́-л	оде́-тый	입혀진
откры́ть	откры́-л	откры́-тый	열려진
забы́ть	забы́-л	забы́-тый	잊혀진
покры́ть	покры́-л	покры́-тый	덮힌

Он живёт в до́ме, постро́енном в про́шлом году́.
그사람은 작년에 지어진 집에 살고 있다.
Прия́тно ви́деть у́лицы, покры́тые сне́гом.
눈으로 덮혀있는 가로를 보는 것은 즐겁다.

3 피동형동사 단어미

피동형동사 과거의 단어미형은 형용사의 단어미와 마찬가지로 오직 술어로
서만 사용된다. 피동형동사 과거의 단어미는 「과거」의 시제를 떠나 「형용사
단어미적」 성격을 가져 быть와 함께 수동동작의 완료된 상태를 나타낸다.
피동형동사의 단어미형은 형용사의 단어미형과 동일한 방법으로 만들어진다.

прочи́танный*	прочи́тан,	-тана,	-тано,	-таны
постро́енный*	постро́ен,	-ро́ена,	-ро́ено,	-ро́ены

одéтый   одéт,   одéта,   одéто,   одéты

*–нный로 끝나는 피동형동사는 단어미로 되면 –н–이 하나 탈락한다.

Дверь откры́та.   문은 열려 있다.

Дверь была́ откры́та.   문은 열려 있었다.

Дверь бу́дет откры́та.   문은 열려 있을 것이다.

4 부정(否定) 생격

타동사의 직접보어(목적어)「…을」가 대격으로 표시되는 것은 5과에서 배웠는데, 타동사가 부정이 되는 경우는 보통 직접보어는 생격이 된다. 이를 부정생격이라고 한다.

Я не написа́л бра́ту письма́.   나는 형에게 편지를 쓰지 않았다.

Он не люби́л торже́ственных собра́ний.

그는 축하회를 좋아하지 않았다.

≫ 구어체에서는 명사가 구체적인 사물을 나타내는 경우, 생격이 아니고 대격으로 하는 경우도 있다.

Я не пью́ молоко́.   나는 우유를 마시지 않는다.

연습
문제

1. 능동형동사 또는 피동형동사를 골라 적합한 형태를 넣으시오.

1) Я зна́ю архите́ктора,…э́тот дом.

Он ви́дел дом,…э́тим архите́ктором.

(постро́ивший, постро́енный)

2) На столе́ лежа́т кни́ги,…студе́нтом.

Студе́нты,…кни́ги, верну́лись в аудито́рию.

(забы́вший, забы́тый)

3) Она́ прочита́ла письмо́,···у́тром.

Я встре́тил Та́ню,···письмо́ из до́ма.

(получи́вший, полу́ченный)

4) Мне понра́вилась кни́га,···молоды́м писа́телем.

Писа́тель,···э́ту кни́гу, прие́хал к нам в го́сти.

(написа́вший, напи́санный)

5) Я взял слова́рь,···неда́вно.

Я поблагодари́л това́рища,···мне слова́рь.

(купи́вший, ку́пленный)

6) Де́вушка,···нам дверь, у́чится с на́ми.

Мы вошли́ в···дверь.

(откры́вший, откры́тый)

2. 피동형동사의 장어미 또는 단어미를 골라 적합한 형태를 넣으시오.

1) Они́ говори́ли о неда́вно···. экза́менах.

Все экза́мены уже́··· (сда́нный, сдан)

2) Я был на вы́ставке,···на про́шлой неде́ле.

Эта вы́ставка···на про́шлой неде́ле

(откры́тый, откры́т)

3) Эта шко́ла···в про́шлом году́.

Мы бы́ли в шко́ле,···в про́шлом году́.

(постро́енный, постро́ен)

4) Его́ стихи́···на ру́сский язы́к.

Я чита́л его́ стихи́,···на ру́сский язы́к.

(переведённый, переведён)

불완료상 부동사 — 「…하면서」
완료상 부동사 —「…하고 나서」

(продолжение)

Пассажи́ры продолжа́ли на́чатый разгово́р:

승객들은 하던 이야기를 계속했다.

- Че́хов -врач. Он был о́чень хоро́шим до́ктором, е́сли бы не был писа́телем. В Ме́лихове, где он тепе́рь живёт, Че́хов не то́лько ле́чит всех, но и лека́рства даёт. И всё э́то беспла́тно.

체호프는 의사입니다. 만약 그가 작가가 되지 않았다면, 훌륭한 의사가 되었을 겁니다. 체호프는 지금 살고 있는 멜리호보에서 모든 사람들을 치료해 주고 있을 뿐만 아니라 약도 주고 있습니다. 모든 것이 무료지요.

- Да, он о́чень хоро́ший челове́к. -сказа́л мужчи́на в чёрном костю́ме.

그렇습니다. 그는 매우 훌륭한 사람입니다. – 검은 양복을 입은 남자가 말했다.

- Вы слы́шали, что неда́вно откры́лись шко́лы, постро́енные Че́ховым для крестья́н? Лю́бят его́ лю́ди, и он лю́бит и зна́ет люде́й, поэ́тому расска́зы, напи́санные им, так хороши́···

당신은 체호프가 농민을 위해 세운 학교가 얼마전에 문을 열었다는 말을 들었습니까? 사람들은 그를 좋아하고 그도 사람들을 알고 좋아하지요. 그래서 그가 쓴 이야기들이 그렇게 좋은 것이지요···

И до́лго ещё пассажи́ры говори́ли о Че́хове, о его произведе́ниях. Анто́н Па́влович сиде́л, слу́шал, пока́шливая, э́тих случа́йно встре́ченных люде́й и говори́л непоня́тное ⟨гм···, гм⟩.

그리고 한참동안 또 승객들은 체호프에 대해서, 그의 작품에 대해서 이야기하였다. 안똔 빠블로비치는 앉아 이따금 잔기침을 하며 우연히 만난 그 사람들의 이야기를 듣고 「음···음」하고 알 수 없는 말을 했다.

● 새로운 단어와 표현

продолжа́ть 1 〈불완〉 (대/부정형) 계속하다
на́чатый, −ая, −ое, −ые 〈нача́ть (시작하다)의 피동형동사 과거
лечи́ть, −чу́, −чишь··· −чат 〈불완〉 (대) 치료하다
беспла́тно 무료로　　　　　　　костю́м 양복, 여성옷 한 벌
постро́енный, −ая, −ое, −ые 〈постро́ить (세우다)의 피동형동사 과거
крестья́нин (복 крестья́не, −я́н, −я́нам) 농부
ещё 〈조〉 (대명사나 부사의 뒤에 붙어 문장의 의미를 강조한다)
пока́шливать 1 〈불완〉 이따금 가볍게 기침을 하다
случа́йно 우연히
непоня́тный, −ая, −ое, −ые 알지 못하는, 이해할 수 없는

Мари́я о́чень хоте́ла откры́ть им пра́вду. Она́ ти́хо сказа́ла:

마리야는 그들에게 몹시 사실을 밝히고 싶어했다. 그녀는 나지막한 소리로 말했다.

■ Анто́н, скажи́ им, кто ты.

안똔, 오빠가 누구라는 걸 말해줘요.

□ Гм··· -отве́тил он и покача́л голово́й.

음··· – 하고 그는 대답하며 머리를 저었다.

■ Ну, Анто́н. -проси́ла она́ бра́та.

자, 안똔. –하고 그녀가 오빠에게 부탁했다.

Но он так бу́дто не слы́шал её. Она́ замолча́ла и то́лько иногда́, слу́шая пассажи́ров, ти́хо говори́ла:

그러나 그는 그녀의 말을 못 들은 것 같았다. 그녀는 입을 다물고, 두 승객의 말을 듣고 있다가 이따금 나직히 말할 뿐이었다.

■ Скажи́···

말해요···

Ско́ро должно́ бы́ло ко́нчиться э́то совме́стное путеше́ствие. Мари́я попроси́ла бра́та:

얼마 안 있어 함께 가는 이 여행도 끝내지 않으면 안되었다. 마리야는 오빠에게 부탁했다.

■ Разреши́ мне сказа́ть им, что ты Че́хов!

오빠가 체호프라고 저분들에게 말해도 괜찮겠지요!

Он посмотре́л на неё смею́щимися глаза́ми и отрица́тельно покача́л голово́й.

На сле́дующей ста́нции пассажи́ры вы́шли из ваго́на, так и не узна́в, что они́ говори́ли Че́хову, что в ру́сской литерату́ре есть хоро́ший и интере́сный писа́тель Анто́н Па́влович Че́хов, произведе́ния кото́рого ему́ на́до прочита́ть.

체호프는 웃음띤 눈으로 동생을 쳐다보며 안된다는 듯이 머리를 저었다.
다음 역에서 두 승객은 러시아문학에 안똔 빠블로비치 체호프라는 훌륭하고 흥미로운 작가가 있는데, 그의 작품을 읽어볼 필요가 있다고 말한 상대가 체호프라는 것을 결국 모른 채 열차에서 내렸다.

● 새로운 단어와 표현

откуры́ть 〈완〉 (〈불완〉 открыва́ть) 1 열다, 펴다 2 밝히다, 폭로하다

пра́вда 사실, 진실

покача́ть 1 〈불완〉 (조) 약간 흔들다　　покача́ться голово́й 머리를 젓다

замолча́ть, –чу́, –чи́шь… –ча́т 〈완〉 아무말도 하지 않다, 입을 다물다

то́лько 〈접〉 단… 만이, …이지만

совме́стный, –ая, –ое, –ые 공동의, 합동의

путеше́ствие 여행

разреши́ть, –шу́, –ши́шь…–ша́т 〈완〉 (〈불완〉 разреша́ть) (여) (대/부정형) 허가 · 허락하다

отрица́тельно (부정 · 반대하여) 부정적으로, 소극적으로

вы́йти, –йду, –йдешь 〈완〉 (〈불완〉 выходи́ть) 나가다, 나오다, 내리다

не то́лько…, но и… ~뿐만 아니라 …도

как бу́дто 〈조〉 …것 같다, …듯 싶다

так и (완료상동사와 함께) 결국

Он занима́ется, слу́шая му́зыку.

그는 음악을 들으면서 공부하고 있다.

Прочита́в кни́гу, он пошёл гуля́ть.

그는 책을 읽고나서 산보하러 나갔다.

부동사는 동사에서 만들어지며 「불완료상 부동사」와 「완료상 부동사」로 나뉘어져 있다.

1 불완료상 부동사 - 「…하면서」

1) 불완료상동사의 현재 복수 3인칭의 어미 -ют(-ят)를 떼어내고 접미사 -я (어간 끝이 ж, ч, ш, щ의 경우는 -a)를 붙인다.

чита́ть	чита́-ют	чита́-я	읽으면서
говори́ть	говор-я́т	говор-я́	이야기하면서
спеши́ть	спеш-а́т	спеш-а́	서두르면서
улыба́ться	улыба́-ются	улыба́-ясь	웃으면서

2) 술어동사가 나타내는 동작과 동시에 일어나는 동작을 나타낸다.

$$\text{Чита́я кни́гу, она́} \quad \begin{cases} \text{бу́дет сиде́ть} \\ \text{сиди́т} \\ \text{сиде́ла} \end{cases} \quad \text{у окна́.}$$

그 여자는 책을 읽으면서 창가에 앉아 있겠지.

앉아 있다.

앉아 있었다.

2 완료상 부동사 - 「…하고 나서」

1) 완료상동사의 과거 어간에 접미사 -в 또는 -вши(모음 뒤에), -ши(자음

뒤에) 붙여 만든다.

прочита́ть	прочита́-л	прочита́-в(ши)	읽고 나서
открьíть	открьí-л	открьí-в(ши)	열고 나서
принести́	принёс	принёс-ши	가지고 온 후
верну́ться	верну́-л-ся	верну́-вши-сь	돌아온 후

2) 완료상부동사는 술어동사에 선행하는 완료된 동작을 나타낸다.

бу́дет отдыха́ть.

Зако́нчив рабо́ту, он отдыха́ет.

отдыха́л.

일을 끝낸 다음, 그 사람은 쉴 것이다.

쉬고 있다.

쉬고 있었다.

≫ 1. —авать로 끝나는 불완료상동사는 부정형 어간에서 만든다.

встава́—ть	встава́я	일어나면서
дава́—ть	дава́я	주면서
узнава́—ть	узнава́я	물어보면서

≫ 2. 완료상동사들 중에는 미래형어간에 —а, —я를 붙여 완료상 부동사가 만들어진 것도 있다.

прийти́	приду́т	придя́	오고 나서
уйти́	уйду́т	уйдя́	떠나고 나서
войти́	войду́т	войдя́	들어와서
вы́йти	вы́йдут	вы́йдя	나가서
подойти́	подойду́т	подойдя́	다가와서

1. 괄호 안 부동사의 맞는 형태를 골라 넣으시오.

1) ···па́мятники архитекту́ры, он мно́го е́здил по стране́.
   Хорошо́···язы́к, он смог перевести́ э́ту кни́гу. (изуча́я, изучи́в)

2) ···ко мне, он ча́сто прино́сит интере́сные сла́йды и фотогра́фии.
   ···ко мне, он принёс интере́сные сла́йды и фотоальбо́мы. (приходя́, придя́)

3) ···упражне́ния, он переводи́л но́вые слова́.
   ···упражне́ния, он на́чал чита́ть текст. (де́лая, сде́лав)

4) ···Экза́мены, он мно́го занима́лся.
   ···Экза́мены, он пое́хал в Ки́ев. (сдава́я, сдав)

2. 괄호 안의 동사를 부동사로 고쳐 넣으시오.

1) ···письмо́ отца́, я ду́мал о свои́х роди́телях. (чита́ть)

2) Он стоя́л в коридо́ре, ···с това́рищем. (разгова́ривать)

3) Вчера́, ···из университе́та, я встре́тил на у́лице своего́ знако́мого. (возвраща́ться)

4) ···из до́ма, я ча́сто встреча́ю э́того челове́ка. (выходи́ть)

5) ···на ле́кцию, я реши́л не входи́ть в зал. (опозда́ть)

6) ···на ро́дину, я бу́ду рабо́тать инжене́ром. (верну́ться)

7) ···, мы пошли́ смотре́ть телеви́зор. (поу́жинать)

8) ···письмо́, я пошёл на по́чту. (написа́ть)

【1과】

1. 1) Да, э́то он.

    2) Да, он писа́тель.

    3) Да, я пиани́ст.

2. - Кто э́то?

    - Это я.

    - Кто вы?

    - Я писа́тель.

【2과】

1. 1) Нет, э́то не перо́.

    2) Нет, э́то не каранда́ш.

    3) Нет, он не писа́тель.

    4) Нет, она́ не пиани́стка.

2. пиани́ст 남성 студе́нт 남성   письмо́ 중성 слолва́рь 남성
   ра́дио 중성 каранда́ш 남성   писа́тель 남성 па́па 남성
   пиани́стка 여성   тетра́дь 여성

3. - Что э́то?

    - Это ко́фе.

    - Вы студе́нт?

    - Нет, я не студе́нт.

【3과】

1. 1) их   2) твоя́, моя́   3) наш   4) мой   5) её   6) ваш, его́

2. студе́нты словари́ газе́ты се́мьи пи́сьма музе́и тетра́ди кни́ги врачи́ дома́ друзья́ бра́тья де́ти

3. 1) э́та 2) э́тот 3) э́ти

【4과】

1. 1) неё 2) тебя́ 3) меня́ 4) них 5) него́

2. 1) У вас есть брат?

   Как его́ зову́т?

   Он врач?

   2) У вас есть друг?

   Как его́ зову́т?

   Кто он?

【5과】

1. 1) Вы, я 2) вы, мы 3) он(она́),он(она́) 4) Ты 5) Ты 6) Я

2. 1) чита́ю газе́ту, чита́ет письмо́

   2) чита́ете журна́л, слу́шает ра́дио

   3) говори́шь, говорю́

   4) де́лают, гуля́ют

   5) говори́те, говори́м

3. Я-студе́нт. Я изуча́ю ру́сский язы́к. Я уже́ непло́хо говорю́ по-ру́сски. Сейча́с я чита́ю текст. Я Чита́ю по-ру́сски. Я ещё всё понима́ю. У меня́ есть ру́сско-коре́йский слова́рь.

【6과】

1. 1) Здесь была книга, а там был журнал.

   2) Вечером я смотрел телевизор и читал книги.

   3) Они говорили по-русски хорошо.

   4) Она писала письмо.

   5) Сегодня папа был дома.

2. 1) на вечере 2) в гостинице 3) в институте 4) в городе,
   в деревне 5) в России

3. театре, концерте, музее, выставке, больнице, заводе,
   лекции, дома

【7과】

1. 1) учишься, учусь 2) учится, учится 3) учились,
   учился(училась) 4) учитесь, учимся

2. 1) о его сестре 2) о его брате 3) о его отце 4) о маме

3. 1) о вас 2) о нём 3) о ней 4) о них

【8과】

1. 1) Нина Петровна работает в больнице.
      Она идёт в больницу.

   2) Иван Сергеевич работает на заводе.
      Он идёт на завод.

   3) Минхо и Олег учатся в университете.
      Они идут в университет.

   4) Та́ня у́чится в шко́ле.

      Она́ идёт в шко́лу.

2. иду́ в университе́т, идёт в шко́лу, е́ду, идёт, иду́ в библиоте́ку, е́ду на авто́бусе, е́ду, иду́

3. 1) Куда́ вы идёте? - Я иду́ в институ́т.

   2) Куда́ ты е́дешь? - Я е́ду в кино́.

   3) Минхо идёт в па́рк.

【9과】

1. 1) но́вая хоро́шая 2) большо́й 3) си́нее 4) молодо́й

   5) плоха́я 6) больша́я 7) тёплая, све́тлая

   8) интере́сные, ру́сские

2. идёшь, иду́, хо́дишь, хожу́, идёшь, иду́

3. е́дете, е́дем, е́здили

【10과】

1. 1) начина́ется (конча́ется) 2) начина́ет, конча́ет

   3) начина́ется, конча́ется 4) начина́ется 5) конча́ется

2. 나는 아침 일찍 일어나, 아침체조를 하고 세수를 한다. 그리고 나서 아침을 먹고, 직장에 간다. 나의 직장은 가까이 있어 나는 걸어서 직장에 간다. 나는 공장에서 일한다. 나의 친구도 역시 공장에서 일하고 있다. 우리들은 기술자이다.

그리고 나서 우리는 식당에서 점심을 먹는다. 5시에 나는 집으로 간다.

저녁은 집에서 먹는다. 저녁에 나는 신문을 읽거나 텔레비전을 본다. 그리고 나서 나는 공원에서 산책을 하고 그리고 잠자리에 든다.

【11과】

1. взял 1회 동작의 완료 занима́лся 동작의 계속 писа́л, чита́л, учи́л 동작의 확인 сде́лал, прочита́л, пошёл 동작의 완료

2. 1) начина́ю, на́чали 2) реша́л, реши́л 3) взял, чита́ть
   4) писа́ла, написа́ла

3. конча́ет, ко́нчила, верну́лась, у́жинала, смотре́ла, чита́ла

【12과】

1. 1) бу́ду, был(была́), был(была́) 2) был, бу́дет 3) бу́дут
   4) был, бу́дет 5) бу́ду 6) бу́дут 7) бу́дем

2. 1) В воскресе́нье я бу́ду смотре́ть кино́.
   2) За́втра ве́чером они́ бу́дут отдыха́ть до́ма.
   3) Ве́чером Минхо пойдёт на спекта́кль.

【13과】

1. 1) Пу́шкина, Че́хова 2) преподава́теля 3) сестры́
   4) институ́та

2. 1) У меня́ в ко́мнате нет телеви́зора.
   2) Его́ расска́за не́ было в журна́ле.
   3) У него́ нет словаря́.
   4) Ра́ньше у нас не́ было маши́ны.

3. 1) мо́жешь, могу́ 2) мо́жете, могу́ 3) мо́жет, мо́жет
   4) мо́гут, мо́гут

【14과】

1. 1) В го́роде две библиоте́ки.

   2) У меня́ три словаря́.

   3) На столе́ два́дцать одно́ я́блоко.

   4) У меня́ два́дцать пять рубле́й.

   5) Сейча́с семь часо́в.

2. 1) Он сто́ит де́сять рубле́й.

   2) Она́ сто́ит пятна́дцать рубле́й.

   3) Он сто́ит два́дцать два рубля́.

3. 1) пью, пьёт, пьёте   2) пьют   3) пьёшь   4) ем, ест, едя́т

   5) еди́те

【15과】

1. 1) врача́   2) студе́нта   3) преподава́теля   4) жену́   5) отца́

   6) ма́ть

2. 1) их   2) тебя́   3) её   4) меня́   5) его́   6) вас   7) нас

3. 1) себя́   2) себе́   3) себя́

【16과】

1. 1) нам   2) им   3) вам   4) мне   5) ей   6) тебе́

2. 1) Оте́ц купи́л сы́ну кассе́ту.

   2) Я пока́зываю това́рищу бума́жник.

   3) Он написа́л жене́ письмо́.

   4) Оле́г дам Андре́ю газе́ту.

3. - У тебя есть отец? Ско́лько ему́ лет?

   - Ему́ 45 лет.

   - А мать у тебя́ есть?

   - Да, Ей 42 года.

【17과】

1. 1) свобо́ден (-дна), свобо́дный   2) за́нят, занято́й

   3) интере́сный, интере́сен

2. 1) здоро́вы   2) интере́сен   3) похо́жа, похо́ж   4) гото́вы
   гото́в (-ва)

3. 1) Брат до́лжен был взять э́тот журна́л.

   2) Она́ должна́ была́ пое́хать на рабо́ту.

   3) Они́ должны́ бы́ли позвони́ть Та́не.

   4) Та́ня должна́ была́ дать мне уче́бник.

   5) Мы должны́ бы́ли пригласи́ть Ли́ду.

【18과】

1. 1) вам   2) Мне   3) ей   4) ему́   5) нам   6) им

2. 1) Оле́г пло́хо себя́ чу́вствовал. У него́ боле́ла голова́, ему́
   бы́ло тру́дно дыша́ть.

   2) Та́ня была́ больна́. В пя́тницу она́ должна́ была́ пойти́ в
   поликли́нику.

   3) Её сын был бо́лен, ему́ нельзя́ бы́ло ходи́ть в шко́лу.

   4) Мне ну́жно бы́ло получи́ть лека́рство.

3. 1) ну́жно   2) мо́жно   3) нельзя́

4. 1) Ната́ше ну́жно пое́хать в санато́рий.

   2) Сы́ну ну́жно мно́го занима́ться.

   3) Отцу́ ну́жно пойти́ на рабо́ту.

【19과】

1. 1) студе́нткой 2) писа́телем 3) пиани́сткой 4) поэ́том

   5) матема́тиком

2. 1) прие́хать, прие́хала 2) купи́ть, купи́л 3) пригласи́ть, пригласи́ли 4) написа́ть, написа́л (-ла)

3. 1) кото́рый 2) кото́рая 3) кото́рое 4) кото́рые

【20과】

1. 1) ним 2) ней 3) тобо́й 4) ни́ми 5) на́ми 6) мно́й

2. 1) с бра́том Андре́я 2) с отцо́м 3) футбо́лом

   4) врачо́м 5) спо́ртом

3. 1) мы с Са́шей 2) мы с Та́ней 3) мы с Андре́ем

【21과】

1. 1) идёшь, хо́дишь, ходи́ть 2) е́здим 3) е́дешь, е́ду

   4) е́хал 5) плыть, пла́вать 6) плывёт, пла́ваешь

   7) лета́ем, лети́м

【22과】

1. 1) на, с 2) в, из 3) у, в, от, из 4) в, у, из, от
2. 1) пришёл, прие́хала, прийти́ 2) вы́шла, пришла́
   3) дое́хали, вы́шли 4) прие́хал 5) уезжа́ют

【23과】

1. 1) но́вую студе́нтку 2) Но́вой студе́нтке 3) но́вой
   студе́нтки 4) но́вой студе́нткой 5) но́вой студе́нтке
2. 1) Этой 2) ту 3) но́вой 4) интере́сную 5) э́той
3. 1) что, что́бы 2) что, что́бы 3) что́бы 4) что, что́бы

【24과】

1. 1) но́вого студе́нта 2) Но́вому студе́нту 3) но́вого
   студе́нта 4) но́вым студе́нтом 5) но́вом студе́нте
2. 1) изве́стный, изве́стному, изве́стным
   2) хоро́ший, хоро́шем, хоро́шего
   3) ма́леньком, ма́ленький, ма́ленькому
   4) после́дний, после́днем, после́днему
3. 1) Этому больно́му 2) мои́м хоро́шим това́рищем
   3) э́того изве́стного арти́ста 4) На́шему отцу́

【25과】

1. 1) в а́вгусте 2) в про́шлом году́ 3) в сле́дующем году́

4) в про́шлом ме́сяце 5) в э́том ме́сяце

6) на э́той неде́ле 7) в э́то воскресе́нье

8) на сле́дующий день 9) в про́шлую суббо́ту

10) в сле́дующую сре́ду

2. 1) весь ве́чер 2) весь ме́сяц 3) всё ле́то 4) всю неде́лю

5) весь год

【26과】

1. 1) у мои́х бра́тьев 2) свои́х сестёр 3) от свои́х дете́й

4) мои́х роди́телей

2. 1) кни́жных магази́нов 2) вече́рних газе́т 3) ру́сских

журна́лов 4) э́тих интере́сных расска́зов

5) э́тих молоды́х архите́кторов 6) ста́рых друзе́й

7) на́ших госте́й 8) э́тих па́мятников

【27과】

1. 1) изве́стных поэ́тов и писа́телей 2) свои́х сестёр

3) ру́сских певи́ц 4) э́тих молоды́х архите́кторов

2. 1) свои́х дете́й 2) изве́стных поэ́тов 3) свои́х подру́г

4) э́тих де́вушек 5) свои́х бра́тьев 6) свои́х роди́телей

【28과】

1. 1) но́вых спекта́клях 2) музе́ях 3) интере́сных вы́ставках

4) на́ших преподава́телях 5) после́дних экза́менах

6) ру́сских худо́жниках   7) э́тих больши́х ко́мнатах

8) свои́х бра́тьях

2. похо́дах, похо́дах, моско́вских вокза́лах, поезда́х, истори́ческих места́х и архитекту́рных па́мятниках, таки́х похо́дах, сле́дующих похо́дах

【29과】

1. 1) Он помога́ет мла́дшим бра́тьям.

2) Оле́г позвони́л свои́м сёстрам.

3) Андре́й посла́л телегра́мму ста́рым друзья́м.

4) Он дал слова́рь э́тим студе́нтам.

5) Мы показа́ли город на́шим гостя́м.

6) Он купи́л фотоаппара́т свои́м подру́гам.

2. 1) студе́нтам   2) бу́дущим врача́м   3) роди́телям

4) шко́льным учителя́м   5) э́тим това́рищам   6) Де́тям

7) Мои́м друзья́м   8) сосе́дям

【30과】

1. 1) худо́жниками   2) детьми́   3) врача́ми   4) роди́телями

5) краси́выми ма́рками   6) э́тими преподава́телями

7) свои́ми ста́рыми друзья́ми   8) интере́сными людьми́

2. 1) кото́рый, у кото́рого, кото́рому, кото́рого, с кото́рым, о кото́ром

2) кото́рая, у кото́рой, кото́рой, кото́рую, с кото́рой, о кото́рой

【31과】

1. 1) Я пришёл по́зже его́.

   2) Та́ня говори́т по-англи́йски ху́же Оле́га.

   3) Ста́рый текст трудне́е, чем но́вый.

   4) Вчера́ бы́ло холодне́е, чем сего́дня.

   5) Петербу́рг ме́ньше Москвы́.

2. 1) Сестра́ моло́же бра́та на два го́да.

   2) Ва́ша кварти́ра бо́льше их кварти́ры.

   3) Он прие́хал в Москву́ по́зже тебя́.

   4) Это ле́то тепле́е про́шлого.

   5) Наш дом вы́ше ва́шего.

【32과】

1. 1) пое́дем, пое́хали 2) бу́дет занима́ться, занима́лся

   3) пойдём, пошли́ 4) посмотрю́, посмотре́л

2. 1) Если бы ты прочита́л э́тот расска́з, он понра́вился бы тебе́.

   2) Если бы он хоте́л, он мог бы взять э́ту кни́гу в библиоте́ке.

   3) Если бы она́ интересова́лась биоло́гией, она́ пошла́ бы на э́ту ле́кцию.

   4) Если бы я встре́тил его, я пригласи́л бы его́ к нам.

【33과】

1. 1) иностра́нных, иностра́нных 2) тру́дные 3) кра́сные

   4) интере́сных 5) но́вых

2. 1) в де́сять мину́т четвёртого.

   2) Без двадцати́ де́вять.

   3) в полови́не восьмо́го.

   4) деся́тое ма́я.

3. - Когда́ вы роди́лись?

   - Я роди́лся (-лась) восемна́дцатого сентября́ ты́сяча

     девятьсо́т семьдеся́т четвёртого го́да.

【34과】

1. 1) пи́шущим 2) игра́ющим 3) говоря́щую 4) верну́вшихся

   5) посла́вшей

2. А 1) живу́щий 2) живу́щего 3) живу́щим 4) живу́щему

     5) живу́щего 6) живу́щем

   Б 1) написа́вшая 2) написа́вшую 3) написа́вшей

     4) написа́вшей 5) написа́вшей 6) написа́вшей

【35과】

1. 1) постро́ившего, постро́енный 2) забы́тые, забы́вшие

   3) полу́ченное, получи́вшую 4) напи́санная, написа́вший

   5) ку́пленный, купи́вшего 6) откры́вшая, откры́тую

2. 1) сда́нных, сданы́ 2) откры́той, откры́та

3) постро́ена, постро́енной   4) переведены́, переведённые

【36과】

1. 1) Изуча́я, изучи́в   2) Приходя́, Придя́   3) Де́лая, Сде́лав
   4) Сдава́я, Сдав
2. 1) Чита́я   2) разгова́ривая   3) возвраша́ясь   4) Вы́ходя
   5) Опозда́в   6) Верну́вшись   7) Поу́жинав   8) Написа́в

1. 경 · 연모음의 대비

경모음	а	ы	у	э	о
연모음	я	и	ю	е	ё

단, е는 문법상으로는 о에 대응하는 연모음으로 취급한다.

2. 정자법 규칙

1) г, к, х, ч, ш, щ 뒤에서 ы, ю, я 대신에 и, у, а를 쓴다.

(ы → и, ю → у, я → а)

2) ц의 뒤에서 я, ю는 а, у를 쓴다.

(я → а, ю → у)

3. 명사의 격변화

1) 남성명사

		경 변 화	
		-경자음	
단 수	주격	студе́нт	заво́д
	생격	студе́нт-а	заво́д-а
	여격	студе́нт-у	заво́д-у
	대격	студе́нт-а	заво́д
	조격	студе́нт-ом	заво́д-ом
	전치격	студе́нт-е	заво́д-е
복 수	주격	студе́нт-ы	заво́д-ы
	생격	студе́нт-ов	заво́д-ов
	여격	студе́нт-ам	заво́д-ам
	대격	студе́нт-ов	заво́д-ы
	조격	студе́нт-ами	заво́д-ами
	전치격	студе́нт-ах	заво́д-ах
		활동체	불활동체

		연 변 화			
		-й		-ь	
단 수	주격	геро́-й	сара́-й	вожд-ь	слова́р-ь
	생격	геро́-я	сара́-я	вожд-я́	словар-я́
	여격	геро́-ю	сара́-ю	вожд-ю́	словар-ю́
	대격	геро́-я	сара́-й	вожд-я́	слова́р-ь
	조격	геро́-ем	сара́-ем	вожд-ём	словар-ём
	전치격	геро́-е	сара́-е	вожд-е́	словар-е́
복 수	주격	геро́-и	сара́-и	вожд-и́	словар-и́
	생격	геро́-ев	сара́-ев	вожд-е́й	словар-ей
	여격	геро́-ям	сара́-ям	вожд-я́м	словар-я́м
	대격	геро́-ев	сара́-и	вожд-е́й	словар-и́
	조격	геро́-ями	сара́-ями	вожд-я́ми	словар-я́ми
	전치격	геро́-ях	сара́-ях	вожд-я́х	словар-я́х
		활동체	불활동체	활동체	불활동체

≫ 1. ж, ч, ш, щ로 끝나는 것은 연변화
단, 정자법 규칙에 따라 ю → у, я → а로 된다. 단수조격은 어미에 액센트가 있
으면 −о́м으로 된다.
예 : каранда́ш → карандашо́м
≫ 2. ц로 끝나는 것은 단수조격과 복수생격에서 어미에 액센트가 없으면, 각각 −ем,
−ев로, 있으면 −о́м, −о́в로 된다. 그 이외는 경변화를 한다.
≫ 3. 어미의 자음 앞에 о, е가 있는 것은 격변화를 할 때 이들이 탈락하는 경우가 있
다(출몰모음). 예: отец / отца́…
단, е−ь 또는 е−й 로 되는 것도 있다.
예 : лев /льва́…, кита́ец /кита́йца…
≫ 4. 단·복수 공히 활동체에서는 생격=대격, 불활동체에서는 주격=대격

2) 여성명사

		경 변 화	
		-а	
단수	주격	ко́мнат-а	же́нщин-а
	생격	ко́мнат-ы	же́нщин-ы
	여격	ко́мнат-е	же́нщин-е
	대격	ко́мнат-у	же́нщин-у
	조격	ко́мнат-ой	же́нщин-ой
	전치격	ко́мнат-е	же́нщин-е
복수	주격	ко́мнат-ы	же́нщин-ы
	생격	ко́мнат	же́нщин
	여격	ко́мнат-ам	же́нщин-ам
	대격	ко́мнат-ы	же́нщин
	조격	ко́мнат-ами	же́нщин-ами
	전치격	ко́мнат-ах	же́нщин-ах
		불활동체	활동체

		연 변 화			
		-я		-ь	
단수	주격	неде́л-я	ня́н-я	крова́т-ь	ло́шад-ь
	생격	неде́л-и	ня́н-и	крова́т-и	ло́шад-и
	여격	неде́л-е	ня́н-е	крова́т-и	ло́шад-и
	대격	неде́л-ю	ня́н-ю	крова́т-ь	ло́шад-ь
	조격	неде́л-ей	ня́н-ей	крова́т-ью	ло́шад-ью
	전치격	неде́л-е	ня́н-е	крова́т-и	ло́шад-и
복수	주격	неде́л-и	ня́н-и	крова́т-и	ло́шад-и
	생격	неде́л-ь	ня́н-ь	крова́т-ей	лошад-е́й
	여격	неде́л-ям	ня́н-ям	крова́т-ям	лошад-я́м

대격	неде́л-и	ня́н-ь	крова́т-и	лошад-е́й
조격	неде́л-ями	ня́н-ями	крова́т-ями	лошад-я́ми
전치격	неде́л-ях	ня́н-ях	крова́т-ях	лошад-я́х
	불활동체	활동체	불활동체	활동체

≫ 1. -жа, -ча, -ша, -ща인 것은 연변화
　단, 정자법 규칙에 따라 я → а, ю → у로 되고, 복수생격에는 -ь가 붙지 않는다.
　액센트가 어미에 있는 경우, 단수조격은 -ой(-ою)로 된다.
　예 : гру́ша /-и, -е, -у, -ей, -е　(단수)
　　　 гру́ши /груш, -ам, -и, -ами, -ах (복수)

≫ 2. -а, -я의 남성명사(예:дя́дя)는 여성변화를 한다. 또한 복수생격에서 -ей로 되는 것이 있다.

≫ 3. -ца인 것은 단수조격이 -ей로 된다. 단, 액센트가 어미에 있으며 -ой로 된다.

≫ 4. 복수생격에서 어말에 자음 2개가 나란히 겹치는 경우는 그 사이에 о 또는 е를 넣는다. ь이나 й는 е로 바뀐다.
　예 : студе́нтка /студе́нток, пе́сня /пе́сен

≫ 5. 단수조격 -ой와 -ою는 각각 -ою와 -ею로 되는 경우도 있지만 문어적이다.

3) 중성명사

		경변화	연변화		특수변화
		-о	-е	-ие	-мя
단수	주격	сло́в-о	по́л-е	зда́ни-е	вре́-мя
	생격	сло́в-а	по́л-я	зда́ни-я	вре́-мени
	여격	сло́в-у	по́л-ю	зда́ни-ю	вре́-мени
	대격	сло́в-о	по́л-е	зда́ни-е	вре́-мя
	조격	сло́в-ом	по́л-ем	зда́ни-ем	вре́-менем
	전치격	сло́в-е	по́л-е	зда́ни-и	вре́-мени
복수	주격	слов-а́	пол-я́	зда́ни-я	вре-мена́
	생격	слов	пол-е́й	зда́ни-й	вре-мён
	여격	слов-а́м	пол-я́м	зда́ни-ям	вре-мена́м
	대격	слов-а́	пол-я́	зда́ни-я	вре-мена́

	조격	слов-а́ми	пол-я́ми	зда́ни-ями	вре-мена́ми
	전치격	слов-а́х	пол-я́х	зда́ни-ях	вре-мена́х
					бре́мя, вре́мя
					вы́мя, зна́мя
					и́мя, пла́мя
					пле́мя, се́мя
					стре́мя, те́мя

≫ ─же, ─че, ─ше, ─це는 연변화
  단, 정자법에 따라 ю → у, я → а로 된다. 복수생격에는 어미가 없다.
  예 : се́рдце / ─а, ─у, ─е, ─ем, ─е(단수)
     сердца́ / серде́ц, ─ам, ─а, ─а́ми, ─а́х(복수)
  복수생격의 어말에 자음이 2개 나란히 겹치는 경우는 о 또는 е를 사이에 넣는다. ь
  가 있으면 е로 바뀐다.(출몰모음)
  예 : окно́ / 〈복〉 о́кна, о́кон…
     письмо́ /〈복〉 пи́сьма, пи́сем…

4) 불규칙변화명사

		путь(남)	мать(여)	─ия(여)
단수	주격	пут-ь	мат-ь	а́рми-я
	생격	пут-и́	ма́тер-и	а́рми-и
	여격	пут-и́	ма́тер-и	а́рми-и
	대격	пут-ь	мат-ь	а́рми-ю
	조격	пут-ём	ма́тер-ью	а́рми-ей
	전치격	пут-и́	ма́тер-и	а́рми-и
복수	주격	пут-и́	ма́тер-и	а́рми-и
	생격	пут-ей	матер-е́й	а́рми-й
	여격	пут-я́м	матер-я́м	а́рми-ям
	대격	пут-и́	матер-е́й	а́рми-и
	조격	пут-я́ми	матер-я́ми	а́рми-ями
	전치격	пут-я́х	матер-я́х	а́рми-ях

		-ий	-ья	-ье(-ьё)
단수	주격	санато́ри-й	стать-я́	копь-ё
	생격	санато́ри-я	стать-и́	копь-я́
	여격	санато́ри-ю	стать-е́	копь-ю́
	대격	санато́ри-й	стать-ю́	копь-ё
	조격	санато́ри-ем	стать-ёй	копь-ём
	전치격	санато́ри-и	стать-е́	копь-е́
복수	주격	санато́ри-и	стать-и́	ко́пь-я
	생격	санато́ри-ев	стать-е́й*	ко́пь-ий
	여격	санато́ри-ям	стать-я́м	ко́пь-ям
	대격	санато́ри-и	стать-и́	ко́пь-я
	조격	санато́ри-ями	стать-я́ми	ко́пь-ями
	전치격	санато́ри-ях	стать-я́х	ко́пь-ях

		брат	друг	сын
단수	주격	брат	друг	сын
	생격	бра́т-а	дру́г-а	сы́н-а
	여격	бра́т-у	дру́г-у	сы́н-у
	대격	бра́т-а	дру́г-а	сы́н-а
	조격	бра́т-ом	дру́г-ом	сы́н-ом
	전치격	бра́т-е	дру́г-е	сы́н-е
복수	주격	бра́ть-я	друз-ья́	сынов-ья́
	생격	бра́ть-ев	друз-е́й	сынов-е́й
	여격	бра́ть-ям	друз-ья́м	сынов-ья́м
	대격	бра́ть-ев	друз-е́й	сынов-е́й
	조격	бра́ть-ями	друз-ья́ми	сынов-ья́ми
	전치격	бра́ть-ях	друз-ья́х	сынов-ья́х

		граждани́н	де́рево	не́бо
단 수	주격	граждани́н	де́рев-о	не́б-о
	생격	граждани́н-а	де́рев-а	не́б-а
	여격	граждани́н-у	де́рев-у	не́б-у
	대격	граждани́н-а	де́рев-о	не́б-о
	조격	граждани́н-ом	де́рев-ом	не́б-ом
	전치격	граждани́н-е	де́рев-е	не́б-е
복 수	주격	гра́ждан-е	дере́вь-я	небес-а́
	생격	гра́ждан	дере́вь-ев	небе́с
	여격	гра́ждан-ам	дере́вь-ям	небес-а́м
	대격	гра́ждан	дере́вь-я	небес-а́
	조격	гра́ждан-ами	дере́вь-ями	небес-а́ми
	전치격	гра́ждан-ах	дере́вь-ях	небес-а́х

4. 러시아인의 성(姓)의 변화

	-ов, -ев으로 끝나는 성			
	남 성		여 성	
주격	Че́хов	Турге́нев	Че́хов-а	Турге́нев-а
생격	Че́хов-а	Турге́нев-а	Че́хов-ой	Турге́нев-ой
여격	Че́хов-у	Турге́нев-у	Че́хов-ой	Турге́нев-ой
대격	Че́хов-а	Турге́нев-а	Че́хов-у	Турге́нев-у
조격	Че́хов-ым	Турге́нев-ым	Че́хов-ой	Турге́нев-ой
전치격	Че́хов-е	Турге́нев-е	Че́хов-ой	Турге́нев-ой

	복 수	
주격	Че́хов-ы	Турге́нев-ы
생격	Че́хов-ых	Турге́нев-ых

여격	Чéхов-ым	Тургéнев-ым
대격	Чéхов-ых	Тургéнев-ых
조격	Чéхов-ыми	Тургéнев-ыми
전치격	Чéхов-ых	Тургéнев-ых

-ин으로 끝나는 성			
	남 성		여 성	
주격	Пýшкин	Лéнин	Пýшкин-а	Лéнин-а
생격	Пýшкин-а	Лéнин-а	Пýшкин-ой	Лéнин-ой
여격	Пýшкин-у	Лéнин-у	Пýшкин-ой	Лéнин-ой
대격	Пýшкин-а	Лéнин-а	Пýшкин-у	Лéнин-у
조격	Пýшкин-ым	Лéнин-ым	Пýшкин-ой	Лéнин-ой
전치격	Пýшкин-е	Лéнин-е	Пýшкин-ой	Лéнин-ой

복 수		
주격	Пýшкин-ы	Лéнин-ы
생격	Пýшкин-ых	Лéнин-ых
여격	Пýшкин-ым	Лéнин-ым
대격	Пýшкин-ых	Лéнин-ых
조격	Пýшкин-ыми	Лéнин-ыми
전치격	Пýшкин-ых	Лéнин-ых

형용사어미를 갖는 성			
	남 성		여 성	
주격	Гóрьк-ий	Толст-óй	Гóрьк-ая	Толст-áя
생격	Гóрьк-ого	Толст-óго	Гóрьк-ой	Толст-óй
여격	Гóрьк-ому	Толст-óму	Гóрьк-ой	Толст-óй
대격	Гóрьк-ого	Толст-óго	Гóрьк-ую	Толст-ýю

조격	Го́рьк-им	То́лст-ы́м	Го́рьк-ой	То́лст-о́й
전치격	Го́рьк-ом	То́лст-о́м	Го́рьк-ой	То́лст-о́й

	복　　　수	
주격	Го́рьк-ие	То́лст-ы́е
생격	Го́рьк-их	То́лст-ы́х
여격	Го́рьк-им	То́лст-ы́м
대격	Го́рьк-их	То́лст-ы́х
조격	Го́рьк-ими	То́лст-ы́ми
전치격	Го́рьк-их	То́лст-ы́х

5. 인칭대명사의 격변화

	인 칭 대 명 사						
	1인칭		2인칭		3인칭		
주격	я	мы	ты	вы	он, оно́	она́	они́
생격	меня́	нас	тебя́	вас	его́	её	их
여격	мне	нам	тебе́	вам	ему́	ей	им
대격	меня́	нас	тебя́	вас	его́	её	их
조격	мной (-о́ю)	на́ми	тобо́й (-о́ю)	ва́ми	им	ей (е́ю)	и́ми
전치격	мне	нас	тебе́	вас	нём*	ней*	них*

≫ 3인칭은 전치사와 함께 사용되는 경우(주격이외)에는 н—을 앞에 붙인다. —ого, —его의 г는 [в]로 발음된다.

	재귀대명사	의문대명사	
주격		кто	что
생격	себя́	кого́	чего́
여격	себе́	кому́	чему́

대격	себя́	кого́	что
조격	собо́й(-о́ю)	кем	чем
전치격	себе́	ком	чём

6. 형용사의 변화

1) 형용사의 장어미형

	경 변 화			
	남성	중성	여성	복수
주격	интере́сн-ый*	-ое	-ая	-ые
생격	интере́сн-ого	-ого	-ой	-ых
여격	интере́сн-ому	-ому	-ой	-ым
대격	интере́сн-ый -ого	-ое	-ую	-ые -ых
조격	интере́сн-ым	-ым	-ой	-ыми
전치격	интере́сн-ом	-ом	-ой	-ых

	연 변 화			
	남성	중성	여성	복수
주격	весе́нн-ий	-ее	-яя	-ие
생격	весе́нн-его	-его	-ей	-их
여격	весе́нн-ему	-ему	-ей	-им
대격	весе́нн-ий -его	-ее	-юю	-ие -их
조격	весе́нн-им	-им	-ей	-ими
전치격	весе́нн-ем	-ем	-ей	-их

≫ 어간이 г, к, х로 끝나는 것은 경변화이지만, 그 뒤의 ы는 모두 и로 된다.
예 : ру́сский— (조) ру́сским
　　 ти́хий— (조) ти́хим

	어간이 ж, ч, ш, щ로 끝나고 액센트가 어간에 있는 것			
	남성	중성	여성	복수
주격	хоро́ший	-ее	-ая	-ие
생격	хоро́шего	-его	-ей	-их
여격	хоро́шему	-ему	-ей	-им
대격	хоро́ший,-его	-ее	-ую	-ие,-их
조격	хоро́шим	-им	-ей	-ими
전치격	хоро́шем	-ем	-ей	-их

	어간이 ж, ч, ш, щ로 끝나고 액센트가 어미에 있는 것			
	남성	중성	여성	복수
주격	большо́й	-о́е	-а́я	-и́е
생격	большо́го	-о́го	-о́й	-и́х
여격	большо́му	-о́му	-о́й	-и́м
대격	большо́й,-о́го	-о́е	-у́ю	-и́е,-и́х
조격	больши́м	-и́м	-о́й	-и́ми
전치격	большо́м	-о́м	-о́й	-и́х

2) 형용사의 단어미형

남성	중성	여성	중성
없음	-о	-а	-ы

≫ 1. 남성형에서 어간 끝에 2개 이상의 자음이 계속되는 경우는 마지막 자음 앞에 모음 о 또는 е를 넣는다.
  예 : интере́сный → интере́сен, больно́й → бо́лен
≫ 2. 중성형에서 어간 끝의 자음이 ж,ч,ш,щ로 액센트가 어미에 없는 것은 -е
  예 : могу́чий → могу́че
≫ 3. 복수형에서 어간 끝의 자음이 г,к,х,ж,ч,ш,щ인 것은 -и
  예 : плохо́й → пло́хи, хоро́ший → хороши́

3) 소유 형용사

| | -ов형, -ев형, -ин형 | | | |
	남성	중성	여성	복수
주격	отцо́в	-о	-а	-ы
생격	отцо́в-а	-а	-ой	-ых
여격	отцо́в-у	-у	-ой	-ым
대격	주 또는 생	-о	-у	주 또는 생
조격	отцо́в-ым	-ым	-ой	-ыми
전치격	отцо́в-ом	-ом	-ой	-ых

| | -ий형 | | | |
	남성	중성	여성	복수
주격	соба́ч-ий	-ье	-ья	-ьи
생격	соба́ч-ьего	-ьего	-ьей	-ьих
여격	соба́ч-ьему	-ьему	-ьей	-ьим
대격	주 또는 생	-ье	-ью	주 또는 생
조격	соба́ч-ьим	-ьим	-ьей	-ьими
전치격	соба́ч-ьих	-ьих	-ьей	-ьих

≫ —ин형은 남성 및 중성의 생격과 여격에서 —ого, ому의 어미를 갖는 경우도 많
다.
예 : до ба́бушкина (ба́бушкиного) до́ма
　　к ба́бушкину (ба́бушкиному) бра́ту

7. 형용사적 대명사의 변화

1) 소유대명사

| | мой(твой, свой) | | | |
	남성	중성	여성	복수
주격	мо-й	-ё	-я́	-и́

생격	мо-его́	-его́	-е́й	-и́х
여격	мо-ему́	-е́й	-е́й	-и́м
대격	주 또는 생	-ё	-ю	주 또는 생
조격	мо-и́м	-и́м	-е́й	-и́ми
전치격	мо-ём	-ём	-е́й	-и́х

| | наш(ваш) | | | | его́ | её | их |
	남성	중성	여성	복수			
주격	наш	-е	-а	-и	불변화	불변화	불변화
생격	на́ш-его	-его	-ей	-их			
여격	на́ш-ему	-ему	-ей	-им			
대격	주 또는 생	-е	-у	주 또는 생			
조격	на́ш-им	-им	-ей	-ими			
전치격	на́ш-ем	-ем	-ей	-их			

2) 지시대명사

| | э́тот | | | |
	남성	중성	여성	복수
주격	э́т-от	-о	-а	-и
생격	э́т-ого	-ого	-ой	-их
여격	э́т-ому	-ому	-ой	-им
대격	주 또는 생	-о	-у	주 또는 생
조격	э́т-им	-им	-ой	-ими
전치격	э́т-ом	-ом	-ой	-их

| | тот | | | | тако́й |
	남성	중성	여성	복수	그와 같은
주격	т-от	-о	-а	-е	

생격	т-огó	-огó	-ой	-ех	형용사 장어미
여격	т-омý	-омý	-ой	-ем	형과 동일
대격	주 또는 생	-о	-у	주 또는 생	
조격	т-ем	-ем	-ой	-éми	
전치격	т-ом	-ом	-ой	-ех	

3) 의문대명사

	чей				котóрый	какóй	скóлько
	남성	중성	여성	복수	어느	어떤	얼마의
주격	ч-ей	-ьё	-ья	-ьи			скóльк-о
생격	ч-ьегó	-ьегó	-ьей	-ьих			скóльк-их
여격	ч-ьемý	-ьемý	-ьей	-ьим	형용사 장어미형 과 동일	형용사 장어미형 과 동일	скóльк-им
대격	주 또는 생	-ьё	-ью	주 또는 생			주 또는 생
조격	ч-ьим	-ьим	-ьей	-ьúми			скóльк-ими
전치격	ч-ьём	-ьём	-ьей	-ьих			скóльк-их

남성	중성	여성	복수
кокóв	-ó	-á	-ы́

4) 정대명사

	весь				сáмый	вся́кий	кáждый
	남성	중성	여성	복수	바로 그	모든	각각의
주격	ве-сь	вс-ё	вс-я	вс-е			
생격	вс-егó	вс-егó	вс-ей	вс-ех	형용사의 경변화 장어미형과 동일	형용사의 경변화 장어미형과 동일	형용사의 경변화 장어미형과 동일
여격	вс-емý	вс-емý	вс-ей	вс-ем			
대격	주 또는 생	вс-ё	вс-ю	주 또는 생			
조격	вс-ем	вс-ем	вс-ей	вс-éми			
전치격	вс-ём	вс-ём	вс-ей	вс-ех			

292

8. 수사

1) 개수사와 순서수사

① 1단위의 수사

개수사	순서수사
1 оди́н*	пе́рвый
2 два**	второ́й
3 три	тре́тий
4 четы́ре	четвёрый
5 пять	пя́тый
6 шесть	шесто́й
7 семь	седьмо́й
8 во́семь	восьмо́й
9 де́вять	девя́тый

② 11~19

11 оди́ннадцать	оди́ннадцатый
12 двена́дцать	двена́дцатый
13 трина́дцать	трина́дцатый
14 четы́рнадцать	четы́рнадцатый
15 пятна́дцать	пятна́дцатый
16 шестна́дцать	шестна́дцатый
17 семна́дцать	семна́дцатый
18 восена́дцать	восемна́дцатый
19 девятна́дцать	девятна́дцатый

* 중 одно́, 여 одна́, 복 одни́
** 이것은 남 · 중성형, 여성형은 две

③ 10단위의 수

10 де́сять	деся́тый
20 два́дцать	двадца́тый
30 три́дцать	тридца́тый
40 со́рок	сороково́й
50 пятьдеся́т	пятидеся́тый
60 шестьдеся́т	шестидеся́тый
70 се́мьдесят	семидеся́тый
80 во́семьдесят	восьмидеся́тый
90 девяно́сто	девяно́стый

④ 100단위의 수

100	сто	со́тый
200	две́сти	двухсо́тый
300	три́ста	трёхсо́тый
400	четы́реста	четырёхсо́тый
500	пятьсо́т	пятисо́тый
600	шестьсо́т	шестисо́тый
700	семьсо́т	семисо́тый
800	восемьсо́т	восьмисо́тый
900	девятьсо́т	девятисо́тый

⑤ 1000단위의 수(1만 단위 및 10만 단위의 수도 포함)

   a) 개수사는 ты́сяча(1000)을 여성명사로 취급하여 ①,②,③,④ 등의 개
      수사와 조합하여 만든다.

       예 : 2000   две ты́сячи

              8000   во́семь ты́сяч

              33000   три́дцать три ты́сячи

   b) 순서수사는 ты́сячный(1000번째)의 앞에 ①,②,③,④ 등의 개수사
      를 생격형으로 변화시킨 것을 붙여서 만든다.

       예 : 3000번째의   трёхты́сячный

          6000번째의   шеститы́сячный

⑥ 100만 단위의 수(100만 단위, 1억 단위의 수도 포함)

   a) 개수사는 миллио́н (100만)을 남성명사로 취급하여 ①,②,③,④ 등
      의 개수사와 조합하여 만든다.

       예 : 4,000,000   четы́ре миллио́на

           27,000,000   два́дцать семь миллио́нов

   b) 순서수사는 миллио́нный(100만번째)의 앞에 ①,②,③,④ 등의 개
      수사를 생격형으로 변화시킨 것을 붙여 만든다.

⑦ 10억은 миллиáрд, 그 순서수사는 миллиáрдный로, 변화는 ⑥에 준
한다.

⑧ 0은 ноль(нуль)로, 복수생격을 요구한다.

2) 개수사의 변화

① 1의 변화

	남성	중성	여성	복수
주격	одúн	одн-ó	одн-á	одн-ú
생격	одн-огó	одн-огó	одн-óй	одн-úх
여격	одн-омý	одн-омý	одн-óй	одн-úм
대격	주 또는 생	одн-ó	одн-у	주 또는 생
조격	одн-úм	одн-úм	одн-óй	одн-úми
전치격	одн-óм	одн-óм	одн-óй	одн-úх

≫ 남성주격을 제외하고 어간은 одн―로 어미는 지시대명사 это와 동일.

② 2, 3, 4의 변화

	2 남·중성	여성	3	4
주격	дв-а	две	тр-и	четы́р-е
생격	дв-ух		тр-ёх	четыр-ёх
여격	дв-ум	이하 남·중성 과 동일	тр-ём	четыр-ём
대격	주 또는 생		주 또는 생	주 또는 생
조격	дв-умя́		тр-емя́	четыр-ьмя́
전치격	дв-ух		тр-ёх	четыр-ёх

③ 5~19와 20, 30의 변화는 -ь형의 여성명사의 변화와 일치한다. 대격은 주격
과 동일(활동체, 불활동체의 구별없다) ④ 이하도 마찬가지.

	5	13	30
주격	пят-ь	трина́дцат-ь	три́дцат-ь
생격	пят-и́	трина́дцат-и	тридцат-и́
여격	пят-и́	трина́дцат-и	тридцат-и́
대격	пят-ь	трина́дцат-ь	три́дцат-ь
조격	пят-ью́	трина́дцат-ью	тридцат-ью́
전치격	пят-и́	трина́дцат-и	тридцат-и́

④ 50, 60, 70, 80은 구성부분이 각각 ③의 변화를 한다.

⑤ 40, 90, 100은 주격과 대격 이외는 모두 -a로 끝난다.

	50
주격	пятьдеся́т
생격	пяти́десяти
여격	пяти́десяти
대격	пятьдеся́т
조격	пятью́десятью
전치격	пяти́десяти

	40	90	100
주격	со́рок	девяно́ст-о	ст-о
생격	сорок-а́	девяно́ст-а	ст-а
여격	сорок-а́	девяно́ст-а	ст-а
대격	со́рок	девяно́ст-о	ст-о
조격	сорок-а́	девяно́ст-а	ст-а
전치격	сорок-а́	девяно́ст-а	ст-а

⑥ 200~900은 구성부분이 각각 개별적으로 변화한다.

	200	300	500
주격	две́сти	три́ста	пятьсо́т
생격	двухсо́т	трёхсо́т	пятисо́т
여격	двумста́м	трёмста́м	пятиста́м
대격	две́сти	три́ста	пятьсо́т
조격	двумяста́ми	тремяста́ми	пятьюста́ми
전치격	двухста́х	трёхста́х	пятиста́х

400은 300과, 600~900은 500과 같은 변화를 한다.

⑦ ты́сяча는 여성명사, миллио́н, миллиа́рд은 남성명사의 변화를 한다.

	1000	2000		500만	
주격	ты́сяч-а	две	ты́сяч-и	пять	миллио́н-ов
생격	ты́сяч-и	двух	ты́сяч	пяти́	миллио́н-ов
여격	ты́сяч-е	двум	ты́сяч-ам	пяти́	миллио́н-ам
대격	ты́сяч-у	две	ты́сяч-и	пять	миллио́н-ов
조격	ты́сяч-ей(-ью)	двумя́	ты́сяч-ами	пятью́	миллио́н-ами
전치격	ты́сяч-е	двух	ты́сяч-ах	пяти́	миллио́н-ах

3) 순서수사의 변화

	남성	중성	여성	복수
주격	тре́т-ий	-ье	-ья	-ьи
생격	тре́т-ьего	-ьего	-ьей	-ьих
여격	тре́т-ьему	-ьему	-ьей	-ьим
대격	주 또는 생	-ье	-ью	주 또는 생
조격	тре́т-ьим	-ьим	-ьей	-ьими
전치격	тре́т-ьем	-ьем	-ьей	-ьих

9. 동사의 변화

1) 현재

제1식 변화		제1식 특수변화				
	чита́-ть 읽다	смея́-ть-ся 웃다	рис-ова́-ть 그리다	во-ева́-ть 싸우다	да-ва́-ть 주다	верн-у́-ть-ся 돌아오다
я	чита́-ю	сме-ю́-сь	рис-у́-ю	во-ю́-ю	да-ю́	верн-у́-сь
ты	чита́-ешь	сме-ёшь-ся	рис-у́-ешь	во-ю́-ешь	да-ёшь	верн-ёшь-ся
он	чита́-ет	сме-ёт-ся	рис-у́-ет	во-ю́-ет	да-ёт	верн-ёт-ся
мы	чита́-ем	сме-ём-ся	рис-у́-ем	во-ю́-ем	да-ём	верн-ём-ся
вы	чита́-ете	сме-ёте-сь	рис-у́-ете	во-ю́-ете	да-ёте	верн-ёте-сь
они́	чита́-ют	сме-ю́т-ся	рис-у́-ют	во-ю́-ют	да-ю́т	верн-у́т-ся

제2식변화		제2식 특수변화				
	говори́-ть 말하다	смотре́ть 보다	ходи́-ть 걷다	лете́-ть 날다	люби́-ть 좋아하다	спать 자다
я	говор-ю́	смотр-ю́	хож-у́	леч-у́	любл-ю́	спл-ю
ты	говор-и́шь	смо́тр-ишь	хо́д-ишь	лет-и́шь	лю́б-ишь	сп-ишь
он	говор-и́т	смо́тр-ит	хо́д-ит	лет-и́т	лю́б-ит	сп-ит
мы	говор-и́м	смо́тр-им	ход-им	лет-и́м	лю́б-им	сп-им
вы	говор-и́те	смо́тр-ите	хо́д-ите	лет-и́те	лю́б-ите	сп-и́те
они	говор-я́т	смо́тр-ят	хо́д-ят	лет-я́т	лю́б-ят	сп-ят

2) 과거

		읽다 чита́-ть	나르다 нес-ти́	걸어가다 ид-ти́
남	я,ты,он	чита́-л	нёс	шёл
여	я,ты,она́	чита́-ла	нес-ла́	ш-ла
중	оно́	чита́-ло	нес-ло́	ш-ло
복	они́	чита́-ли	нес-ли́	ш-ли

298

3) 미래

	불완료체		완료체
	(быть)+писа́ть		написа́ть
	쓸 것이다		써버리다
я	бу́д-у	писа́ть	напиш-у́
ты	бу́д-ешь	писа́ть	напи́ш-ешь
он	бу́д-ет	писа́ть	напи́ш-ет
мы	бу́д-ем	писа́ть	напи́ш-ем
вы	бу́д-ете	писа́ть	напи́ш-ете
они́	бу́д-ут	писа́ть	напи́ш-ут

4) 명령

		(ты)	(вы)
읽다	чита́-ть	чита́-й	чита́-й-те
말하다	говор-и́ть	говор-и́	говор-и́-те
믿다	ве́р-ить	вер-ь	ве́р-ь-те
종사하다	занима́-ть-ся	занима́-й-ся	занима́-й-те-сь

5) 불완료상 부동사 어미

어미 -ть형의 것은 -я(ж, ч, ш, щ의 뒤에서는 -а)

-ться형의 것은 -ясь(ж, ч, ш, щ의 뒤에서는 -ась)

부정형		(они́)	부동사
읽다	чита́-ть	чита́-ют	чита́-я
말하다	говор-и́ть	говор-я́т	говор-я
종사하다	занима́-ть-ся	занима́-ют-ся	занима́-я-сь
서두르다	спеш-и́ть	спеш-а́т	спеш-а́

6) 완료상 부동사

    어미 -ть형의 것은 -в(또는 -вши)

    어미 -ться형의 것은 -вшись

    일부의 동사는 -я(-а), -ши

		과거(남)	부동사
읽다	прочита́-ть	прочита́-л	прочита́-в(ши)
돌아오다	верну́-ть-ся	верну́-л-ся	верну́-вши-сь
가지고 오다	принес-ти́	принёс	принёс-ши
			принес-я́

7) 능동형동사 현재

    제1식 변화의 동사는 -ющий(ж, ч, ш, щ의 뒤에서는 -ущий)

    제2식 변화의 동사는 -ящий(ж, ч, ш, щ의 뒤에서는 -ащий)

부정형		(они́)	능형현
읽다	чита́-ть	чита́-ют	чита́-ющ-ий
쓰다	писа́-ть	пи́ш-ут	пи́ш-ущ-ий
말하다	говор-и́ть	говор-я́т	говор-я́щ-ий
놓여있다	леж-а́ть	леж-а́т	леж-а́щ-ий
종사하다	занима́-ть-ся	занима́-ют-ся	занима́-ющ-ий-ся

8) 능동형동사 과거

    과거어간의 뒤에 -вший(ся)

    남성과거형에서 -л로 되지 않는 것은 -ший(ся)

부정형	과거(남)	능형과
чита́-ть	чита́-л	чита́-вш-ий
нес-ти́	нёс	нёс-ш-ий
занима́-ть-ся	занима́-л-ся	занима́-вш-ий-ся

9) 피동형동사 현재

　　제1식 변화의 동사는 -емый

　　제2식 변화의 동사는 -имый

부정형	(мы)	피형현
읽다　　чита́-ть	чита́-ем	чита́-ем-ый
좋아하다　люб-и́ть	люб-им	люб-и́м-ый

10) 피동형동사 과거

　　과거의 어간 뒤에서 -нный 또는 -тый

　　과거의 어간말이 자음 또는 -л의 것은 -енный

부정형	과거(남)	피형과
읽다　　　прочита́-ть	прочита́-л	прочи́та-нн-ый
배우다　　изучи́-ть	изучи́-л	изу́че-нн-ый
가지고오다 принес-ти́	принёс	принес-ённ-ый
듣다　　　откры́-ть	откры́-л	откры́-т-ый

11) 피동형동사 과거단어미형

	읽혀진 прочи́тан-ный	열린 откры́т-ый
남	прочи́тан	откры́т
여	прочи́тан-а	откры́т-а
중	прочи́тан-о	откры́т-о
복	прочи́тан-ы	откры́т-ы

12) 운동동사(정향동사, 부정향동사)

		걸어서 가다		타고 가다	
		идти́ 정	ходи́ть 부정	е́хать 정	е́здить부정
현재	я	ид-у́	хож-у́	е́д-у	е́зж-у
	ты	ид-ёшь	хо́д-ишь	е́д-ешь	е́зд-ишь
	он	ид-ёт	хо́д-ит	е́д-ет	е́зд-ит
	мы	ид-ём	хо́д-им	е́д-ем	е́зд-им
	вы	ид-ёте	хо́д-ите	е́д-ете	е́зд-ите
	они́	ид-у́т	хо́д-ят	е́д-ут	е́зд-ят
명 령		ид-и́(те)	ход-и́(те)	поезжа́-й(те)	е́зд-и(те)
과거	он	ш-ёл	ходи́-л	е́ха-л	е́зди-л
	она́	ш-ла	ходи́-ла	е́ха-ла	е́зди-ла
	оно́	ш-ло	ходи́-ло	е́ха-ло	е́зди-ло
	они́	ш-ли	ходи́-ли	е́ха-ли	е́зди-ли

		데리고 가다		(차로) 나르다	
		вести́ 정	води́ть부정	везти́ 정	вози́ть 부정
현재	я	вед-у́	вож-у́	вез-у́	вож-у́
	ты	вед-ёшь	во́д-ишь	вез-ёшь	во́з-ишь
	он	вед-ёт	во́д-ит	вез-ёт	во́з-ит
	мы	вед-ём	во́д-им	вез-ём	во́з-им
	вы	вед-ёте	во́д-ите	вез-ёте	во́з-ите
	они́	вед-у́т	во́д-ят	вез-у́т	во́з-ят
명 령		вед-и́(те)	вод-и́(те)	вез-и́(те)	воз-и́(те)
과거	он	вё-л	води́-л	вёз	вози́-л
	она́	ве-ла́	води́-ла	вез-ла́	вози́-ла
	оно́	ве-ло́	води́-ло	вез-ло́	вози́-ло
	они́	ве-ли́	води́-ли	вез-ли́	вози́-ли

		(걸어서) 나르다		날다		뛰다	
		нести 정	носить부정	лете́ть 정	лета́ть부정	бежа́ть정	бе́гать부정
현재	я	нес-у́	нош-у́	леч-у́	лета́-ю	бег-у́	бе́га-ю
	ты	нес-ёшь	но́с-ишь	лет-и́шь	лета́-ешь	беж-и́шь	бе́га-ешь
	он	нес-ёт	но́с-ит	лет-и́т	лета́-ет	беж-и́т	бе́га-ет
	мы	нес-ём	но́с-им	лет-и́м	лета́-ем	беж-и́м	бе́га-ем
	вы	нес-ёте	но́с-ите	лет-и́те	лета́-ете	беж-и́те	бе́га-ете
	они́	нес-у́т	но́с-ят	лет-я́т	лета́-ют	бег-у́т	бе́га-ют
명령		нес-и́(те)	нос-и́(те)	лет-и́(те)	лета́-й(те)	беж-и́(те)	бе́га-й(те)
과거	он	нёс	носи́-л	лете́-л	лета́-л	бежа́-л	бе́га-л
	она́	нес-ла́	носи́-ла	лете́-ла	лета́-ла	бежа́-ла	бе́га-ла
	оно́	нес-ло́	носи́-ло	лете́-ло	лета́-ло	бежа́-ло	бе́га-ло
	они́	нес-ли́	носи́-ли	лете́-ли	лета́-ли	бежа́-ли	бе́га-ли

		헤엄치다		쫓다	
		плыть 정	пла́вать 부정	гнать 정	гоня́ть 부정
현재	я	плыв-у́	пла́ва-ю	гон-ю́	гоня́-ю
	ты	плыв-ёшь	пла́ва-ешь	го́н-ишь	гоня́-ешь
	он	плыв-ёт	пла́ва-ет	го́н-ит	гоня́-ет
	мы	плыв-ём	пла́ва-ем	го́н-им	гоня́-ем
	вы	плыв-ёте	пла́ва-ете	го́н-ите	гоня́-ете
	они́	плыв-у́т	пла́ва-ют	го́н-ят	гоня́-ют
명령		плыв-и́(те)	пла́ва-й(те)	гон-и́(те)	гоня́-й(те)
과거	он	плы-л	пла́ва-л	гна-л	гоня́-л
	она́	плы-ла́	пла́ва-ла	гна-ла́	гоня́-ла
	оно́	плы́-ло	пла́ва-ло	гна́-ло	гоня́-ло
	они́	плы́-ли	пла́ва-ли	гна́-ли	гоня́-ли

13) 불규칙변화를 하는 동사(사용빈도가 높은 것)

		잡다	이다	잡다	일어나다
부정형		брать (-брать)	быть (-быть)	взять<완>	встава́ть
인 칭 변 화	я	бер-у́	бу́д-у	возьм-у́	вста-ю́
	ты	бер-ёшь	бу́д-ешь	возьм-ёшь	вста-ёшь
	он	бер-ёт	бу́д-ет	возьм-ёт	вста-ёт
	мы	бер-ём	бу́д-ем	возьм-ём	вста-ём
	вы	бер-ёте	бу́д-ете	возьм-ёте	вста-ёте
	они́	бер-у́т	бу́д-ут	возьм-у́т	вста-ю́т
명 령		бер-и́(те)	бу́д-ь(те)	возьм-и́(те)	встава́-й(те)
과 거	он	бра-л	бы-л	взя-л	встава́-л
	она́	бра-ла́	бы-ла́	взя-ла́	встава́-ла
	оно́	бра́-ло	бы́-ло	взя́-ло	встава́-ло
	они́	бра́-ли	бы́-ли	взя́-ли	встава́-ли

		주다	주다	먹다	기다리다	살다
부정형		дава́ть	дать<완> (-дать)	есть	ждать	жить
인 칭 변 화	я	да-ю́	да-м	е-м	жд-у	жив-у́
	ты	да-ёшь	да-шь	е-шь	жд-ёшь	жив-ёшь
	он	да-ёт	да-ст	е-ст	жд-ёт	жив-ёт
	мы	да-ём	да-ди́м	е-ди́м	жд-ём	жив-ём
	вы	да-ёте	да-ди́те	е-ди́те	жд-ёте	жив-ёте
	они́	да-ю́т	да-ду́т	е-дя́т	жд-ут	жив-у́т
명 령		дава́-й(те)	да́-й(те)	е́-шь(те)	жд-и́(те)	жив-и́(те)
과 거	он	дава́-л	да-л	е-л	жда-л	жи-л
	она́	дава́-ла	да-ла́	е́-ла	жда-ла́	жи-ла́
	оно́	дава́-ло	да́-ло	е́-ло	жда́-ло	жи́-ло
	они́	дава́-ли	да́-ли	е́-ли	жда́-ли	жи́-ли

		부르다	여겨지다	눕다	할수있다
부정형		звать (-звать)	каза́ться	лечь<완>	мочь (-мочь)
인 칭 변 화	я	зов-у́	каж-у́сь	ляг-у	мог-у́
	ты	зов-ёшь	ка́ж-ешься	ля́ж-ешь	мо́ж-ешь
	он	зов-ёт	ка́ж-ется	ля́ж-ет	мо́ж-ет
	мы	зов-ём	ка́ж-емся	ля́ж-ем	мо́ж-ем
	вы	зов-ёте	ка́ж-етесь	ля́ж-ете	мо́ж-ете
	они́	зов-у́т	ка́ж-утся	ляг-ут	мо́г-ут
명 령		зов-и́(те)	-	ляг(те)	-
과 거	он	зва-л	каза́-лся	лёг	мог
	она́	зва-ла́	каза́-лась	ляг-ла́	мог-ла́
	оно́	зва́-ло	каза́-лось	ляг-ло́	мог-ло́
	они́	зва́-ли	каза́-лись	ляг-ли́	мог-ли́

		시작하다	열다	노래하다	쓰다	마시다
부정형		нача́ть<완>	откры́ть<완>	петь	писа́ть	пить
인 칭 변 화	я	начн-у́	откро́-ю	по-ю́	пиш-у́	пь-ю́
	ты	начн-ёшь	откро́-ешь	по-ёшь	пи́ш-ешь	пь-ёшь
	он	начн-ёт	откро́-ет	по-ёт	пи́ш-ет	пь-ёт
	мы	начн-ём	откро́-ем	по-ём	пи́ш-ем	пь-ём
	вы	начн-ёте	откро́-ете	по-ёте	пи́ш-ете	пь-ёте
	они́	начн-у́т	откро́-ют	по-ю́т	пи́ш-ут	пь-ю́т
명 령		начн-и́(те)	откро́-й(те)	по́-й(те)	пиш-и́(те)	пе́-й(те)
과 거	он	на́ча-л	откры́-л	пе-л	писа́-л	пи-л
	она́	нача-ла́	откры́-ла	пе́-ла	писа́-ла	пи-ла́
	оно́	на́ча-ло	откры́-ло	пе́-ло	писа́-ло	пи-ло
	они́	на́ча-ли	откры́-ли	пе́-ли	писа́-ли	пи-ли

		이해하다	보내다	맡다	성장하다
부정형		поня́ть<완>	посла́ть<완>	приня́ть<완>	расти́
인칭변화	я	пойм-у́	пошл-ю́	прим-у́	раст-у́
	ты	пойм-ёшь	пошл-ёшь	при́м-ешь	раст-ёшь
	он	пойм-ёт	пошл-ёт	при́м-ет	раст-ёт
	мы	пойм-ём	пошл-ём	при́м-ем	раст-ём
	вы	пойм-ёте	пошл-ёте	при́м-ете	раст-ёте
	они́	пойм-у́т	пошл-ю́т	при́м-ут	раст-у́т
명령		пойм-и́(те)	пошл-и́(те)	прим-и́(те)	раст-и́(те)
과거	он	по́ня-л	посла́-л	при́ня-л	рос
	она́	поня-ла́	посла́-ла	приня-ла́	рос-ла́
	оно́	по́ня-ло	посла́-ло	при́ня-ло	рос-ло́
	они́	по́ня-ли	посла́-ли	при́ня-ли	рос-ли́

		말하다	되다	흐르다	죽다	원하다
부정형		сказа́ть<완>	стать<완> (-стать)	течь<완>	умере́ть<완>	хоте́ть
인칭변화	я	скаж-у́	ста́н-у	тек-у́	умр-у́	хоч-у́
	ты	ска́ж-ешь	ста́н-ешь	теч-ёшь	умр-ёшь	хо́ч-ешь
	он	ска́ж-ет	ста́н-ет	теч-ёт	умр-ёт	хо́ч-ет
	мы	ска́ж-ем	ста́н-ем	теч-ём	умр-ём	хот-и́м
	вы	ска́ж-ете	ста́н-ете	теч-ёте	умр-ёте	хот-и́те
	они́	ска́ж-ут	ста́н-ут	тек-у́т	умр-у́т	хот-я́т
명령		скаж-и́(те)	ста́н-ь(те)	тек-и́(те)	умр-и́(те)	-
과거	он	сказа́-л	ста-л	тёк	у́мер	хоте́-л
	она́	сказа́-ла	ста́-ла	тек-ла́	умер-ла́	хоте́-ла
	оно́	сказа́-ло	ста́-ло	тек-ло́	у́мер-ло	хоте́-ло
	они́	сказа́-ли	ста́-ли	тек-ли́	у́мер-ли	хоте́-ли

전치사	격지배	의미	예
без	생격	…없이	без исключе́ния 예외 없이 без са́хара 설탕없이
		…의 부재중에	без меня́ 내가 없었을 때
		시간표현에서	Сейча́с без десяти́ пять 현재 5시 10분 전
в(о)	대격	…안으로, …로(운동)	войти́ в ко́мнату 방에 들어가다 идти́ в университе́т 대학에 가다
		…에(요일,시간)	в сре́ду 수요일에 в де́вять часо́в 9시에
		…당(단위 기간)	два ра́за в неде́лю 1주일에 2번
	전치격	…안에(상태,위치)	Я живу́ в Москве́. 나는 모스크바에 살고 있다.
		…에(월,년,세기)	в а́вгусте 8월에 в 1993 году́ 1993년에 в 20 ве́ке 20세기에 в де́тстве 유년시절에
		…을 입은,쓴	же́нщина в си́ней шля́пе 파란 모자를 쓴 부인
вме́сто	생격	…대신에	Я пошёл вме́сто него́. 나는 그 사람 대신에 갔다.
для	생격	…를 위하여	Я купи́л кни́гу для това́рища. 친구를 위해 책을 샀다.
		…에 있어서	Э́то тру́дно для меня́ (이것은 나에게 어렵다)

до	생격	…까지(공간적)	до ста́нции метро́ 지하철 역까지
		…까지(시간적)	учи́ться до ве́чера 저녁 때까지 공부하다
за	대격	…의 뒤로(운동)	е́хать за́ город 교외에 가다
		…에 대해서 …을 위해서	спаси́бо за письмо́ 편지 감사합니다 боро́ться за свобо́ду 자유를 위해 싸우다.
		기간의 표현 (완료상과 함께)	Я прочита́л кни́гу за неде́лю. 이책을 1주일에 읽었다.
	조격	…의 뒷편에	Ле́том я жил за́ городом. 여름에 교외에서 살았다.
		…를 구하러	идти́ за хле́бом 빵을 사러 가다
		…때의 표현	за обе́дом 식사 중에
		접하고 있는 장소	сиде́ть за столо́м 식탁에 앉다
из	생격	…에서(장소)	Я прие́хал из дере́вни. 나는 시골에서 왔다.
		…의 중에서	оди́н из них 그들 중의 한사람
		재료	стол из де́рева 목재 책상
		출신	Он из крестья́н. 그는 농민 출신이다.
		원인	Он сде́лал э́то из любви́. 그는 사랑 때문에 이 일을 했다.
из-за	생격	…의 뒤편으로 부터	из-за грани́цы 외국으로 부터
		…때문에(이유)	из-за плохо́й пого́ды 좋지 않은 날씨때문에

кро́ме	생격	…이외에	Кро́ме неё никто́ не пришёл. 그녀 이외에는 아무도 오지 않았다.
ме́жду	조격	…의 사이(장소)	ме́жду реко́й и гора́ми 강과 산 사이에
		…의 사이(시간)	ме́жду пятью́ и шестью́ 5시와 6시 사이에
		상호관계	дру́жба ме́жду наро́дами 제 민족간의 우호
на	대격	…의 위로(방향)	класть кни́гу на стол 테이블 위에 책을 놓다
		…로(방향)	идти́ на заво́д 공장에 가다
		…의 예정으로(시간)	о́тдых на ме́сяц 한달 간의 휴가
	전치격	…의 위에(장소)	Журна́л лежи́т на столе́. 테이블 위에 잡지가 있다.
		…에서(장소)	на собра́нии 모임에서
		시간(주의 경우)	на э́той неде́ле 금주에
		교통수단	е́хать на авто́бусе 버스를 타고 가다 лете́ть на самолёте 비행기를 타고 가다
		도구·수단	игра́ть на гита́ре 기타를 치다
		언어 수단	говори́ть на ру́сском языке́ 러시아어로 말하다
над	조격	…의 위쪽에	Ла́мпа виси́т над столо́м 테이블 위에 전등이 걸려 있다

о(б) о(бо)	전치격	…에 관한	стихи́ о любви́ 사랑에 관한 시 ду́мать о бу́дущем 미래에 관해 생각하다
от	생격	…에서…까지(거리) (ло와 함께)	от Москвы́ до Ки́ева 모스크바에서 키예프까지
		…에서(시간)	от пяти́ до шести́ 5시에서 6시까지
		편지의 날짜	письмо́ от пе́рвого января́ 1월 1일자 편지
		원인	Он дража́л от хо́лода. 그는 추워서 떨고 있었다.
пе́ред	조격	…앞에(장소)	Пе́ред до́мом расту́т цветы́. 집 앞에 꽃이 심어져 있다.
		…전에(시간)	пе́ред сном 자기 전에
по	여격	동작이 일어나는 장소	Автомоби́ль е́дет по у́лице. 자동차가 거리를 달리고 있다.
		…마다(시간)	по четверга́м 목요일마다
		통신수단	по телефо́ну 전화로 по по́чте 우편으로
		전문분야	экза́мен по фи́зике 물리시험
		친밀의 관계	това́рищ по шко́ле 학교친구
		1개씩	Ка́ждый име́ет по одно́й кни́ге. 각자 책 1권씩을 가지고 있다.
	대격	…까지(시간)	с 1990 года по 1993 год 1990년에서 1993년까지
	전치격	…한 후	по возвраще́нии из ро́дину 귀국 후

под	대격	…밑으로(방향)	положи́ть письмо́ под кни́гу 편지를 책 밑에 놓다.
	조격	…밑에(위치)	Кни́га лежи́т под столо́м. 책은 책상 밑에 있다.
по́сле	생격	…후에	по́сле рабо́ты 퇴근 후
при	전치격	…에 부속된(장소)	При заво́де есть де́тский сад. 공장에 부속 유치원이 있다.
		…할때	при встре́че 만날 때
		조건	при усло́вии …의 조건하에 при по́мощи …의 도움으로
		…의 치세하에	при Пётре 1(пе́рвом) 뽀트르 1세의 치세하에
про	대격	…에 관해서	рассказа́ть про свою́ жи́знь 자신의 일생에 대해 말하다.
про́тив	생격	…에 반대하여 …의 맞은편에	про́тив зако́на 법률을 위반하여 Я живу́ про́тив университе́та. 나는 대학 앞에서 살고 있다.
с	생격	…부터(시간)	с утра́ до ве́чера 아침부터 밤까지
		…으로 부터(장소)	Он взял кни́гу с по́лки. 그는 선반에서 책을 집었다.
		원인	Она́ запла́кала с го́ря. 그녀는 슬퍼서 울기 시작했다.
	조격	…와 함께	жить с роди́телями 부모와 함께 살다
		…을 가지고 (반대는 без+생)	с больши́м интере́сом 커다란 관심을 가지고
		…와(상호 동작의 상태를 나타내다)	боро́ться с боле́знями 질병과 싸우다

сквозь	대격	…을 통해서	сквозь стекло́ 유리를 통해서
среди	생격	가운데, 중간에 사이에, 중에	среди́ но́чи 한 밤중에 среди́ озёр 호수들 중에서
у	생격	소유	У меня́ есть магнитофо́н. 나는 녹음기를 가지고 있다.
		…의 곳에	жить у роди́телей. 부모의 집에서 살다
		…의 가까이에	Стол стои́т у окна́. 책상은 창가에 있다.
че́рез	대격	장소 …을 가로질러 …을 넘어 …을 통해	Пешехо́д идёт че́рез у́лицу. 보행자는 횡단하고 있다. Мы прошли́ че́рез лес. 우리들은 숲을 통해 나왔다.
		경유하여	е́хать че́рез Москву́ 모스크바를 경유하여 가다
		…후에(시간)	че́рез пять дней 5일 후에 че́рез неде́лю 1주일 후에
к	여격	…쪽으로(방향)	Учени́к подошёл к доске́. 학생은 칠판 쪽으로 다가갔다.
		…에 대한(관심)	интере́с к му́зыке 음악에 대한 관심 любо́вь к деньга́м 금전욕
		…까지(시간)	к ве́черу 저녁 무렵까지

【А】

а́вгуст 8월
авто́бус 버스
а́дрес 주소
А́зия 아시아
алфави́т 알파벳
англи́йский 영국의
апельси́н 오렌지
апре́ль ㉠ 4월
арти́ст 예술가
арти́стка 여류 예술가
архите́ктор 건축가
архитекту́ра 건축
архитекту́рный 건축의
аспира́нт 남자대학원생
аспира́нтка 여자대학원생
аудито́рия (대학의) 강의실

【Б】

ба́бушка 할머니
балко́н 발코니
бандеро́ль ㉠ 포장한 우편물, 소포
банк 은행
бассе́йн 수영장
бе́гать 1 〈불완 · 부정향〉 1 뛰어다니다 2
　달려서 갔다오다
бежа́ть(бегу́, бежи́шь…бегу́т)
　〈불완 · 정향〉 뛰어가다
без 〈전〉 (생) … 없이
бе́лый 하얀, 흰색의
бе́рег 강변, 강가
беспла́тно 무료로
беспоко́иться (-ко́юсь,
　-ко́ишься) 〈불완〉 1 걱정하다, 불안해
　하다 2 염려하다, 마음을 쓰다
биле́т 표
библиоте́ка 도서관
благодари́ть 〈불완〉 (대) (за+대) … 에

대해 감사하다
био́лог 생물학자
бли́зкий 가까운
бли́же 더 가깝게, 더 가깝다
бога́тый 1 돈이 많은 2 풍부한
бли́зко 가깝게
бо́лен, -льна́ 아프다
бо́лее (보다)더
боле́ть(-ле́ю, -ле́ешь) 〈불완〉 (조)
　아프다
боле́ть² (1, 2인칭 없다)
боли́т 〈불완〉 아프다
больни́ца 병원
больно́й 1 병이 난
больно́й 2 (명사로서) 환자
бо́льше 더 많은
бо́льше всего́ 무엇보다도 먼저, 우선
борщ 보르시치(야채스프)
боя́ться (бою́сь, бои́шься) 〈불완〉
　(생) /(부정형) 1 두려워하다, 무서워하다
брать(беру́, берёшь) 〈불완〉 (완
　взять) (대) 1 잡다, 가지다 2 빌리다
броса́ть 1 〈불완〉 (대) / (조) 던지다
бро́сить(бро́шу, бро́сишь) 〈완〉
　→ броса́ть
бу́дущее (명사로서) 미래, 장래
бу́дущий 미래의, 장래의
буке́т 꽃다발
бу́лочная (형용사 변화) ㉠ 빵집
бума́га 종이
бума́жник 지갑
бутербро́д 샌드위치
буфе́т 간이식당
быва́ть 1 〈불완〉 (〈완〉 побыва́ть) 1
　일어나다 2 있다 3 방문하다
бы́стро 빨리
быть(бу́ду, бу́дешь) 〈불완〉 1 이다 2
　있다

【В】

в(во) 〈전〉 (대) 1 ···의 속으로(장소) (전) 1
　　···의 속에(장소)
ваго́н 차량, 객차
вдали́ 〈부〉 멀리, 전방에
ведь 실제로, 사실상 ···이지 않는가
везти́(везу́, везёшь ; 과 вёз,
　　везла́) 〈불완 · 정향〉 (대) (싣고) 운반하다
везти́ (3인칭 단수만) везёт ; 과(중성만)
　　везло́ 〈불완〉 (무인칭) 운이 좋다
велосипе́д 자전거
ве́рить(-рю, -ришь) 〈불완〉 1 (여)
　　믿다, 신용하다 2 (в+대) 확신하다, (어떤
　　사물의 존재 등을)믿다
верну́ться, -ну́сь, -нёшься 〈완〉
　　→ возвраща́ться
ве́сел, -села́, -село(весёлый의
　　단어미) 즐겁다, 유쾌하다
ве́село 〈술〉 즐겁다
весёлый 1 즐거운,유쾌한 2 쾌활한
весна́ 봄
весно́й 〈부〉 봄에
вести́(веду́, ведёшь ; 과 вёл,
　　вела́ 〈불완 · 정향〉 (대) 데리고 가다(오다)
весь, вся, всё, все 모든, 전부의
ве́чер 1 저녁, 밤 2 파티
вече́рный 저녁의
ве́чером 〈부〉 저녁에
ве́шать 1 〈불완〉 (대) 걸다
вешь 〈여〉 1 물건 2 개인의 소지품
взять, возьму́, возьмёшь 〈완〉 →
　　брать
видеофи́льм 비디오테이프
ви́деть(ви́жу, ви́дишь) 1 보다,
　　보이다 2 만나다
ви́за 비자
вино́ 포도주, 와인
висе́ть(вишу́, виси́шь) 〈불완〉
　　걸려있다
вме́сте 〈부〉 함께
внутри́ 〈부〉, 〈전〉, (생) 안쪽에, 내부에
вода́ 물

води́ть(вожу́, во́дишь) 〈불완 ·
　　부정향〉 (대) 데리고 가다(오다)
возвраща́ться 1 〈불완〉 돌아오다
вози́ть(вожу́, во́зишь) 〈불완 ·
　　부정향〉 (대) 운송하다, 운반하다
войти́(-йду, -идёшь) 〈완〉 →
　　входи́ть
волнова́ться(-ну́юсь,
　　-ну́ешься) 〈불완〉 걱정하다
вообще́ 1 일반적으로 2 대개
вопро́с 1 질문 2 (생) / (О+전) 문제
воскресе́нье 일요일
восто́к 1 동쪽 2 (대문자) 동양
вот 바로 여기 거기(에)
врач 의사
вре́мя 시간
вре́мя го́да 계절
всегда́ 항상, 언제나
всё 1 전부 2 항상, 변함없이
всё же 그래도 역시
всё-таки 그럼에도 불구하고
вспомина́ть 1 〈불완〉 (대 /О+전) ···을
　　회상하다
вспо́мнить(-ню, -нишь) 〈완〉 →
　　вспомина́ть
встава́ть(-таю́, -таёшь) 〈불완〉
　　일어나다
встать(-та́ну, -та́нешь) 〈완〉 →
　　встава́ть
встре́тить(-ре́чу, -ре́тишь) 〈완〉
　　→ встреча́ть
встре́титься(-ре́чусь,
　　-ре́тишься) 〈완〉 →
　　встреча́ться
встре́ча 상봉,모임
встреча́ть 1 〈불완〉 (대) 1 만나다 2
　　마중하다, 맞이하다
встреча́ться 1 (с+조) 만나다
вступи́ть(-плю́, -пишь) 〈완〉 (어떤
　　장소에) 들어가다, (어떤 상황에) 들어가다,
　　참가하다

вто́рник 화요일

входи́ть(-хожу́, -хо́дишь) 〈불완〉
들어가다

вчера́ 어제

выбира́ть 1 〈불완〉 (대) 고르다, 선택하다

вы́брать(-беру́,-берешь) 〈완〉 →
выбира́ть

вызыва́ть 1 〈불완〉 (대) 부르다, 소환하다

вы́йти(-йду, -йдешь) 〈완〉 →
выходи́ть

вы́пить(-пью,-пьешь) 〈완〉 →
пить

высо́кий 높은 ; 키가 큰

высоко́ 높이, 높게

вы́ставка 전람회, 박람회

выступа́ть 1 〈불완〉 1 앞으로 나오다 2
공공의 장소로 나오다

вы́ступить(-плю,-пишь) 〈완〉 →
выступа́ть

вы́учить (-учу, -учишь …учат)
〈완〉 → учи́ть

выходи́ть(-хожу́, -хо́дишь)
〈불완〉 1 나오다 2 (창문, 문 등이) …로
나있다

вы́ход 출구

【Г】

газе́та 신문

галере́я 화랑, 미술관

гара́ж 차고

где 〈부〉 1 어디에 2 〈관계부사〉 그 장소에

гла́вное 1 (명사로서) ㊙ 중요한 것 2
(삽입어) 가장 중요한 것은, 요컨대

глаз (㉮ глаза́) 눈

говори́ть 2 〈여〉 (대) 말하다, 이야기하다

год 년 (전 в году́)

голова́ 머리

го́лос (㉮ голоса́) 목소리

голубо́й 푸른, 하늘색의

гора́ 산

го́рло 목, 목구멍

го́род 도시

гости́ница 호텔

гость ㊙ 손님

го́стья 여자손님

гото́в, -а, -о, -ы 준비가 되어 있는

гото́вить(-влю,-вишь) 〈불완〉 (대) 1
준비하다 2 요리하다 3 (기술자 등을)
양성하다

гото́виться (-влюсь, -вишься)
〈불완〉 (+부정형) / (к+여) 준비하다

гра́дус (온도 · 각도 등의) 도

грани́ца 경계선, 국경

грипп 유행성 감기

гро́мко 큰소리로

гру́ппа 그룹

гру́стно 〈술〉 슬프다, 우울하다

гру́стный 슬픈, 우울한

гуля́ть 1 〈불완〉 놀다, 산책하다

【Д】

да 예, 그렇다

дава́ть(даю́,даёшь) 〈불완〉 (여) 〈대〉
주다

давно́ 1 오래 전에 2 오래 전부터

Дагеста́н 다기스탄(러시아공화국 내의
자치공화국)

да́же 〈조〉 …도, …까지도

далеко́ 1 〈부〉 멀리, 먼 곳에 2 〈술〉
(거리가) 멀다

да́льный 먼

да́льше 더 멀리

дари́ть(дарю́,-да́ришь) 〈불완〉 (여)
(대) 선물하다

дать(дам, дашь, даст, дади́м,
дади́те, даду́т) 〈완〉 → дава́ть

дверь ㊙ 문

двор 뜰, 마당

де́вочка 소녀
де́вушка (미혼의) 여성
де́душка 할아버지
дека́брь 〈남〉 12월
де́лать 1 〈불완〉 (대) 하다
де́ло 1 일 2 용무, 용건
де́нь 〈남〉 1 날, 하루 2 낮
день рожде́ния 생일
де́ньги 〈복〉 돈
дере́вня 1 촌, 마을 2 시골
де́рево (〈복〉 дере́вья) 나무
держа́ть(–жу́, –жишь) 〈불완〉 (대)
  가지고 있다, 쥐고 있다
де́ти 〈복〉 아이들
де́тство 어린 시절 в де́тстве 어릴
  때에
де́тский 어린아이의
де́тский сад 유치원
деше́вле 더 싸게
дёшево 1 〈술〉 싸다 2 〈부〉 싸게
диало́г 대화
дива́н 소파, 긴 의자
днём 낮에
до 〈전〉 (생) (공간적 · 시간적 한계) …까지
  2 …보다 전에, …이전에
до свида́ния 안녕히 계십시오
дово́льно 1 충분하다 2 그만두다
догада́ться 1 〈완〉 →
  дога́дываться
до́брый 착한, 친절한
дога́дываться 1 추측하다, 알아 맞추다
дождь 〈남〉 비
докла́д 1 발표, 보고연설 2 보고(서)
до́ктор 의사
до́лго 오랫동안
до́лжен, –жна́, –жно́, –жны́ 〈술〉 1
  (+부정형) …하지 않을 수 없다 2 (+부정형)
  …임에 틀림없다
дом 1 집, 가옥 2 (아파트의) 동
до́ма 〈부〉 집에서
дома́шний 집의, 가정의

домо́й 〈부〉 집으로
доро́га 길, 도로
до́рого 1 〈술〉 비싸다 2 〈부〉 비싸게
дорого́й 값 비싼, 귀중한
доро́же 더 비싸다
дрожа́ть 〈불완〉 떨다
дочь 〈여〉 딸
друг (〈복〉 друзья́) 친구
друго́й 다른
дру́жба 우정
ду́мать¹ 1 …라고 생각하다 2 (+부정형)
  …하려고 생각하다
ду́мать² 1 〈불완〉 (о+전) 생각하다
дуть(ду́ю, ду́ешь) 〈불완〉 바람이 불다
душа́ 1 마음, 정신 2 영혼
дыша́ть(–шу́, –шишь) 〈불완〉
  호흡하다

【Е】

Евро́па 유럽
е́здить(е́зжу, е́здишь) 〈불완 ·
  부정향〉 1 타고 가다 2 (타고)다니다
е́сли 만약
есть(быть동사의 현재형) 1 (연결사) 이다
  2 (존재의 확인) 있다
есть (ем, ешь, ест, еди́м, еди́те,
  едя́т :〈과〉 ел, ела́, е́ли) 〈불완〉 (대)
  먹다
е́хать(е́ду, е́дешь) 〈불완 · 정향〉
  (타고) 가다
ещё 1 여전히 ; 아직 2 그 밖에, 또

【Ё】

ёлка 크리스마스 트리

【Ж】

жа́ловаться(-луюсь, -луешься)
〈완〉(на+대) 불평을 말하다, 하소연하다
жа́ркий 더운, 무더운
ждать(жду́, ждёшь) 〈불완〉 1 (대) /
(생) 기다리다 2 (생) 기대하다
же 〈조〉 (의문사와 함께) 대관절
жела́ть 1 (생) 원하다, 바라다
жена́ 부인
же́нщина 여자, 부인
жизнь 여 1 생명 2 생활 3 생애, 인생
жить(живу́, живёшь) 1 생활하다 2
살다
жура́вль 남 학(鶴)
журна́л 잡지
журнали́ст 저널리스트, 기자

【З】

за 〈전〉(대) 1 ⋯의 건너편으로, 뒤편으로 2
⋯을 위하여 (전) 1 ⋯의 건너편에, 뒤편에
2 ⋯을 가지러(데리러)
заболе́ть(-ле́ю, -ле́ешь) 〈완〉(조)
병이 나다
забо́р 울타리, 담장
забыва́ть 1 〈불완〉(대) 1 잊다 2 잊고
가지고 오지 않다
забы́ть(-бу́ду,-бу́дешь) 〈완〉 →
забыва́ть
заво́д (중공업) 공장
за́втра 내일
за́втрак 아침식사
за́втракать 1 〈불완〉 아침식사를 하다
задава́ть(-даю́,-даёшь) 〈불완〉(대)
(여) 과하다
зада́ние 과제, 임무
зада́ть (-да́м, -да́шь, -да́ст,
-дади́м, -дади́те, -даду́т) 〈완〉
→ задава́ть
зада́ча 과제, (수학 등의) 문제
заказно́й 등기의

зако́н 법, 법률
закрыва́ть 1 〈불완〉(대) 닫다, 폐쇄하다
закрыва́ться 1 〈불완〉 닫히다
закры́ть(-кро́ю, -кро́ешь) 〈완〉
→ закрыва́ть
закры́ться 1 〈완〉 → закрываться
зал 큰 방, 홀
замолча́ть(-чу́,-чи́шь) 〈완〉 말을
그치다, 잠자코 있다
занима́ться 1 〈불완〉 1 (조) 종사하다 2
(무보어) 공부하다, 일하다
за́нят, -та́ 1 사용중이다 2 일하고 있는
중이다, 바쁘다
заня́тие (목)만) 수업, 업무
за́пад 1 서쪽 2 서쪽 (대문자) 서구, 서양
за́пах 냄새
за́пись 여 1 기록 · 녹음하는 것 2 기록 ·
녹음된 것
заплати́ть(-плачу́, -пла́чишь)
〈완〉 → плати́ть
запомина́ть 1 (대) 기억하다
запо́мнить(-ню, -нишь) 〈완〉 →
запомина́ть
заря́дка 체조
заче́м 무엇 때문에, 무슨 목적에서
захоте́ть (-хочу́, -хо́чешь,
-хо́чет, -хоти́те, -хотя́т) 〈완〉
(+부정형) 바라다, 희망하다, ⋯하고
싶어지다
звать(зову́, зовёшь) 〈불완〉(대)
부르다
звони́ть(-ню́, ни́шь) 〈불완〉 1 (여)
전화를 걸다 2 (в+대) 종을 울리다
зда́ние 건물, 빌딩
здесь 여기에, 이 장소에서
здоро́в, -ва 건강하다
здоро́вый 건강한, 정상인
здоро́ваться 〈불완〉(с+조) 인사를
나누다
здоро́вье 건강
зелёный 푸른, 녹색의

зима́ 겨울
зи́мний 겨울의
зимо́й 겨울에
знако́миться (–млюсь,
　–мишься) 〈불완〉 (с+조) 사귀다, 알게
　되다
знако́м, –ма, –мы(с+조) 아는, 낯 익은
знако́мый (명사로서) 아는 사람
знать 1 〈불완〉 (대) 1 알다 2 …에
　정통하다
зна́чит (삽입어) 의미하다
зо́нтик 우산
зуб (복 зу́бы) 이(齒)

【И】

и 1 그리고 2 (강세조사) …도
игра́ 1 놀이 2 게임, 경기
игра́ть¹ 1 〈불완〉 놀다
игра́ть² 1 〈불완〉 1 (в+대) 게임 · 경기를
　하다 2 (на+전) 악기를 연주하다
идти́(иду́, идёшь ; 과 шёл, шла,
　шли) 〈불완 · 정향〉 1 가다, 오다 2 (비 ·
　눈이) 오다 3 상연 · 공연되다
из 〈전〉 (생) 1 …속으로부터 2 (장소)
　…로부터 3 (부분) …중의
изве́стный 알려진, 유명한
изуча́ть 1 〈불완〉 (대) 1 배우다, 습득하다
　2 연구하다
изучи́ть(–учу́, –у́чишь) 〈완〉 →
　изуча́ть
и́ли …이나, …거나
и́менно 1 바로 2 즉
име́ть 1 〈불완〉 (대) …를 가지고 있다
и́мя 중 이름
И́ндия 인도
иногда́ 가끔, 때때로
иностра́нный 외국의
институ́т (단과)대학
инструме́нт 악기

интере́с 흥미, 관심
интере́сно 1 〈술〉 흥미가 있다 2 〈부〉
　재미있게, 흥미있게
интере́сный 1 재미 있는, 흥미있는 2
　아름다운, 매력있는
интересова́ть(–су́ю,–су́ешь)
　〈불완〉 (대) 흥미 · 관심을 끌다
интересова́ться(–су́юсь,
　–су́ешься) 〈불완〉 (조) …에 흥미 ·
　관심이 있다
иска́ть(ищу́,и́щешь) 〈불완〉 (대) 1
　찾다 2 (대) / (생) (직업 · 기회 등을) 구하다
и́скренен, –ренна,–ренне/
　–ренно, –ренни/–ренны
　진심이다, 진실되다
иску́сство 1 예술 2 기술
испо́лниться (–по́лнюсь,
　–по́лнишься) 〈완〉 →
　исполня́ться
исполня́ться 1 〈불완〉 경과하다, 되다
испуга́ться 〈완〉 (생) 놀라다
истори́ческий 역사의, 역사적인,
　역사상의
исто́рия 1 역사 2 이야기 3 사건, 일
ию́ль 남 7월
ию́нь 남 6월

【К】

к 〈전〉 (여) 1 (운동의 방향) …의 쪽으로 2
　(어떤 사람의) 있는 곳으로 3 (접근) …에게
кабине́т 서재, 사무실
Кавка́з 코카서스
ка́ждый 1 각각의 2 (명사로서) 각자, 전원
ка́жется (삽입어) …같다
как 1 어떻게 2 〈접〉 …로서
как обы́чно 보통 때와 마찬가지로
как пра́вило 보통, 통상
како́й 어떤
како́й-нибудь 어떤

какóй-то 그 어떤

карандáш 연필

кáрта 지도

картúна 1 그림 2 (문학작품에 있어서의) 정경묘사 3 정경, 모습

картóфель 🖪 (구어체는 картóшка) 감자

кáсса 현금출납창구

кассéта 카세트테이프

катáться 1 〈불완〉 수레·썰매 등을 타고 다니다, 타다

кафé (불변) 카페

качáть 1 〈불완〉 (대) (조) 흔들다

качáть головóй (부정·불만의 표시로) 머리를 좌우로 흔들다

квартúра 아파트

кефúр 요구르트

кинó 1 영화 2 영화관

киóск 가두판매점

класс (대학 이하의 학교의) 클라스, 학년 2 (대학 이외의 학교의) 교실

класть(кладý, кладёшь) 〈불완〉 (〈완〉 положúть) (대) 1 놓다 2 넣다

клуб 클럽

кнúга 책, 서적

кнúжно 문어적으로

кнúжный 책의

когдá 1 언제 2 (관계부사) …할 때

комáнда 팀

кóмната 방

кóмпас 나침반

компóт 과일 조림

композúтор 작곡가

конéц 끝, 마지막

конéчно (삽입어) 물론

консерватóрия 음악대학, 음악원

концéрт 음악회, 콘서트

конферéнция 회의

кончáться 1 〈불완〉 끝나다

кончáть 1 〈불완〉 (대) 끝내다

кóнчить(чу, -чишь) 〈완〉 →

кончáть

кóнчиться(-чусь,-чишься) 〈완〉
 → кончáться

копéйка 꼬뻬이카(러시아의 화폐단위)

Корéя 한국

корóбка 상자

костю́м 1 옷, 의복 2 양복, 투피스

котóрый 어느

кóфе (불변) 🖪 커피

кóшка 고양이

красúво 아름답게, 곱게

красúвый 아름다운, 고운

крáсный 빨간색의, 붉은

крестья́нин (🖪 -я́не) 농부

кричáть(-чу́, -чи́шь) 〈불완〉 외치다, 큰소리로 말하다

крúкнуть(-ну, -нешь) 〈완〉 →
 кричáть

кроссвóрт 크로스워드

кто 1 누구 2 (관계대명사) …하는 사람

ктó-нибудь 누구인가, 누구든지

культýра 문화

культýрный 문화의, 문화적인

купúть(-плю́, -пишь) 〈완〉 (불완 покупáть) (대) 사다

курúть(-рю́, -ришь) 〈불완〉 담배 피다

кýхня 부엌

【Л】

лáмпа 전등, 스탠드

легкó 1 〈술〉 쉽다 2 〈부〉 쉽게, 간단하게

лéгче 1 〈술〉 보다 가볍다, 보다 쉽다 2 〈부〉 보다 가볍게, 보다 쉽게

лежáть(-жу́,-жи́шь) 〈불완〉 1 누워 있다 2 놓여있다

лекáрство 약

лéктор 강사

лес 숲

ле́кция 강의, 강연
лета́ть 1 〈불완 · 부정향〉 날아 다니다 2
　날아 왕복하다
лете́ть(лечу́, лети́шь) 〈완 · 정향〉
　타고 가다
ле́тний 여름의
ле́то 여름
ле́том 여름에
лечи́ть(-чу́, -чишь) 치료하다
лечь(ля́гу, ля́жешь: 〈과〉 лёг,
　легла́) 〈완〉 → ложи́ться
лёгкий 1 가벼운 2 쉬운
ли (문두에 놓인 의문의 중심이 되는 단어의
　뒤에 붙어) ···인가, (간접의문문을 만든다)
　···인지 아닌지
литерату́ра 1 문학 2 문헌, 참고도서
литерату́рный 문학의, 문예의
лицо́ 얼굴
ло́дка 보트
ложи́ться(-жу́сь, -жи́шься)
　〈불완〉(〈완〉 лечь) 눕다, 자다
ложи́ться спать 잠자리에 들다
луна́ 달
лу́чше 1 〈술〉 보다 좋다 2 〈부〉 보다 좋게
лу́чший 보다 좋은
лы́жи 複 스키
люби́мый 좋아하는
люби́ть(-блю́, -бишь) 〈불완〉 (대)
　좋아하다, 사랑하다
любо́вь 여 사랑, 애정
лю́ди 複 사람들

【M】

магази́н 상점
магнитофо́н 녹음기
май 5월
ма́ленький 작은
ма́ло (수량) (생) 적은, 거의 없는
ма́льчик 사내아이, 소년

ма́ма 엄마
ма́рка 우표
март 3월
ма́сло 버터
матема́тик 수학자
матема́тика 수학
матч 경기, 시합
мать 여 어머니
маши́на 1 기계 2 자동차
ме́бель 여 (단수만) 가구
медици́на 의학
медици́нский 의학의
медсестра́ 간호원
ме́дленно 느리게, 천천히
ме́жду 〈전〉 (조) 사이에, ···간에
мело́дия 멜로디
ме́ньше 1 (수량) 보다 적은 2 〈부〉 보다
　적게
ме́сто 1 장소 2 자리, 좌석
ме́сяц 달, 월
метро́ (불변) 지하철
мечта́ть 1 〈불완〉 (о+전 / 부정형)
　공상하다, 염원하다, 꿈꾸다
меша́ть 1 〈불완〉 (여) 방해하다
минова́ть 지나가다
миллио́н 100만
ми́нус 마이너스
мир 세계
мири́ться(-рю́сь, -ри́шься)
　〈불완〉 (с+조) ···와 화해하다
мла́дший 손아래의
мно́гие 複 1 많은 2 (명사로서) 많은
　사람들
мно́го (수량) (생) 많은
мно́гое (형용사변화) 중 많은 사물
мо́жет быть (삽입어) 아마도
мо́жно 〈술〉 1 ···해도 좋다 2 ···할 수
　있다, 가능하다
молодо́й 젊은
молоко́ 우유
молча́ть(-чу́, -чи́шь) 〈불완〉 침묵을

지키다, 잠자코 있다

мо́ре 바다

морж (옥외 수영장에서의) 한중수영자

Москва́ 모스크바

москви́ч 모스크바 남자

москви́чка 모스크바 여자

моско́вский 모스크바의

мочь(могу́, мо́жешь: 〈과〉 мог,
могла́) …할 수 있다, …해도 좋다

муж 남편

мужчи́на (성년의) 남자

музе́й 박물관, 미술관

му́зыка 음악

музыка́нт 음악가

мя́со (단수만) 고기

мяч 공, 구(球)

【Н】

на 〈전〉 (대) (운동의 목표) …의 위
(표면)으로 〈전〉 …의 위(표면)…에
2 (동작의 장소) …에서

наве́рно (삽입어) 아마도, 틀림없이

на́до 〈술〉 (+부정형) …할 필요가 있다

нае́хать(-е́ду, -е́дешь) 〈완〉
(на+대) 부딪히다

наза́д 1 뒤로 2 (시간에 붙어) 전에

найти́(-йду́, -йдёшь) 〈완〉 →
находи́ть

наконе́ц (삽입어) 마침내

накрыва́ть 〈불완〉 (〈완〉 накры́ть)

на стол 식탁준비를 하다

нале́во 왼쪽으로, 왼쪽에

написа́ть 〈완〉 → писа́ть

напо́мнить 〈완〉 → напомина́ть
〈불완〉 상기시키다, 생각나게 하다

напра́во 오른쪽으로, 오른쪽에

наприме́р (삽입어) 예를 들어

напро́тив 건너편에

наро́д 1 국민, 민족 2 (단수만) 인민, 민중

наро́дный 1 국민의·민족의 2 인민·
민중의

насто́льная ла́мпа 탁상용 스탠드

настоя́щий 1 현재의 2 진짜의

наступа́ющий 다가오는

нау́ка 과학, 학문

научи́ть 〈완〉 → учи́ть

нау́чно-популя́рный 통속과학의

научи́ться 〈완〉 → учи́ться

находи́ть(-хожу́, -хо́дишь)
〈불완〉 (대) 찾아내다, 발견하다

находи́ться (-хожу́сь,
-хо́дишься) 〈불완〉 있다

нача́льник 장, 책임자

нача́ть(-чну́, -чнёшь) 〈완〉 →
начина́ть

нача́ться(-чну́сь, -чнёшься) 〈완〉
→ начина́ться

начина́ть 1 〈불완〉 (대) / (부정형)
시작하다

начина́ться 1 〈불완〉 (1, 2인칭 없다)
시작되다

не 〈조〉 …이(가) 아니다

недавно́ 최근에, 얼마전에

недалеко́ 가까이

неде́ля 주(週)

не́который 그 어떤, 얼마간

нельзя́ 〈술〉 (+부정형) 1 …할 수 없다 2
(+불완료동사의 부정형) …해서는 안 된다.

немно́го 〈부〉 약간, 조금

неопределённо 막연하게, 애매하게

непло́хо 나쁘지 않다, 꽤 좋다

непоня́тный 이해할 수 없는

не́сколько (수량) (생) 약간의

нести́(несу́, несёшь: 과 нёс,
несла́) 〈불완·정향〉 나르다, 가지고 가다

нет 1 아니다, 그렇지 않다 2 〈술〉 (생) …가
없다

не то́лько…, но и… …뿐만 아니라
…도

никто́ 아무도(…아니다)

но 그렇지만, 그러나
ничего́ 아무것도(⋯아니다)
новосе́лье 집들이
но́вое (형용사 변화) 중 새로운 것
нога́ (복 но́ги) 다리
но́вый 새로운
нож 칼
носи́ть(-шу́,-сишь) 〈불완 · 부정향〉
　(대) 나르다, 항상 가지고 다니다
ночь 여 밤(대략 1시~4시 사이)
но́чью 〈부〉 밤에
ноя́брь 남 11월
нра́виться(-влюсь, -вишься)
　〈불완〉 (여) 좋아하다, 마음에 들다
ну́жно 1 (+부정형) / (что́бы) ⋯해야
　한다 2 (대) / (생) ⋯가 필요하다

【О】

о об(обо) 〈전〉 (전) ⋯에 관하여
обе́д 점심식사, 오찬
обе́дать 1 점심을 먹다
обра́доваться(-дуюсь,
　-дуешься) 〈완〉 → ра́доваться
обрати́ться(-ращу́сь,
　-рати́шься) 〈완〉 → обраща́ться
обраща́ться 1 〈불완〉 (к+여) (상담 ·
　청원 · 질문 등을 가지고) 말을 걸다
общежи́тие 기숙사
объясни́ть(-ню́, -ни́шь) 〈완〉 →
　объясня́ть
объяви́ть(-явлю́, -я́вишь) 〈완〉 →
　объявля́ть(-вля́ю, -вля́ешь)
　〈불완〉 알리다, 광고하다
объясня́ть 〈불완〉 (여) (대) 설명하다,
　해설하다
обы́чно 보통, 평소에　как обы́чно
　보통때와 마찬가지로
обяза́тельно 반드시, 꼭
одева́ть (대) (조/в+대) 입히다

одева́ться 1 〈불완〉 (в+대) 입다, 몸에
　걸치다
оде́ться(-де́нусь, -де́нешься)
　〈완〉 → одева́ться
оде́жда 옷, 의복
оде́ть(-де́ну, -де́нешь) 〈완〉 →
　одева́ть
одна́жды 1 한번 2 어떤 때, 어느날
одна́ко 그러나, 그럴지만
одновре́менно 동시에
о́зеро 호수
ока́нчивать 1 〈불완〉 (대) 끝내다,
　졸업하다
окно́ 창(문)
о́коло 〈전〉 (생) 1 부근에, 가까이에
око́нчить(-чу, -чишь) 〈완〉 →
　ока́нчивать
октя́брь 남 10월
опозда́ть 1 〈완〉 → опа́здывать
опа́здывать 1 〈불완〉 늦다
опя́ть 〈부〉 다시, 다시 한 번
осе́нний 가을의
о́сень 여 가을
о́сенью 가을에
основа́ть(-осную́, -оснуёшь)
　〈완〉 → осно́вывать
осно́вывать 1 〈불완〉 설립하다,
　창설하다
осо́бенно 특히
остава́ться(-таю́сь, -таёшься) 1
　남다 2 (어떤 상태로) 있다
оста́вить(-влю, -вишь) 〈완〉 →
　оставля́ть
оставля́ть 1 〈불완〉 (대) 남기다, 두다
остано́вка 정류소, 정거장
оста́ться(-та́нусь, -та́нешься)
　〈완〉 → остава́ться
о́стров 섬
от 〈전〉 (생) 1 (이탈 · 분리) ⋯에서,
　⋯부터 2 (공간적 · 시간적) ⋯부터
отве́тить(-чу, -тишь) 〈완〉 →

отвеча́ть

отвеча́ть 1 〈불완〉 (여) / (на+대)
   대답하다

отде́л 부, 과

отдыха́ть 1 〈불완〉 휴식을 취하다,
   휴가를 보내다

оте́ц 아버지

открыва́ть 1 〈불완〉 (대) 1 열다 2
   개설하다

открыва́ться 1 〈불완〉 열리다; 개최되다

откры́ть(-кро́ю, -кро́ешь) 〈완〉
   → открыва́ть

откры́ться(-кро́юсь, -ро́ешься)
   〈불완〉 → открыва́ться

отку́да 어디로부터, 어디에서

отойти́(-йду́, -йдёшь) 〈완〉 →
   отходи́ть

отрица́тельно 부정적으로

отходи́ть(-хожу́, -хо́дишь)
   〈불완〉 물러나다, 멀어지다

о́чень 〈부〉 대단히, 매우, 몹시

оши́бка 틀림, 실수

【П】

па́лочки 複 젓가락

пальто́ (불변) 中 코트

па́мятник 기념비, 동상

па́па 아빠, 아버지

парк 공원

па́спорт 여권

пассажи́р 승객

певе́ц 남자가수

певи́ца 여자가수

перевести́(-веду́, -ведёшь) 〈완〉
   → переводи́ть

переводи́ть(-вожу́, -во́дишь)
   〈불완〉 (대) 번역하다, 통역하다

перево́дчик 번역가, 통역사

передава́ть(-даю́, -даёшь) (대)
(여) 1 건네주다 2 전달하다

переда́ть(-да́м, -да́шь, -да́ст,
   -дади́м, -дади́те, -даду́т) 〈완〉
   → передава́ть

переда́ча 1 전달 2 방송

перейти́(-йду́, -йдёшь) 〈완〉 →
   переходи́ть

переры́в 중단, 휴식

переходи́ть(-хожу́, -хо́дишь)
   〈불완〉 (대) 건너가다, 오다

перо́ 펜

перча́тки 複 장갑

пе́сня 노래

Петербу́рг 뻬쩨르부르그

петь(пою́, поёшь) 〈불완〉 노래하다

пешко́м 〈부〉 걸어서

пиани́но (불변) 中 피아노

пиани́ст 피아니스트(남자)

пиани́стка 피아니스트(여자)

писа́тель 男 작가, 소설가

писа́ть(-шу́, -шешь) 〈불완〉 1 (대)
   쓰다 2 편지를 쓰다

пи́сьменный 문서의, 필기용의

пи́сьменный стол 책상

письмо́ 편지

пить(пью́, пьёшь) 〈불완〉 (대) 마시다

пла́вать 1 〈불완·부정향〉 1 수영하다 2
   항해하다

пласти́нка 레코드판, 음반

платфо́рма 플래트홈

пла́тье 1 옷, 의복 2 (여성의) 원피스

плохо́й 나쁜, 서툰

пло́хо 나쁘게, 서툴게

пло́щадь 여 광장

плыть(плыву́, плывёшь) 〈불완·
   정향〉 흘러가다, 헤엄쳐가다

по 〈전〉 (여) 1 (면·선)을 따라 2 …에 따라
   3 …의 영역에서

поблагодари́ть 〈완〉 →
   благодари́ть

по-англи́йски 〈부〉 영어로

побыва́ть 1 〈불완〉 찾다, 방문하다
повезти́(-везу́, -везёшь) 〈완〉 →
   везти́
повтори́ть(-рю́, -ри́шь) 〈완〉 →
   повторя́ть
повторя́ть 1 〈불완〉 (대) 1 반복하다 2
   복습하다
пого́да 날씨
подари́ть(-рю́, ри́шь) 〈완〉 →
   дари́ть
пода́рок 선물
подготови́тельный 예비의
подгото́виться(-влюсь,
   -вишься) → подготовля́ться
подготовля́ться 1 〈불완〉 (к+여)
   준비를 하다
подожда́ть(-жду́, -ждёшь) 〈완〉
   (대) / (생) 잠시 기다리다
подойти́(-йду́, -йдёшь,: 과
   -шёл, -шла́) 〈완〉 → подходи́ть
подру́га 여자 친구
подходи́ть(-хожу́, -хо́дишь)
   〈불완〉 다가가다, 접근하다
по́езд 기차
пожа́луй (삽입어) 아마도
пожа́луйста 〈조〉 1 (공손한 청원을
   표시할 때) 어서 2 (허가 동의) 좋습니다 3
   천만에요
позва́ть(-зову́, -зовёшь) 〈완〉 →
   звать
позвони́ть(-ню́, -ни́шь) 〈완〉 →
   звони́ть
по́здно 1 〈술〉 늦다 2 〈부〉 늦게
поздоро́ваться 〈완〉 →
   здоро́ваться
поздра́вить(-влю, -вишь) 〈완〉 →
   поздравля́ть
поздравле́ние 축하의 말
поздравля́ть 1 〈불완〉 (대) (с+조)
   축하의 말을 하다, 축하하다
по́зже 〈부〉 (시간적으로) 조금 늦게, 보다

늦게
познако́миться(-млюсь,
   -мишься) 〈완〉 → знако́миться
пойти́(-йду́,-йдёшь) 〈완〉 (걸어서)
   나가다, 출발하다
пока́ 〈부〉 지금은, 현재는 〈접〉 1 (불완료상
   과 함께) …하는 동안에 2 (보통 не+완료
   상과 함께) …할 때까지
показа́ть(-жу́, -жешь) 〈완〉 →
   пока́зывать
пока́зывать 1 〈불완〉 (대) 보여주다
пока́шливать 〈불완〉 가끔 (가볍게)
   기침을 하다
покача́ть 〈완〉 (조) (잠시 동안) 흔들다
по-коре́йски 한국어로
покупа́ть 1 〈불완〉 (대) 사다
пол 마루, 바닥
по́ле 1 들, 벌판 2 넓은 공간
поликли́ника 종합병원, 외래환자
   진료소
полови́на 반
положи́ть(-жу́, -жишь) 〈완〉 →
   класть
получа́ть 1 〈불완〉 (대) 받다, 접수하다
получи́ть(-чу́, -чишь) 〈완〉 →
   получа́ть
полчаса́ 30분
помести́ть(-мещу́, -мести́шь)
   〈완〉 → помеща́ть
помеща́ть 1 〈불완〉 (대) 놓다, 넣다
помири́ться(-рю́сь, -ри́шься)
   〈완〉 → мири́ться
по́мнить(-ню, -нишь) 〈불완〉 (대)
   (о+전) 기억하다
помога́ть 1 〈불완〉 (여) (в+전) / (여)
   (+부정형) 도와주다
по-мо́ему (삽입어) 내 생각에는
помо́чь(могу́, мо́жешь : 과 -мог,
   -могла́) 〈완〉 → помога́ть
по́мощь 〈여〉 도움, 원조
понеде́льник 월요일

понима́ть 1 〈불완〉 (대) 이해하다,
알아듣다

понра́виться(-влюсь, -вишься)
〈완〉 → нра́виться

поня́тно 1 〈술〉 분명하다, 명백하다 2
〈부〉 명백히, 똑똑히

поня́ть (пойму́, поймёшь) 〈완〉
→ понима́ть

пообе́дать 1 〈완〉 → обе́дать

поправля́ться 1 〈불완〉 개선되다 2
(건강을) 회복하다

попроси́ть(-шу́, -сишь) 〈완〉 →
проси́ть

популя́рный 인기있는

портфе́ль 🔲 서류가방

по-ру́сски 러시아어로

по-сво́ему 자기 식으로

посети́тель 🔲 방문자

посети́ть(-сещу́, -сети́шь) 〈완〉
→ посеща́ть

посеща́ть 1 (대) 방문하다

по́сле 〈전〉 (생) (시간) ···후에

посла́ть(-шлю́, -шлёшь) 〈완〉 (대)
보내다

после́дний 마지막의

посмотре́ть(-рю́, -ришь) 〈완〉 →
смотре́ть

посреди́не 〈부〉〈전〉 (생) 한가운데

поста́вить(-влю, -вишь) 〈완〉 →
ста́вить

пострада́ть 〈완〉 → страда́ть

постара́ться 1 〈완〉 → стара́ться

постро́ить(-о́ю, -о́ишь) 〈완〉 →
стро́ить

посыла́ть 1 〈불완〉 (대) 보내다, 파견하다

пото́м 〈부〉 그리고 나서, 후에

потому́ что 〈접〉 왜냐하면

похо́д 하이킹, 소풍

походи́ть(-хожу́, -хо́дишь)
〈불완〉 (얼마동안) 거닐다, 돌아보다

похо́ж, жа (на+대) ···와 닮다

похо́жий 닮다

почему́ 왜

почита́ть 1 〈완〉 → чита́ть

по́чта 우체국

почтальо́н 우체부

почти́ 거의

почу́вствовать(-вую, -вуешь)
〈완〉 → чу́вствовать

поэ́т 시인

поэ́тому 그러므로, 따라서

пра́вда 1 사실, 진실 2 〈술〉 정말이다

пра́вило 규칙

пра́вильно 1 〈부〉 맞게, 올바르게 2 〈술〉
맞다

пра́здник 경축일, 명절

пра́здничный 명절의, 기념일의

предме́т 1 과목 2 대상

прекра́сный (매우) 아름다운, 훌륭한

преподава́тель 🔲 (대학의) 강사

преподава́тельница (대학의)
여자강사

преподава́ть(-даю́, -даёшь) (대)
(여) 가르치다, 교수하다

приве́т 인사

пригласи́ть(-шу́, -си́шь) 〈완〉 →
приглаша́ть

приглаша́ть 1 〈불완〉 (대) 초청하다,
초대하다 2 청하다, 권하다

приглаше́ние 초청, 초대

пригото́вить(-влю, -вишь) 〈완〉
→ приготовля́ть

прие́зд 도착

приезжа́ть 1 (타고) 오다, 도착하다

прие́м 1 접수 2 접견, 영접

прийти́(-йду́, -йдёшь) 〈완〉 →
приходи́ть

принима́ть 1 〈불완〉 1 받아 들이다,
인수하다 2 취하다 3 채용하다

принести́(-несу́, -несёшь ; 과
-нёс, -несла́) → приноси́ть

приноси́ть(-ношу́, -но́сишь)

(대) 가져오다, 들고오다

приня́ть(приму́, при́мешь) 〈완〉
→ принима́ть

приро́да 자연

присла́ть(-шлю́, -шлёшь) 〈완〉
→ присыла́ть

присыла́ть 1 〈불완〉 (대) 보내다,
보내오다

приходи́ть(-хожу́, -хо́дишь)
〈불완〉 오다, 도착하다

прийти́(-йду́, -йдёшь) 〈완〉 →
приходи́ть

прия́тель 🈂 친구

прия́тно 1 〈술〉 즐겁다, 유쾌하다 2 〈부〉
즐겁게, 유쾌하게

провести́(-веду́, -ведёшь ; 과
-вёл, -вела́) 〈완〉 → проводи́ть

проводи́ть(-вожу́, -во́дишь)
〈불완〉 (대) 1 안내·인도하다, 데리고 가다 2
(시간을) 보내다, 지내다

програ́мма 프로그램

продава́ть(-даю́, -даёшь) 〈불완〉
(대) 팔다

продаве́ц 점원

прода́ть(-да́м, -да́ш, -да́ст,
-дади́м, -дади́те, -даду́т) 〈완〉
→ продава́ть

продолжа́ть 〈불완〉 1 (대) / (부정형)
계속하다

произведе́ние 작품

произвести́(-веду́, -ведёшь)
〈완〉 → производи́ть (-ожу́,
-о́дишь) 〈불완〉 1 행하다 2 생산하다

произноси́ть(-му́, -сишь) 〈불완〉
(대) 1 발음하다 2 말하다

произойти́(-изойдёт,
-изойду́т) 〈완〉 → происходи́ть

происходи́ть(1, 2인칭은 없다)
(-хо́дит, -хо́дят) 〈불완〉 일어나다,
발생하다

пройти́(-йду́, -йдёшь) 〈완〉 →

проходи́ть

проси́ть(-шу́, -сишь) 〈불완〉 (대)
(O+전) / (у+생) (생) 청하다, 부탁하다

прост, -та́, про́сто 1 간단하다,
단순하다 2 평범하다, 소박하다

про́сто 1 〈술〉 간단하다, 쉽다 2 〈부〉
간단하게, 단순하게

просто́й 1 간단한, 단순한 2 평범한,
소박한

про́сьба 청, 부탁

проходи́ть(-хожу́, -хо́дишь)
〈불완〉 1 통과하다 2 (시간 등이) 경과하다

прочита́ть 1 〈완〉 → чита́ть

про́шлое (명사로서) 🈩 과거

про́шлый 과거의, 이전의

пря́мо 똑바로

путеше́ственник 여행자

путеше́ствие 여행

путеше́ствовать(-вую, -вуешь)
〈불완〉 여행하다

путь 🈂 1 길 2 여행

пятёрка (평점의) 5점 만점

пя́тница 금요일

【Р】

рабо́та 1 일, 작업, 활동 2 직장 3 작품

рабо́тать 1 〈불완〉 1 일하다 2 작업하다,
활동하다

рад, -да (여) / (+부정형) 기쁘다, 반갑다

ра́дио (불변) 🈩 1 라디오방송 2 라디오
(수신기)

ра́доваться 〈불완〉 (여) 기뻐하다

ра́достно 기쁜 듯이

раз 번, 회

разгова́ривать 1 〈불완〉 이야기하다,
담화하다

разгово́р 대화, 담화

раздева́ться 1 옷을 벗다

разде́ться 〈완〉 → раздева́ться

разме́р 1 크기, 사이즈 2 정도, 규모
ра́зный 1 서로 다른 2 여러가지의
разреша́ть 〈불완〉 (대) 1 허가하다 2
　해결하다, 풀다
разреши́ть(-шу́, -ши́шь) 〈완〉 →
　разреша́ть
ра́нний 이른, 초기의
ра́но 1 〈부〉 일찌기 2 〈술〉 이르다
ра́ньше 1 더 일찍 2 전에, 일찍이
расписа́ние 시간표
рассерди́ть(-жу́, -дишь) 〈완〉 →
　серди́ть
рассерди́ться(-жу́сь, -дишься)
　〈완〉 → серди́ться
расска́з 1 이야기 2 단편소설
рассказа́ть(-жу́, -жешь) 〈완〉 →
　расска́зывать
расска́зывать 1 〈불완〉 (대) / (О+전)
　이야기하다, 말하다
расти́(-ту́, -тёшь) 〈불완〉 자라다
ребёнок (복 де́ти) 어린아이, 어린이
ребя́та 복 1 젊은이들 2 (학교, 직장의)
　친구
ре́дкий 드문, 희귀한
ре́дко 드물게, 좀처럼 … 않다
результа́т 결과
река́ 강(江), 하천
респу́блика 공화국
рестора́н 레스토랑
реце́пт 처방
реша́ть 1 〈불완〉 (대) / (부정형) 1
　결정하다, 결심하다 2 풀다, 해결하다
реши́ть(-шу́, -ши́шь) 〈완〉 →
　реша́ть
ро́вно 1 고르게, 균등하게 2 평평하게 3
　정확히, 꼭
ро́дина 1 고향 2 고국
роди́тели 복 부모
роди́ться(-жу́сь, -ди́шься) 〈불완〉
　태어나다
рожде́ние 1 출생, 탄생 2 생일날

ро́за 장미
Росси́я 러시아
рома́н 장편소설
рот 입
роя́ль 남 그랜드 피아노
рука́ 손, 팔
руководи́тель 남 지도자, 리더
ру́сский 1 러시아의, 러시아인의 2
　(명사로서) 러시아인
ру́чка 1 펜 2 손잡이, 핸들
ры́ба 생선
ря́дом 옆에, 나란히 2 … 에 인접하여,
　근처에

【С】

с 〈전〉 (생) 1 (표면) … 에서 (на+장소로
　표시되는 장소) … 부터 2 (조) … 와 함께
сад 정원
сади́ться(-жу́сь, -ди́шься) 〈불완〉
　1 앉다 2 (차 등에) 타다
сала́т 사라다
салфе́тка 내프킨
сам, сама́, само́, са́ми (사람) 자신,
　(사물) 자체
са́мый 그, 바로
санато́рий 요양소
са́хар 설탕
све́жий 1 신선한 2 최신의, 최근의
свет (단수만) 빛
свети́ть(-вечу́, -ве́тишь) 〈불완〉
　비치다
све́тлый 밝은
свида́ние 상봉, 면회
свобо́ден, -дна 1 자유롭다 2 한가하다
свобо́дный 1 자유로운 2 한가한
сво́й, своя́, своё, свои́ 자신의
сдава́ть(-даю́, -сдаёшь) 〈불완〉 1
　넘기다, 넘겨주다 2 시험을 보다 (불완),
　시험에 합격하다(완)

сдать(-дам, -дашь, -даст,
 -дади́м, -дади́те, -даду́т) 〈완〉
 → сдава́ть

сдача 인도, 교부

сде́лать 1 〈완〉 → де́лать

себя́ (재귀) 자기 자신

се́вер 북쪽, 북부, 북극지방

се́верный 북쪽의

серди́ться(-жу́сь, -дишься)
 〈불완〉 (на+대) ···에게 화를 내다

сего́дня 〈부〉 오늘, 현재

сезо́н 철, 시즌

сейча́с 이제, 지금

семья́ 가족, 가정

сентя́брь 🈲 9월

се́рдце 1 심장 2 가슴, 마음

серьёзный 1 신중한, 진지한 2 중요한 3
 위험한

сестра́ 누이동생, 누나, 언니

сесть(ся́ду, ся́дешь) 〈완〉 →
 сади́ться

Сеу́л 서울

Сиби́рь 여 시베리아

сигаре́та 담배

сиде́ть(-жу́, -ди́шь) 〈불완〉 앉아있다

си́льный 힘센, 강한, 세찬

си́ний 청색의

сказа́ть(-жу́, -жешь) 〈완〉 →
 говори́ть

ска́зка 동화

сквозь 〈전〉 (대) ···을 통하여

ско́лько 얼마나, 몇

ско́ро 1 빨리, 신속히 2 곧, 머지 않아

скри́пка 바이올린

скро́мный 1 겸손한, 얌전한 2 소박한,
 검소한

сла́йд (영화용) 슬라이드

сле́ва 왼쪽에

сле́дующий 1 다음의 2 이와같은

слова́рь 🈲 사전

сло́во 1 단어 2 말, 발언

слу́чай 1 사건, 일 2 경우 3 기회

случа́йно 우연히, 뜻밖에

слу́шать 〈불완〉 1 (대) 듣다, 청취하다

слы́шать(-шу, -шишь) 〈불완〉 1 (대)
 듣다

смея́ться(-ме́юсь, -ме́ёшься)
 〈불완〉 웃다

смотре́ть(-рю́, -ришь) 〈불완〉 (대)
 보다

смочь(-могу́, -мо́жешь) 〈완〉 →
 мочь

снача́ла 1 처음에 2 처음부터

снег 눈(雪)

соба́ка 개

собира́ться 1 〈불완〉 모이다

собра́ние 모임, 집회

собра́ться(-беру́сь, -берёшься)
 〈완〉 → собира́ться

сове́т 조언, 충고

сове́товать(-тую, -туешь) (여)
 (+부정형) 충고하다

совме́стный 공동의, 합동의

согласе́н, -сна, -сны 동의하다,
 이의가 없다

сожале́ние 1 유감, 후회 2 동정 к
 сожале́нию 유감스럽게도

создава́ть 1 〈불완〉 (대) 만들다, 창조하다

созда́ть(-да́м, -да́ш, -да́ст,
 -дади́м, -дади́те, -даду́т) 〈완〉
 → создава́ть

сок 쥬스

со́лнце 해, 태양

сообще́ние 1 보도, 통보 2 교통, 연락

сосе́д (복 сосе́ди) 이웃(사람)

спаси́бо 〈조〉 고맙습니다, 감사합니다

спать(-плю, -пишь) 〈불완〉 (잠) 자다

спекта́кль 🈲 공연, 연극, 쇼, 흥행

специа́льность 여 1 전공, 전문, 직업
 2 전문분야

спеши́ть(-шу́, -ши́шь) 〈불완〉
 서두르다

споко́ен, –ко́йна, –ко́йны 1
평온하다, 조용하다 2 편안하다

спорт 스포츠

спра́ва 오른쪽에

спра́шивать ⟨불완⟩ 1 (대) (о+전) / (대)
/ (у+생) 물어보다

спроси́ть(–шу́, –сишь) ⟨완⟩ →
спра́шивать

сра́зу 곧, 즉시

среда́ 수요일

ста́вить(–влю, –вишь) (대) 세우다,
놓다

стадио́н 경기장, 스타디움

стака́н (유리)컵

станови́ться(–влю́сь, –вишься)
⟨불완⟩ (조) …이 되다

ста́нция 정거장, 역

стара́ться 1 ⟨불완⟩ 노력하다

ста́рший 손위의

ста́рый 1 늙은 2 오래된

стать(–та́ну, –та́нешь) ⟨완⟩ →
станови́ться

статья́ 논문, 기사

стихи́ 〔복〕 시

стекло́ 유리

сто́ить(–о́ю, –о́ешь) ⟨불완⟩ (대) …
의 가격이다 2 (생) (+부정형) …할 가치가
있다

стол 책상, 테이블

столо́вая (형용사 변화) 〔여〕 식당

стоя́ть (–о́ю, –о́ишь) 1 서 있다 2 있다,
위치하다

страда́ть ⟨불완⟩ 고생하다, 해를 입다

страна́ 나라, 국가

стра́нный 이상한

стро́ить(–о́ю, о́ишь) ⟨불완⟩ (대)
세우다, 건설하다

стройотря́д (하기방학을 이용한)
학생건설대

студе́нт 남자대학생

студе́нтка 여대생

стул 〔복〕 сту́лья) 의자

суббо́та 토요일

с удово́льствием 만족하여, 기쁘게,
기꺼이

суме́ть(–ме́ю, ме́ешь) ⟨완⟩ →
уме́ть

су́мка 핸드백, 손가방

суп 수프

сча́стлив, –ва 행복하다

счастли́вый 행복한

сча́стье 행복

счита́ть ⟨불완⟩ (대) (조) …로 여기다,
생각하다

счита́ться 1 ⟨불완⟩ (조) …로 여겨지다

сын 아들

сыр 치즈

сюда́ 여기로, 이리로

【Т】

тайга́ 타이가, 침엽수림

так 1 이렇게, 그렇게 2 그렇다면, 그러면

тако́й 이러한, 그러한

такси́ (불변) 〔중〕 택시

там 그곳에, 거기에

та́нец 춤

танцева́ть(–цу́ю,–цу́ешь) ⟨불완⟩
춤추다

творо́г 응고된 우유

теа́тр 1 극장 2 연극

текст 본문, 원문, 텍스트

телеви́зор 텔레비전

телегра́мма 전보

телегра́ф 1 전신 2 전신전화국

телефо́н 전화

телефо́н-автома́т 공중전화

те́ло 몸, 신체

тем бо́лее 더구나, 하물며

темно́ 1 ⟨술⟩ 어둡다 2 ⟨부⟩ 어둡게

тёмный 어두운

температу́ра 온도, 열
те́ннис 테니스
тепе́рь 지금은, 현재는
тепло́ 1 〈술〉 따뜻하다 2 〈부〉 따뜻하게
тёплый 따뜻한
тетра́дь 여 노트, 공책
тётя 숙모
ти́хий 조용한
ти́хо 조용히, 조용하게
това́рищ 동료, 친구
тогда́ 1 〈부〉 그 때, 당시 2 〈접〉 그렇다면
то́же 역시, 또한
то́лько 다만, 오직, ···뿐
торже́ственный 1 기념하는 2 성대한, 장엄한
тот, та, то, те 1 (지시대명사) 그, 저 2 (종속문의 선행사로서) 그
то́чно 1 〈술〉 정확하다 2 〈부〉 정확하게
трамва́й 전차
тре́бовать(–бую, –буешь) 〈불완〉 (생) (대) 요구하다 2 필요로 하다
тролле́йбус 트롤리버스
тру́дно 어렵다, 곤란하다
тру́дный 어려운, 곤란한
туда́ 거기로, 저기로
тури́ст 관광객
тут 여기에
ту́фли 복 구두, 단화
ты́сяча 1000
тяжело́ 1 〈술〉 무겁다, 힘들다, 괴롭다 2 〈부〉 무겁게, 힘들게
тяжёлый 힘든, 곤란한, 괴로운

【У】

у 〈전〉 (생) 곁에, 가까이에 2 ···의 집에 3 (소속 · 소유)에게
уви́деть(–жу, –дишь) 〈완〉 → ви́деть
увлека́ться 1 〈불완〉 (조) ···에 열중 ·
몰두하다
увле́чься(–леку́сь, –лече́шься, –леку́тся ; 과 увлёкся, увлекла́сь) 〈완〉 →увлека́ться
удиви́тельно 1 〈부〉 놀랍게, 놀랄 만하게 2 〈술〉 놀라운 일이다, 이상하다
удиви́ться(–влю́сь, –ви́шься) 〈완〉 → удивля́ться
удивля́ться 1 〈불완〉 (여) 놀라다
удо́бно 1 〈부〉 편리하게, 편안하게 2 〈술〉 편리하다, 편안하다, 적당하다
удо́бный 편리한, 편안한
удово́льствие 만족, 즐거움
с удово́льствием 즐겁게, 만족스럽게
уезжа́ть 1 〈불완〉 떠나다, 가버리다
уе́хать(–е́ду, –е́дешь) 〈완〉 떠나다, 가버리다
ужа́сно 1 〈부〉 무섭게, 끔찍하게 2 〈술〉 무섭다, 끔찍하다
уже́ 이미, 벌써
у́жин 저녁
у́жинать 〈불완〉 1 저녁먹다
узнава́ть(–наю́, –наёшь) 〈불완〉 (대) (о+전) 1 (미지의 사물에 대해) 알아 차리다, 이해하다 2 (미지의 사물에 대해) 알다, 이해하다
узна́ть(–на́ю, –на́ешь) 〈완〉 → узнава́ть
уйти́(–йду́, –йдёшь) 〈완〉 → уходи́ть
у́лица 거리
указа́ть(–жу́, –жишь) 〈완〉 → ука́зывать 〈불완〉 1 지시하다 2 (на+대) 가리키다
уме́ть(–ме́ю, –ме́ешь) 〈불완〉 (+부정형) ···할 능력이 있다, ···할 줄 안다
у́мный 현명한
умыва́ться 1 〈불완〉 세수하다
универма́г 백화점
университе́т 대학

уро́к 1 수업 2 (교과서의) 과

усло́вия 🈺 조건

услы́шать(-шу, -шишь) 〈완〉 →
　слы́шать

успева́ть 1 〈불완〉 (+부정형) …할
　시간이 있다, (시간적으로) 할 수 있다

успе́ть(-пе́ю, -пе́ешь) 〈완〉 →
　успева́ть

у́тро 아침

у́тром 아침에

уходи́ть(-хожу́, -хо́дишь) 〈불완〉
　가다, 떠나다

уче́бник 교과서

учени́к 남자학생, 제자

учёный 1 학문상의 2 (명사로서) 🈺 학자

учи́тель 🈺 (초 · 중 · 고등학교의) 교사,
　선생

учи́тельница 여교사, 여선생

учи́ть (-чу́, -чишь) 〈불완〉 (완
　научи́ть, обучи́ть) (대) (여) / (대)
　(+부정형) …을 …에게 가르키다

учи́ть(-чу́, -чишь) 〈불완〉 (완
　вы́учить) (대) (구체적 사항을) 배우다,
　암기하다, 예습하다, 복습하다

учи́ться(-чу́сь, -чишься) 〈불완〉 1
　(여) (+부정형) 배우다 2 (…에게) 공부하다,
　배우다

【Ф】

фа́брика (경공업의) 공장

факульте́т (대학의) 학부

фами́лия 성

февра́ль 🈺 2월

фи́зик 물리학자

фи́зика 물리학

фило́лог (언어문학) 연구가

фильм 영화

фотоальбо́м 사진 앨범

фотоаппара́т 사진기

фотогра́фия 사진

фру́кты 🈺 과일

футбо́л 축구

футболи́ст 축구선수

【Х】

хвали́ть(-лю́,-лишь) 〈불완〉 (대)
　칭찬하다

хи́мия 화학

хлеб 빵

ходи́ть(-хожу́, -хо́дишь) 〈불완 ·
　부정향〉 1 걸어서 다니다 2 (과거의 1회 왕복
　동작) (걸어서)갔다 오다

хозя́ин(🈺 хозя́ева) 남자주인

хозя́йка 여주인

хокке́й 하키

хо́лод 추위, 한기

хо́лодно 1 〈부〉 냉정하게 2 〈술〉 춥다,
　쌀쌀하다

холо́дный 1 추운, 찬 2 냉정한, 냉담한

хоро́ший 좋은, 훌륭한

хорошо́ 〈부〉 잘, 훌륭하게 2 〈술〉 좋다,
　훌륭하다

хоте́ть(хочу́, хо́чешь, хо́чет,
　хоти́м, хоти́те, хотя́т) 〈불완〉 1
　(생) / (대) 원하다 2 (+부정형) …하고 싶다
　3 (+чтобы) …하기를 바라다

худо́жник 예술가

ху́же 1 〈술〉 더 나쁘다, 더 서툴다 2 〈부〉
　더 나쁘게, 더 서툴게

【Ц】

цвет 색

цветно́й 천연색의

цвето́к(🈺 цветы́) 꽃 한송이

цвето́чный 꽃의

цена́ 가격

центр 중심, 중심부
цирк 서커스

【Ч】

чай 차
ча́йник 주전자
час 시(1시, 2시 등의)
ча́сто 자주
часть 여 일부분
часы́ 복 시계
ча́шка 찻잔
челове́к(복 лю́ди) 사람
чемода́н 트렁크, 여행가방
че́рез 〈전〉 (대) 1 건너서, 넘어서 2 (시간)
　…후에
четве́рг 목요일
четвёрка (평점의) 4점
чёрный 검은, 검은색의
число́ 1 수 2 날짜
чи́стый 깨끗한
чита́льный зал 열람실
чита́ть 1 〈불완〉 (대) 읽다 2 독서를 하다
что 1 무엇 2 왜(=почему́?) 3 (관계대명
　사) …하는 것의
что 〈접〉 …한다고, …하다는(…이라는)
　것을
что́бы 〈접〉 …하기 위하여, …하려고 2
　…하기를 바라다
что́-нибудь 무엇인지, 무엇이든지
что́-то 그 무엇, 그 어떤 것
чу́вствовать(-вую,-вуешь) 〈불완〉
　(대) 느끼다, 알다
чулки́ 〈복〉스타킹

【Ш】

шарф 머플러
ша́хматы 체스, 서양장기

широ́кий 넓은, 광대한
шкаф 찬장, 장롱
шко́ла (초·중·고등)학교
шко́льник (초·중·고등학교의) 남학생
шко́льница (초·중·고등학교의) 여학
　생
шко́льный (초·중·고등)학교의
шум 1 소리, 소음 2 소동, 떠들썩하는 것
шу́тка 농담, 장난

【Щ】

щи 복 양배추국

【Э】

экза́мен 시험
экономи́ст 경제학자
экску́рсия 소풍, 견학
электри́чка 전철
эта́ж (건물의) 층
э́то 이것, 그것
э́тот, э́та, э́то, э́ти 이, 그

【Ю】

ю́бка 치마, 스커트
юбиле́й 기념제, 축하회
юг 남쪽, 남부지방
ю́ноша 남 젊은이

【Я】

я́блоко(복 я́блоки) 사과
я́блочный 사과의
яви́ться(-влю́сь, -вишься) 〈완〉

→ явля́ться
явля́ться 1 〈불완〉 나타나다, 모습을
  보이다
язы́к 1 혀 2 언어, 말
янва́рь 🈷 1월
Япо́ния 일본
я́сно 〈술〉 명백하다, (날씨가) 쾌청하다

◆ **약어표시** ◆

남	남성	주	주격
여	여성	생	생격
중	중성	여	여격
복	복수	대	대격
		조	조격
〈형〉	형용사	전	전치격
〈술〉	술어		
〈부〉	부사	(생)	생격지배
〈조〉	조사	(여)	여격지배
〈접〉	접속사	(대)	대격지배
〈전〉	전치사	(조)	조격지배
〈완〉	완료상동사	(전)	전치격지배
〈불완〉	불완료상동사	1	1식변화동사
〈정향〉	定向동사	2	2식변화동사
〈부정향〉	不定向동사		

이종진

한국외국어대학교 노어과 및 동대학원 동구지역과를 졸업했다. 한국외국어대학교 부총장과 부설 러시아연구소 소장을 역임하였고, 한국슬라브학회 회장과 한국노어문학회 회장을 역임하였다. 현재 한국외국어대학교 노어과 교수로 재직중이다.
저서로는 『러시아어 첫걸음』(공저), 『현대 러시아 연구』(공저), 『노문학사』(공저), 『노한사전』(공저) 등이 있고, 역서로는 『제1권』, 『러시아 민담 연구』, 『도스또옙스끼의 대심문관』, 『바보 이반의 이야기』, 『사람은 무엇으로 사는가』, 『물고기 대왕』 등이 있다.

이주만

한국외국어대학교 노어과 및 동경외국어대학 슬라브연구학과를 졸업했다. 현재 대구대학교 서양어학부 노어노문학과 교수로 재직중이다.
저서로는 『러시아어 첫걸음』(공저)과 『현대 러시아어의 기초』가 있다.

러시아어 첫걸음

발　행　2014년 4월 16일
저　자　이종진 · 이주만
발행처　삼지사
발행인　이재명

등록번호　제406-2011-000021호
주　소　경기도 파주시 산남로 47-10
전　화　031)948-4502, 070-4273-4562
팩　스　031)948-4508
홈페이지　www.samjisa.com

책값은 뒤표지에 있습니다.